# 大学在线体育教学研究

史健 王凯 张强 著

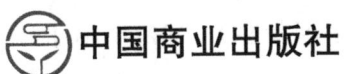

图书在版编目（CIP）数据

大学在线体育教学研究 / 史健, 王凯, 张强著. -- 北京 : 中国商业出版社, 2021.10
ISBN 978-7-5208-1830-8

Ⅰ.①大… Ⅱ.①史… ②王… ③张… Ⅲ.①高等学校-体育教学-网络教学-教学研究-中国 Ⅳ.①G807.4

中国版本图书馆CIP数据核字(2021)第208031号

责任编辑：管明林

中国商业出版社出版发行
010-63180647 www.c-cbook.com
（100053 北京广安门内报国寺1号）
新华书店经销
北京虎彩文化传播有限公司印刷

\*

710毫米×1000毫米 16开 15.75印张 224千字
2021年10月第1版 2021年10月第1次印刷
定价：68.00元

\*\*\*\*

（如有印装质量问题可更换）

# Preface | 前言

2020年初，新冠肺炎疫情突然来袭，极大地挑战了我国的应急教学体系。2020年2月25日，教育部印发了《关于在疫情防控期间做好普通高等学校在线教学组织与管理工作的指导意见》，要求采取政府主导、高校主体、社会参与的方式，共同实施并保障高校在疫情防控期间的在线教学，实现"停课不停教、停课不停学"的号召。为此，各高校纷纷转移教学阵地，由线下转移至线上。

高校的公共体育课程与其他课程不同，体育课程具有很强的实践性。教育家马约翰先生曾说："体育是培养健全人格的最好工具。"在体育课中进行适当的体育锻炼可以增强体质，为健康人格提供基础。体育运动不仅能够强身健体，而且处处体现着德育的功能。

体育在线教学作为体育教学的一种形式，是教师与学生以互联网、人工智能等现代信息技术为媒介，共同完成教学互动的新型教育模式。疫情防控期间，北京科技大学天津学院体育部在吴铁桥教授的带领下，出色地完成了6000多名学生在线体育教学的任务。为此，本书以此次线上体育教学实践为蓝本，对大学体育在线教学进行了深入地探讨，为今后在线体育教学研究提供参考。

在线体育教学研究采用了基于CNKI数据库的文献计量和可视化分析，以便大家更好地理解在线体育教学研究发展的现状与热点。在本书的成书的过程中，北京科技大学天津学院体育部主任吴铁桥教授给予了大力的支持和帮助，河北科技师范学院体育与健康学院王海军副教授给本书提出了宝贵的修改意见，北京科技大学天津学院体育部刘莉老师对书稿资料进行了收集和整理，资深图书编辑于晓艳也在百忙之中帮助校对书稿，在此一并表示感谢！同时本书得到了以下项目基金的支持：

（1）2021年度河北省社会科学发展研究课题《河北传统体育非物质文化遗产空间分布与发展路径研究》，课题编号：20210301005。

（2）北京科技大学天津学院线下一流课程《大学体育》建设项目，项目编号：YLKC201913。

（3）北京科技大学天津学院本科教育教学改革与研究项目《大学武术课程思政教学理论研究与实践探索》，项目编号：tyjy2021027。

基金项目《河北传统体育非物质文化遗产空间分布与发展路径研究》前期的研究工作，为本书作者文献计量与可视化分析研究打下了扎实的理论基础。

本书由北京科技大学天津学院史健、王凯和北京联合大学体育部张强担任著者。第一章至第五章由张强撰写（共计7.0万字），第六章至第八章由王凯撰写（共计7.2万字），第九章由史健撰写（共计8.2万字）。全书由史健负责统稿工作。动作示范：史健。

由于笔者水平有限，书中难免存在不妥之处，恳请各位读者不吝赐教。

2021年9月1日

# Contents | 目录

第一章　绪论 …………………………………………………………… 1

第二章　在线体育教学研究现状 …………………………………… 5
　　第一节　国外在线体育教学现状 ……………………………… 6
　　第二节　国内在线体育教学现状 ……………………………… 8

第三章　计算机的发展与体育教学 ………………………………… 11
　　第一节　计算机辅助体育教学 ………………………………… 11
　　第二节　E-learning 发展与体育教学 ………………………… 17

第四章　互联网技术发展与体育教学 ……………………………… 23
　　第一节　体育 MOOC 的发展 …………………………………… 24
　　第二节　体育 SPOC 的发展 …………………………………… 27
　　第三节　体育微课程的发展 …………………………………… 29

第五章　在线体育教学模式 ………………………………………… 32
　　第一节　翻转课堂 ……………………………………………… 32
　　第二节　混合式教学 …………………………………………… 37
　　第三节　O2O 教学模式 ………………………………………… 42
　　第四节　OMO 教学模式 ………………………………………… 44

## 第六章　在线体育教学文献计量分析与可视化 …… 47
### 第一节　作者影响力研究 …… 50
### 第二节　关键词分析 …… 58

## 第七章　疫情下部分院校在线体育教学实施 …… 80
### 第一节　部分院校在线体育教学实施策略 …… 80
### 第二节　北京科技大学天津学院在线体育教学情况 …… 90

## 第八章　在线体育教学健康教育与课程思政 …… 106

## 第九章　北京科技大学天津学院在线体育教学实践 …… 110
### 第一节　北京科技大学天津学院可实施在线体育课程教学大纲 …… 111
### 第二节　北京科技大学天津学院2020年线上教学教案 …… 174
### 第三节　北京科技大学天津学院2020年线上身体素质练习教程 …… 208

# 第一章

# 绪 论

自进入21世纪以来,互联网技术高速发展,促进了教育教学模式的变革。随着宽带和移动无线网络的发展,智能手机、平板电脑(Pad)、智能穿戴等移动终端越来越多地运用到体育教学中。今天,互联网产业势头强劲,任何事物几乎都能用上"互联网+",中国的教育也不例外,"互联网+教育"是一种用互联网为媒介进行的教育教学方式,我们也可以称为数字教育。根据中国互联网络信息中心发布的第47次《中国互联网络发展状况统计报告》数据显示,截至2020年6月,我国网络视频(含短视频)用户规模达8.88亿,较2020年3月增长3777万,占网民整体的94.5%。其中短视频用户规模为8.18亿,较2020年3月增长4461万,占网民整体的87.0%。我国在线教育用户规模达3.81亿,占网民整体的40.5%。体育教育作为教育的一门重要学科在大趋势的发展下必然与时俱进。教育部等十一部门联合印发〔2019〕11号文件《关于促进在线教育健康发展的指导意见》无不体现了这种趋势的发展。"互联网+教育"推动了在线教育的发展,随着我国5G、光网、Wi-Fi的应用,必将迈进万物互联的物联网(数字)时代,在线体育教学也将迎来发展的黄金时期。从4G网络实际应用来看,手机视频得到迅速发展,很多教育课程都纷纷抢滩在线教育,为在线教育的进一步发展提供了空间。体育教学是一种基于教学理念的操作行为,更是理论与实践联系性较强的学科,主要以传授运动技术和健康知识为主。在2020年的新冠疫情席卷中华大地的特殊情况下,不得不让所有学生停课，在"停课不停学"的号召下，线上体育教学可以说是应对突发事件的紧急措施。从以往的研究看，完全线上体育教学完全是一片"盲区"，如何实施线上教育成了当时各个院校讨论的重点。2020年后大家纷纷撰文总结在线体育教学成功和失败的经验，相信随着VR技术的出现与成熟，完全在线体育教学终将成为一种可能。

体育教学中，要求学生完成规范而熟练的技术动作，而限于教学手段和教学环境，线下教学不可能满足所有教学课程的需求。例如，由于学生的视角不同，教师为学生讲解武术动作，进行动作演示时，就会受到限制。而3D动画或短视频就能很好地帮助学生树立形象的动作画面，建立正确的运动表象，而且某些难度比较高的动作，教师也无法完成慢动作、多视角的演示，视频形式就能帮助学生将这些动作进行分解，从而更加精准地将动作展示出来。受到传统体育教学场地的限制，使得我们不能完全把教室里的教学方式运用到开放的场地中来，这时短视频的使用则会起到事半功倍的效果。此外，在教学中，学生可以用手机或DV拍摄记录下自己的动作，以旁观者的视角来观察自己，会更容易发现动作中的不足，便于改正错误动作，提高学习质量和教学效率。总之，传统（线下）体育教育中教师遇到这样或者那样的教学困难，采用计算机辅助教学往往会产生非常好的教学效果。体育教育作为一门实践性较强的课程，传统（线下）的体育教学在实践性上虽然能够满足基本的教学需求，但无法满足伴随互联网成长起来的新一代大学生的知识需求。传统（线下）体育教学所提供的学习资源面对海量的网络资源和智能化移动终端，其知识量非常有限。对于大学生来说，大学正是学习和成长的黄金时期，他们期待新鲜的事物与教育方式的改变，而移动终端的学习方式恰好迎合了大学生的心理。在智能化移动终端的学习方式下，大学生在学什么和怎么学方面有着较大的自主性，这对激发大学生的学习兴趣有重要作用，智能化移动终端将成为大学生喜爱的教学工具。智能化移动终端的体育学习，使得学习不再局限于书本，也不再局限于课堂，这在一定程度上为学生打造了开放的学习环境。学生不再单纯向教师求教，也可以向同学和其他体育教师学习，这使得智能化体育学习成为大家欢迎的学习方式。在"互联网+教育"的背景下，如何实现现代信息技术与教育深度融合是当前全球教育改革共同面临的问题。回顾互联网技术与教育结合的发展历程，其一是离不开优质教育资源的数字化，其二是离不开迭代发展的互联网技术对优质教育资源传播的支持。其三是离不开用户利用互联网技术实现对优质教育资源的高效使用。可以说，优质数字化教育资源的建设与应用，是现阶段实现基于互联网的信息技术与教育深度融合不可或缺的重要环节。实践证明，混合式教学、翻转课堂、MOOC、SPOC、O2O、OMO 等教育模式的探索和建设，符合当代大学生的学习习惯，其优质的数字化体育资源，满足其个性化体育学习的需求，对发挥学生学习的主动性具有重要意义，对现代信息技术在高校体育教学中的发展具有促进作用。

知网检索"在线"的主题词和关键词最早出现在 1984 年 1 月 1 日四川大学原子核科学技术研究所发表的《高分辨多功能原子碰撞装置（包括微机在线系统）》。"线上"与互联网相关的主题词最早出现于 2004 年 11 月 17 日，毛晶慧发表于《中国经济时报》的《B2B 市场：线上线下走向融合》，并且出现"线上线下"这一关键词。"线上"关键词最早出现于 2013 年 4 月 1 日武汉理工大学的葛夏芷《O2O 产品的用户体验研究》硕士论文。可见早期伴随计算机的发展最早出现的词是"在线"，即 online，对应则为"离线"即 offline。离线不太符合中国的语言习惯，于是就有了"线下"（离线）一词，国外常用 F2F（face－to－face），对应则出现了线上（online）。查阅最近几年的文献资料，在线与线上基本是混用，无太大差别。E－learning（learning managed system）在线学习系统也称数字化学习、电子化学习，是指利用 Internet 传送一系列能强化知识和考核的教学方案，因其独特的环境、技术与工具而得名，这种学习方式的兴起与发展，与教育技术的发展紧密相关，是教育技术进步的标志。线上教育对应线下传统教育，有的也称为实体课堂教学。线上教学即 Online teaching and learning。在线体育教学成为高校体育教育的重要发展方向。线上体育教学的开展能够助力线下体育提档升级，为体育教学的开展提供了新的思路，突出以学生为中心的体育教学理念，促进学校体育、家庭体育、社会体育深度融合。但是在教学实践过程中，在线体育教学在教学目标、方法手段、教学内容、教学监管、教学互动等方面存在困境。北京科技大学天津学院体育部在 2020 年疫情防控期间，教师团队群策群力取得了令人满意的成绩，具体操作方法见后面章节，供大家借鉴，同时欢迎同行提出批评与宝贵的意见，共同做好完全在线体育教学工作。疫情后开展在线体育教学时，需要正确处理线上与线下体育教学的关系，优化线上体育教学的硬件和软件设施，合理配置线上体育教学的目标和内容，培养体育教师信息化教学能力，大力且不盲目追求完全线上体育教学。各学校根据自己学校的实际情况，结合线上体育教学，探索百花齐放且卓有成效的社会主义体育教学新模式。

# 第二章
## 在线体育教学研究现状

在 2020 年新冠病毒疫情蔓延的特殊情况下，越来越多的人认识到在线体育教学的重要性。当将体育锻炼的主战场从学校转移到了家里时，体育教师不仅要考虑到在家庭狭小的空间内，如何让学生们安全、有效、科学地进行体育锻炼，还要考虑到楼上楼下、左邻右舍的邻居感受。有的院校要求体育教师搞直播，这到底是一群人的狂欢，还是一个人的狂欢？体育教师，真是太难了！相信，新冠疫情这种情况如果发生在 10 年前，体育教师应该是最清闲的人，但在互联网迅猛发展的今天，拥趸了大量的师生网民。互联网为学校体育教育的发展开拓了更加广阔的空间和全新的途径。现如今，线上体育教学，在疫情下已成为 21 世纪学校体育教育的基本走向。近年来，互联网技术和流媒体技术得到了前所未有的发展，新技术和新理念推动着高校体育教学的改革进程。在信息化和数字化高速发展的背景下，体育在线教学平台应运而生，这符合当代教育教学改革与发展的新趋势。基于体育运动 APP 平台的优势，以及多媒体技术的应用、高校之间体育教学资源的共享，教师在体育在线教育平台的应用能力有很大的提升。通过对互联网背景下体育在线教学平台的使用现状进行系统分析，进而加强体育在线教学平台的基础建设，为提升体育教学质量和教学水平提供一定的促进作用。

## 第一节　国外在线体育教学现状

由于2019年底新型冠状病毒（Covid-19）大流行，全球面对着一场灾难性的挑战，严重影响了全球人民的日常生活。自从世界卫生组织于2020年3月11日宣布新冠大流行以来，避免面对面的活动和保持社交距离已成为全球人民日常生活的一部分。2020年期间，在线体育课程几乎在世界范围内陆续开展，突然转向在线课程让教师们毫无准备，不熟悉的教学方法促使他们反复试验、反复讨论。由于在线体育教学策略不足，体育教师和学生对在线课程的准备程度较低，使得线下过渡线上困难重重，这对教师和学生来说都是一种全新的体验。以韩国为例，韩国的学校在2020年3月份首次未能开始正常的返校教学。尽管这种情况前所未有，但韩国积极通过互联网为各个学校提供在线体育教学课程，并积极探索新的教学方法和教学手段来应对这种突发事件。以开学后保持社交距离的个人运动为主，来选择在线课程的体育课程内容，并设计了学生线下开学后可以评估的课程内容。体育教师自己拍摄和制作在线课程材料的准备时间（如制作、编辑等流程）是线下体育课程的2~3倍，即使是在网络上搜集各种锻炼的视频和材料，也要花费大量的时间和精力来寻找符合班级学生的教学内容。由于所搜索的内容大多零散、不完整，或教育意义不够，或空间所限，为了给学生们呈现完整的教学内容，拍摄和编辑各种体育活动照片和视频是绝对必要的。熟悉在线内容的体育教师可以很轻松地制作，而其他人即使简单的任务也面临困难，比如缺乏必要的设备（照相机、麦克风、笔记本电脑等），没有访问编辑图像和编码视频文件的软件，并且缺乏使用此类软件的经验。为了最大限度地提高在线体育课程的效率，实时交互式课堂成为最快捷方便的选择。在网络课堂上，可以有效地解决学生们居家运动无人监管的问题，而且师生之间的有效互动，还可以传达体育教育的价值。

在线体育课程要培养学生发展体育活动计划和自我指导的能力。虽然互联网提供的课程没有时间和空间限制，但如果学生不积极参与，这类课程就是低效甚至是无效的。换句话说，学生对自主学习的态度是在线体育课程有效运行的重要因素。因此，教师需要制定在线课程的教育策略，帮助学生形成正确的学习态度。激励学生积极参与体育活动是传达体育教育价值的关键。在线教育可以让学生通过满足自己需求的学习活动来发展独特的思维，并通过这种思维过程培养创造力。韩国的在线体育教学研究学者认为，新冠危机带来的变革，可能提供了一个适应第四次工业革命初期教育需求的机会。在新冠病毒之前的许多研究中，在线课程的可能性已经成为未来教育的一部分，因为在线课程可以为自学成才的学生提供高效和多样化的选修课程。

美国在线教育虚拟学校及在线课程因其广泛的受众性、无限的地域性和灵活的时间性使学习者的学习机会倍增，满足了不同程度学习型社会的需求，成为构建学习型社会的重要方式。早在20世纪末期，美国就尝试建立虚拟学校，开设在线课程供学生进行远程学习，在线体育课程是其中之一。在线体育课程有其自身的独特性，并不是面对计算机屏幕，连接上互联网就能完成，而是分为线上和线下两部分学习内容。学生们会选择在线上学习"健康"和"体育"课程，例如生理学、心理学、卫生保健等健康知识，并在每一单元学习完成后进行在线测验；而线下部分则涉及相应的运动专项课程（例如：游泳、跑步、登山、滑雪、球类项目等）供学生选择，学生按要求完成所学习的课程内容，经过体育教师审核通过，给予相应的学分。美国许多学区都推广和鼓励这些课程的在线授课方式，但要求这些在线课程的内容必须与F2F课程所在州和国家标准测试相一致，即在线课程要有足够的严谨性、深度性和广度性，并产生良好的教学效果。在美国的佛罗里达州开设"体育健康（HOPE）"被称为"通过体育获得健康的机会"（health opportunities through physical education）的高中必修课程，内容包括心理和情感健康、人际沟通技能、伤害预防、急救、心肺复苏和水安全。学生可以学习健康的因素、训练原则、健康及与健康相关的个人目标设定。在整个学期的课程中，学生们通常会了解健身和健康对生活的重要性并得到鼓励和帮助,以实现他们自己的个人健身目标。美国经过 20 余年的尝试和推广,美国的在线体育课程设计已经趋向于成熟,已经建立起比较完善的在线体育教学课程体系。在线体育教学课程包括涉及健康和健康基础、影响健康的因素、生活方式、健康素养和风险行为等内容。其核心特点是与国家体育课程标准保持一致的基础上,为学生提供更为灵活且更具针对性的体育学习平台,以实现体育教育的目标。体育教育界已经普遍意识到信息化的重要性及其应用的多样化,但距实现"课堂教学变革"阶段还有很长的一段距离。

## 第二节 国内在线体育教学现状

自新冠肺炎疫情发生以来,全国高校深入贯彻落实习近平总书记关于坚决打赢疫情防控阻击战的重要指示精神,确保实现"停课不停教、停课不停学",纷纷开展在线体育教学,全民的新时尚成了"居家体育锻炼"。面对疫情,讨论在线体育课程,促进身体健康,开展"线上体育教学",虽不能说做到全员参与坚持锻炼,但至少丰富了家庭体育内容、优化了体育素养理念、增强了体育锻炼意识。体育作为教育的重要内容也开展了各种线上体育教学的新尝试,为居家隔离的同学们带去了体育运动的享受。无疑,在线体育教学诞生之初,大家就知道其最大问题之一是教学内容受限,无法满足不同学生的运动锻炼需求,所以在线体育教学内容要遵循科学性、合理性原则,既要起到锻炼身体的效果,又不能扰民。这一系列的问题如潮涌一般呈现在教师、学校、家庭和社会的面前,体育教学的"家底"全部呈现在大众的视野下,至于是亮点还是短板,就要看平时的积累了。在这特殊时期,"在线体育教学"做了一次全方位的实验,在众多体育工作者的不懈努力下,虽然效果有待考量,但是路已经铺设好。居家体育跃然纸上、全民参与已然开启,体育意识已经根植入每一个家庭。有了这次实质性的进展,课内外体育一体化的势态有所改观。

"健康第一""生命至上""野蛮体魄""提升免疫"等词语,在这次疫情期间引发了人们深入的思考,"互联网+""泛在化学习""翻转课堂"如何更加有效地融入体育教学之中已经有了较为清晰的答案。实施"线上体育教学"是体育教育改革的新宠儿,教师、学生、教学内容等教育要素产生了改变,以班级教学为主体的学校体育,经过不断的优化、反复的尝试,最终形成了初具规模的线上体育教学模式,但是"健康第一"的本质并没有改变。运用网络直播、视频点播、网络互动等方法策略结合"翻转课堂""泛在化学习""深度学习"等互联网+体育的教育模式将家庭体育和社区体育推向了校园,但受居家锻炼环境和条件的限制,教学内容要依据简化、实操、科学的原则,以"中低强度"的量度为主要运动内容。教师从以往的单纯演示者转变为引导者,学生在观、听、学、练的基础上增加了设计、评价、讨论等内容,教与学的形式更趋于实操性和实用性,切实让学生动了起来,让课堂活了起来。体育教师通过视频拍摄与剪辑,使用小程序、APP、软件等网络平台,对学生的动作进行指导与评价,使学生了解锻炼的方法与原理,并培养了学生在运动能力、健康行为、体育品德等方面既要学会设计锻炼计划,又要懂得如何评价。目前国内在线体育教学主要实现手段有:钉钉直播、教师在线答疑、微信群、QQ群等聊天平台与微课相结合,教师采用定时提醒,固定时间纠错答疑的方式,指导家庭体育锻炼,使用微信公众号等网络平台,推送教学内容,结合班级群指导锻炼;使用小打卡、QQ作业等APP布置、收集、评价作业,让课堂锻炼落到实处。通过视频广播、WEB教材、视频会议、多媒体课件、BBS论坛、聊天室、E-mail等网络教学,打破了传统的时空限制,为师生跨时空交互创造了便利条件。在一些培训机构的教学中,网络教学是主要手段,但依然存在有时因网络、计算机、手机等问题,出现摄像头连接问题、视频卡顿问题,甚至断网问题等。

  线上体育教学内容相对单调,随着上课时间的推移而产生的烦躁情绪都会影响体育课运动的效果。由于远程上课,线上体育课往往只选取一些空间较小、时间好控制的展示类(如体育舞蹈、健身操、太极拳等)、体能类(如自重练习、拉伸练习等)内容进行教学(参看后面的北京科技大学天津学院教学大纲），而对抗性、剧烈性、负荷较大的运动则很难实现，而且，居家体育锻炼不少同学又不太积极，学生各自在自己的小空间内进行体育锻炼，缺少了线下体育课上同学们间的互动、鼓励和群体氛围，对于技术水平本身就比较粗糙，以及对所授项目不感兴趣的同学就更难调动起学习的积极性。从促进学生体质、提高学生技术水平、培养学生运动习惯的角度出发，线上体育教学可以在一定程度、一定时间内对各种原因引起的不能进行线下体育教学时的补充或是线下体育教学的延展，但还不能完全取代线下体育教学。"在线体育教学"的优势是直播教学中，跨越了时间和空间的限制，做到更及时、更高效。而且新颖的教学方式，能够吸引学生，激发学习兴趣，更好地利用网络的资源来为课堂"服务"。学生可以通过视频进行回看学习，复习起来更便捷。因此，要想提高线上体育教学效果，需要改进线上教学内容，提高师生间的互动水平，提升学生的体育热情，加强线上运动负荷监控和运动技术学习的自觉性。这些问题其实也是线下体育教学仍需要改进提高的。

当前，我国还尚未开设真正意义上的在线体育课程，体育课程的信息化建设尚停留在理论探讨和小范围实践阶段。随着学校体育信息化改革的深入，构建适合我国国情的在线体育课程，为学生提供个性化的体育学习体验是学校体育发展的方向。然而，机遇往往与挑战并存，在期待信息技术为学校体育教学带来全新变革的同时，也遭遇诸多因素掣肘，如缺乏相关政策引导、学校体育信息化建设动力不足、学校体育信息化建设相应的资金和技术支持不足等。因此，应结合我国国情，以体育课程信息化改革为核心，稳步推进我国学校体育信息化建设。

# 第三章

# 计算机的发展与体育教学

## 第一节　计算机辅助体育教学

　　计算机辅助教学在20世纪50年代兴起，随着信息时代科技发展以及计算机软硬件水平的提高，所实现的功能也更加丰富，越来越多的高校选择通过计算机软件进行课堂教学。随着我国经济建设的快速发展，以及改革开放的不断深入，科学技术水平显著提高，我们已经跨入了信息化时代。在信息化时代，我国的高校课程教育方面应该与社会的发展相协调。信息化理念以及技术应该积极融入高校的日常教学与工作中，使高校充满生命力。计算机的高速更新和迅猛发展，促使信息技术日新月异，而计算机辅助软件的开发则是高校计算机网络中的重要内容。

　　计算机软件在体育教学中的辅助应用，不但提高了学生的学习兴趣，还增强了学生的实践能力，使学生快速理解并掌握知识要领。计算机辅助软件在体育教学中的应用，为体育教学带来了良好的效果，促进体育教学目标的实现。体育教学是体育教师与学生共同参与的一项学习活动，体育教学的开展离不开体育教师，教学中教育手段与教育媒介的选择也是非常重要的。在我国的高校体育教学中，传统的教学方式往往忽略了学生的兴趣，过于强调对动作方面的学习，学生不能高效地获得体育知识，从而导致教学效果不理想。

伴随着信息技术的发展，多媒体教学的普遍应用已经成为高校教育必不可少的教学方式之一。我国计算机辅助教学虽然已经经过了长期的发展，但对计算机辅助教学理念的理解以及具体的应用情况而言，实际效果不太理想，且与发达国家之间存在一定的差距，而在体育教学中的应用更是微乎其微。有研究表明，计算机软件辅助教学在体育教学中的恰当应用能够有效提高教学的质量和教学目标的完成。计算机辅助教学主要是指以计算机为教学媒介，在学生与计算机之间开展一定的交互活动，进而实现教学目的的一种教学手段。计算机辅助教学是一门综合的学科，集计算机科学、心理学、教育学等学科于一体，将声音、动画、影像等媒体综合起来，并应用到课堂教学中。这种全新的教学方法，突破了传统教学手段单一、教学方式单调的弊端，使学生能够更好、更快、更有兴趣地学习知识。虽然计算机辅助教学在体育学科中的应用相对较晚，但发展速度较快。我国很多高校都已相继利用计算机软件的体育课程进行辅助教学。而在体育教学中，对计算机辅助教学的研究也不断增加，例如通过计算机进行武术技术动作的教学、篮球运球以及跆拳道方面的教学研究等。体育教师在授课时利用计算机辅助教学，能够将相关的体育和健康知识生动形象地展示给学生，使学生迅速建立起直观的运动表象和清晰的知识图谱，并鼓励学生发现问题，积极探寻解决问题的方法，打破传统中枯燥抽象的逻辑教学观念，使学生在学习中能够获得更加全面的知识与相关技能，提高学生对体育学习的兴趣，进而促进学生体育运动水平的提高。但是，我国高校的体育在教学中，对计算机辅助软件的应用还不够全面，对其功能和理念的认识还不够深刻，具有很大的发展空间，应该加强对计算机辅助教学的研究，促进体育教学更加现代化。

高校体育教学计算机辅助软件的开发与应用主要是基于 ASP 技术，借助计算机软件进行辅助教学时，不仅需要熟悉声音处理软件、图像美化软件、课件制作软件等的操作技能，将其熟练地应用在课堂上，还需要对现有的体育教学方法进行研究，不断改进并完善。体育教师应该在使用软件教学的过程中相互学习，观察研究辅助软件在体育教学中存在的问题，并对软件系统的功能进行发展，使之逐步完善，进而将计算机辅助软件的开发应用水平进一步提高，使高校计算机辅助体育教学得到普及。

## 一、ASP 技术的应用

建立专业的数据库系统。建立数据库系统文件夹的方法步骤如下：①新建文件夹，并定义名称，打开 visual FoxPro 数据库软件，继而建立数据库。②建立表格，在表与表之间的联系字段定义为"类别名称"，划分字段的标准选定为表格的具体结构。③打开 Dreamweaver MX 软件，网页新建完成之后，会弹出一个页面，可在其上选择 ASP VBScript，随后会自动展开 Dynamic page。④登录"ODBC 数据源管理器"，选择带有 DSN 标签的按钮，完成数据程序的驱动，使其进入正常的运行状态。⑤随后退出"ODBC 数据源管理器"的显示界面，选择合适的数据库路径，键入文件夹名称的关键词，单击确定按钮，新建数据源便会自动弹出，插入链接便可与数据库相连接。

## 二、Authorware 软件的应用

Authorware 是美国 Macromedia 公司开发的一种多媒体制作软件，Authorware 是一个图标导向式的多媒体制作工具，使非专业人员快速开发多媒体软件成为现实，其功能非常强大。无须传统的计算机语言编程，只通过对图标的调用来编辑一些控制程序走向的活动流程图，将文字、图形、声音、动画、视频等各种多媒体项目数据汇集在一起，就可达到多媒体软件制作的目的。

Authorware 这种通过图标的调用来编辑流程图用以替代传统的计算机语言编程的设计思想，其主要特点功能在于编制的软件具有强大的交互功能，能够任意控制程序流程，在人机对话中，能够提供按键、点鼠标、限时等多种应答方式，它还提供了许多系统变量和函数，以根据用户响应的情况执行特定功能。编制的软件除了能在其集成环境下运行外，还可以编译成扩展名为.EXE 的文件，在 Windows 系统下脱离 Authorware 制作环境运行。采用 Macromedia Authorware 制作软件工具，可以结合 Flash 软件工

具进行体育教学课件的研究与开发。在研究与开发的过程当中，对体育课件的核心制作目的进行全面的明确，即是"将教师的演示工具作为学生的认知工具"。以学生发现问题并解决问题的过程，替代传统的逻辑分析讲解过程，以确保学生在此过程当中获得更为系统而全面的体育知识与技能，提高学生的体育运动水平与学习兴趣，提高学生的身体素质。

计算机辅助教学集文字、图像、视频等多媒体于一身，是一种全新的教学手段，面对知识经济的快速发展和信息时代的激烈竞争，体育教学的手段要紧随时代步伐，利用先进的科学技术更好地完成教学任务，提高教学质量。多媒体技术给教师和学生提供了良好的教学条件，也提出了更高的要求。将多媒体教学引入课堂，将教学过程与娱乐引为一体，提高体育教学效果。

## 三、Poser 软件的应用

Poser 软件是人体三维制作软件，通过这一软件进行人体动画方面的制作，构建灵活多变的人体三维模型。利用 Poser 软件，设计人体造型以及相关动作等工作的难度会大幅度降低，并且能够制作出多种多样的造型，对动作也可以进行较为细致的绘图讲解。体育教学具有一定的特殊性，可以利用 Poser 软件对人体的运动进行单帧制作，通过简单明了的关键帧制作方式，将人体动作逼真地描绘出来，并将其保存，为体育课件提供预备素材，确保高校体育课程的开展。

Poser 软件还具备一定的引进功能，能够下载网络上对教学有用的素材，进而对 Poser 中的相关场景进行点缀，丰富了人体造型以及动作的创作空间。通过 Poser 软件，可以实现高校体育教学中人体三维动画模式展示，有利于提高学生的学习兴趣，完成教学目标。

## 四、Flash 软件的应用

在高校体育教学中，Flash 软件的应用也是必不可少的。通过这一软件，教师能够在体育教学中对技术方面的动画进行制作，将人体动作的相关模型导出来，再利用 PS 软件对其进行美化，就可以产生一系列较为连贯又具有欣赏性的人体动作。将这些修改后的动作导入至 Flash 软件内，可以在具体的实践教学中投入使用。

Flash 软件能够设计关于体育技术方面的动作关键帧，产生较为形象的体育动作技术动画，使学生接受的信息知识更加生动，进而增加学生的学习兴趣。

### 五、CMT 软件的应用

在高校体育教学中还应引进 CMT，以此来减轻教师的工作总量。在日常工作生活中，教师不仅要备课、授课，还要对学生的相关信息进行整理，并熟悉了解，工作总量较多且较为烦琐。通过 CMT，可以将统计成绩、考勤等一些较为复杂的工作直接以报表的形式打印出来。对学生的体育成绩、课堂表现、缺席情况以及教师评价等进行整合，并进一步分析，进而保障高校体育合格标准登记表的填写更加便利、规范。

### 六、CAT 软件的应用

现阶段，高校体育教学中对 CAT 的运用主要是利用后台的数据库完成的，并且需要其他技术来对其进行修改，将改正后的数据参数通过用户端向学生充分地展示出来。这一技术软件的应用，实现了高校体育教学中对相关网页的动态性处理。学生可以通过在用户端输入与体育相关的专业用语，查询相对应的体育课程内容，方便学生了解和学习。而且，在所展示的内容中，相关知识都已经进行了难度分类和分步讲解，并为学生提供了具体的教学实例，以及具体的分析与建议，使学生能够充分地理解，降低学习难度。

### 七、CAI 技术的应用

国外多媒体 CAI 技术起步较早。计算机作为信息处理工具一经出现，就引起了众多教育工作者的高度重视，许多人致力于探索如何利用计算机进行辅助教学。1959 年美国 IBM 公司澳斯顿研究中心设计了世界上第一个计算机教学系统，便以此为起点逐步发展起来。日本、加拿大、英国也先后于 20 世纪 60 年代中期、70 年代末和 80 年代初开始使用 CAI 系统。随着计算机技术的普及和不断发展，使得 CAI 技术得到迅速推广。1970 年，卡波尔研制成功了 ICAI 系统，即智能计算机辅助教育系统。20 世纪 80 年代，由于多媒体技术和网络技术的迅猛发展，为 CAI 注入了新的动力。1990 年 1 月，美国建立了一套分布于多个国家和地区的 MCAI 系统，即"苹果计算机全球教育网"，使各国学生可以通过互联网互通信息、互相学习。日本开发的 PINE–NET 系统，也是一个面向信息处理技术人员的多媒体教育网络系统。MCAI 以计算机为主要媒介进行教育活动，即用计算机帮助教师执行教学功能的活动，它是使用图形、声音、动画、图像等多媒体进行教学内容的呈现与传递的方式，代表着一个广阔的计算机应用领域，也代表着一种新的教育方式的诞生。

我国的 CAI 技术起步相对较晚，因而 MCAI 的发展也比较晚。我国的 CAI 技术开发始于 20 世纪 60 年代，在近十年得到迅速发展。主要经历以下四个阶段：①自发探索阶段。这一阶段在 CAI 的教学环境、教学模式和制作课件的一般原则等方面都总结出了一套规律性的经验和独特的见解，为开创我国的 CAI 技术打下了坚实的基础。②开发课件著作工具阶段。利用高级语言编程制作的课件，工作量很大，继承性较差，所以出现了专门的课件著作工具。③以计算机网络和多媒体支持的 MCAI 阶段。计算机网络和多媒体技术的快速发展，为 CAI 的普及提供了极为有利的条件。在计算机网络的支持下，CAI 个体化教学形式的受益群体得以扩大，学生可以从网络中的共享数据库中调用所需的课件。MCAI 的出现为 CAI 进入课堂提供了充分的条件，这就是"CAI 群体"教学形式。④以专家系统和人工智能支持的阶段。这个阶段是 CAI 的高级阶段，即智能 CAI（ICAI）阶段，这期间高等院校在 CAI 的发展中起到了带头及主力军的作用。

时代的发展以及社会的进步使得现代计算机技术的发展步伐加快，各大高校在体育教学中利用计算机软件进行辅助教学，已经成为创新发展的关键。对计算机软件（如 Poser、3dmax）的应用，能够使原本枯燥无味的体育知识变得生动形象，进而提升学生的学习兴趣。而对计算机软件的开发与应用（如 CMT、CAI），能够打开学生的视野，拓宽学生的知识面，减少教师的工作量,为学生创造出良好的学习环境,使学生有更多的机会接触更加全面的体育知识,进而提高体育教学的整体教学成果。计算机软件进行辅助教学能够为体育教学提供有效帮助,进而促进我国教育事业的优质发展,为国家培养全面、先进的高素质人才贡献力量。

高校的体育教师需要熟练掌握声音处理、图像处理课件制作、动画处理等软件的使用,除此之外,还需要对现有的体育教学手段与教学方法进行钻研,在软件系统的使用过程当中不断完善各方面功能,以提高计算机辅助软件的开发水平,确保高校体育教育辅助软件的使用性能。

## 第二节 E-learning 发展与体育教学

E-learning 也称数字化学习、电子化学习,利用互联网传送一系列能强化知识和考核的教学方案,因其独特的环境、技术与工具而得名,这种学习方式的兴起与发展,与教育技术的发展紧密相关,是教育技术进步的标志。纵观教育技术的发展历史,自 20 世纪初期以来,每项新技术(如电影、电视、计算机等)在学习中的运用都为人们带来了启发与期待,虽然过分强调技术作用使人们在大量的研究与实践中遭受挫败,但每项技术对于学习的促进作用都不容忽视。E-learning 是指通过互联网或其他数字化内容进行学习与教学的活动,它充分利用现代信息技术所提供的具有全新沟通机制与丰富资源的学习环境,实现一种全新的学习方式在全球信息化大背景下的兴起。20 世纪 90 年代 E-learning 在美国培训教育界推出,小规模限制性的 E-learning 课程引起关注,相关学者开始了 E-learning 的研究并逐步建立起 E-learning 的理论体系。如今全球越来越多的高等学校和职业教育机构加入 E-learning 课程开发的队伍,E-learning 推动了教育领域的革新和发展。

目前,E-learning 课程已经覆盖各学科、各专业。调查了国内 E-learning 学习平台发现,大学体育学科的 E-learning 课程并不多见。由此可见,国内大学体育学科的 E-learning 课程开发相对滞后。"E-learning online"技术用于体育在线学习能集文本、影音文件、图片、动画、视频于一体,与体育本身的特点"人""活动""健康"等要素相统一,对体育教育方式产生了历史性的改变。体育在线学习系统结构的设计:教师、学生、教学内容、教学媒体这四大要素,在体育在线学习系统的交互教学活动进程中,学生是信息加工的主体和知识的主动建构者;教师是教学过程的组织者、指导者、建构的帮助者、促进者;教学内容所提供的知识不再是教师灌输的内容,也不是学生知识的唯一来源,而是学生主动建构意义的对象之一;媒体也不再是帮助教师传播知识的手段,而是用于创设情境进行协作学习、讨论交流,作为学生自主学习和协作式探索的认知工具与情感传播工具,因而成为教学活动进程中的稳定结构。而人机交互是E-Learning的显著特点,是任何其他媒体所没有的。E-learning进一步把所有的视听合一功能与计算机的交互功能相结合,产生出一种新的图文并茂的、丰富多彩的人机交互方式,而且可以得到反馈。这样一种交互方式对于教学过程具有重要意义,它能有效地激发学生的学习兴趣,使学生产生强烈的学习欲望,从而形成学习动力。体育在线学习系统的设计与实现E-learning体育课程学习系统中,为了建立起教与学之间的交互和交流的互动环境,让网上体育课程平台具有更强的操作性和交互性,在学生与教师、学生与学生之间架起易于沟通的桥梁。E-learning必须具备适应于网络教育的交互手段和方法丰富的交互手段,不仅是良好的教育平台所必不可少的部分,也是良好的教育平台所应具备的前提条件。体育因其影音素材丰富多彩而使本课程可以实现更多的教学内容交互行为,体育E-learning教学使学生拥有大量的学习资源,能激发学生间的交流与互动。而且教师通过对学生、资源、媒体和学习伙伴的参与,可以帮助学生安排符合各自情况的学习内容,学生通过业余、问答、邮件、测评给教师反馈,实现真正意义上的因材施教。提高了学习的随时随地性,从而为终身学习提供了可能。

  美国教育部2000年度发表的《教育技术白皮书》中概括了E-learning的特征:E-learning是一种受教育的方式,通过互联网进行的教育及相关服务，改变教师的作用和师生之间的关系。学习者是以一种全新的方式进行学习，是提高学生批判性思维和分析能力的重要途径，包括新的沟通机制和人与人之间的交互作用。这些新的沟通机制是指计算机网络、多媒体、专业内容网络、信息搜索、电子图书馆、远程学习与网上课程等。该学习工具提供了学习的随时随地性，从而为终身学习提供可能。E – learning能很好地实现某些教育目标，但不能代替传统的课堂教学，也不会取代学校教育，但会极大地改变课堂教学的目的和功能。E – learning的基本传递媒介是网络，这类课程凭借传递媒介的特殊性，使其与传统课程具有明显的区别。从表现形式上看，这类课程具有丰富的网络信息资源库（包括层次性的知识结构、网络课件、测评系统等）、使用灵活甚至智能的学习导航系统（包括功能导航与路径导航等）、友好的交互功能（包括课程结构上的交互、协作交流的环境交互等）、健全可靠的管理系统等。这些外部表现使课程与基于课程的学习发生了质的变化。表现如下：

（1）自主导向性。它具有自主导向学习的功能，使学习者按照一定的目标与要求，采用适当的学习策略，通过网络进行学习活动，并在网上进行自主学习评价，获得反馈信息。

（2）开放性。它不仅可以为学习者展示自身所包含的学习内容与资源，还可将学习者引向网络上更为广阔的信息海洋，为学习者提供实时的学习支持与帮助。

（3）交互性。它支持多样化的交互功能，通过交互使学习者参与其中，既有利于保持学习者的注意力，也有利于知识或技能的内化与迁移。

（4）可维护性与可重用性。它的开发技术与传输媒介支持增删、更新等操作，使内容更具时效性与适应性；相关技术规范的逐步完善，也使得课程开发标准统一化，开发成果可重复利用。以上特征都是纸张媒介、CD – ROM、广播电视或面对面言语传授课程所达不到的。当将这类课程用于组织E – learning教学系统之中时，还与组织中的E – learning系统平台、硬件条件与组织文化等密切相关。

基于网络的E – learning协作学习教学手段，能够体现以下优势：理论教学更加丰富多彩，图像、音乐、动画、图片、视频等多媒体技术，突破了一直以来书本作为理论知识主要来源的限制。利用网络收集到的大量新内容充实到教材当中，能够极大地丰富教学的知识量，拓展学生的视野。针对大学体育教学的特点，在课堂教学中运用动画手段向学生展现动作机理和健身作用，力图做到全面、形象、科学地向学生介绍最新、最全的体育知识。

（5）提高技术学习效果。技术是体育教学重点内容之一，体育运动的基本技术种类繁多，教学不可能做到面面俱到，只能突出重点，由学生自己去举一反三。为此，在基本技术动作中精选出具有代表性的技术动作，然后将国内外优秀运动员的精湛技术动作加上教师详细的讲解示范，可以使技术教学达到了起点高、起步快、事半功倍的教学效果。

教师可以将课件放在校园网上，通过网络实现资源共享，学生可以根据自己的情况随时查阅教材、上网浏览、收集有关信息来完成教师布置的课外作业，进一步加深对体育技术的理解和体验；通过校园网，教师还可以对学生练习中出现的问题进行答疑解惑，为学生创造与老师互动的学习环境。将课堂教学与课外活动有机地结合，能够使教学的时间、空间得到极大拓展。

（6）提高学生的自学能力。教学不仅要传授技术、提高学生的身心健康水平，而且要通过教学过程让学生掌握及时获取、分析、利用信息的能力，开发学生持续性的学习能力和创新能力，学会利用先进技术学习体育的手段和方法，让学生的身体、思想、能力都能适应未来的要求，能跟上时代发展的步伐。

## 一、基于 B/S 架构的大学体育 E-learning 系统的特点

（1）实用性。目前互联网教学系统存在三种类型：单机应用、C/S 即 Client/Server（客户端/服务器）应用与 B/S 即 Brower/Server（浏览器/服务器）应用。单机应用只能安装在一台计算机上由专人使用，受软件版本与时间周期限制，其内容往往显得陈旧；C/S 应用一般适用于网络节点不多的环境，需要在客户端安装专用客户端软件，客户数量受到限制；B/S

应用能够集成丰富的体育教学信息资源，客户端数量不受限制，在校园网环境中能够实现互动教学和多媒体信息资源共享，界面使用简单，客户端只需安装单一的浏览器软件（如 IE，FireFox 等），可以节省客户机的硬盘空间与内存，而且安装过程更加简便。

（2）管理性。在 B/S 应用设计上，使用服务器后台统一管理信息资源，实现用户访问信息资源的统一管理，方便师生查阅资料与直接交流，易于维护。由于用户端无须安装专用的软件，对应用系统进行升级时，只需更新服务器端的应用软件，用户从网上自己下载安装就可以实现升级，减轻了系统维护与升级的成本与工作量，大大降低使用成本。

（3）开放性良好的广域网支持。B/S 结构建立在浏览器上，有更加丰富和生动的表现方式与用户交流。系统具有可扩展性，易于增减。体育运动不断发展，使其结构具有规模化、规范化、标准化的宽口径输入输出。统一性系统采用主流信息技术构架，统一、集成并可扩展。在信息系统架构上，目前有基于微软.NET 技术的架构体系与 Java 技术的架构体系。考虑到技术的复杂程度和应用规模，设计上采用.NET 技术的架构体系，数据库采用 SQL Server 标准版数据库，在技术上能够快速实现。

## 二、基于 B/S 架构的大学体育 E-learning 系统的设计

（1）总体结构设计系统采用资源统一管理的模式，所有资源在管理员统一管理下进行分类。因此系统分为客户端显示层与后台管理层，客户端显示层与后台管理层均在服务器上实现对数据库的访问，区别是前者读取数据库中的资源，后者不仅能够读取数据库中的资源，还能够管理数据库中的资源。在互动环节上，学生与教师的地位是相同的，能够就大学体育教学进行互动讨论。系统采用 B/S 结构，.NET 技术的架构体系，数据库采用微软 SQL Server 标准版数据库。

（2）功能设计根据应用系统设计要求和体育教学需要，整个系统主要包括以下几方面的功能：

①体育教学系统中多媒体资源容量较大，从数据格式到容量大小均不确定，将其保存到数据库中容易造成网络流量不稳定。采用 FTP 技术将多

媒体资源以独立的文件保存在服务器中，用户通过超链接方式进行读取。从多媒体播放的角度看，目前的多媒体播放软件一般支持在线播放，因此媒体资源库使用 FTP 技术就可实现文件的上传与在线播放。

②用户管理根据系统管理与使用的特点，每一位教师都具有独立的管理自己资源的权限，能够对自己的资源进行增加、删除、修改或变更，但需要通过系统管理员进行确认，保证系统的资源是经过统一管理的，在内容上和形式上实现统一，保证内容准确的同时增强了系统的安全性。

③互动平台既包括学生与教师之间的网络交流，也包括学生之间的相互讨论。通过了解互联网论坛的使用情况，论坛需要设定专门的讨论区，每个讨论区设置管理员（版主）对讨论的内容进行引导。讨论通过发帖的形式进行，用户通过发帖发起讨论，其他用户包括教师与学生均可以跟帖应答，与发帖人产生互动。

④基础知识是与体育相关的基础知识，包括专项运动知识、锻炼方法、健康知识。

⑤视频资料的引入是为了解决单纯文字讲解时，学生无法真正体会技战术的要点，而通过视频资料，学生可以直观地理解技战术动作与应用方法，尤其是高水平运动员的发挥，可以拓展学生的视野。

⑥课件资源是教师授课资源的统一管理。教师授课资源的常用数据格式有以下几种：PPT、PPS、SWF、AVI、MPG、JPG、GIF 等，这就要求在存储这些不同格式的数据时，要用不同的处理方式和调用方法，此阶段设计应用程序，是主要应用 Windows 的 API 和 COM＋技术实现对各种格式文件的处理。

⑦动画资源是为提高学生的理解，用卡通人物演示体育技战术动作的一种多媒体形式。通过卡通人物的演示，加深学生的印象。

# 第四章

# 互联网技术发展与体育教学

我国有很多学校，在体育场馆建设、公共体育设施配置、体育健身理念宣传等方面作出了优异的成绩，并且获得了广大学生的肯定与赞许。但是，在成绩的背后，我们也应当看到，目前学校单纯靠线下（区别于互联网的线上）开展的公共体育服务工作中尚存在一些亟待解决的问题。例如，关于体育场馆的预定，哪个场馆有空闲位置，哪个场馆的价格低廉，学校无法将这些信息第一时间传达给学生。再比如，关于体育健身的一些常识信息，如何科学地进行体能训练，如何科学地进行晨练等，这些信息也无法顺利地传达给练习者，而这些信息恰恰是学生进行体育健身时迫切需要了解的。线下服务存在的"壁垒"，往往让学校的公共体育服务工作无法快速收获成效。由此，学校需要建设基于互联网的公共体育服务平台，进而将各类体育信息全面、及时、准确地传达给学生。

随着现代科技的迅猛发展，以网络和多媒体技术为核心的信息技术已渗透到人类社会发展的方方面面，教育领域也不例外。就教学而言，不但引起了教学环境和教学手段的变化，更重要的是带来了教育思想和教育观念的更新，尤其是教学体系、方法、内容等一系列的变革。普通高校扩招后，带来的一个普遍问题就是高校实用及基础体育理论，现有资源及现有师资与学生数量之间的矛盾，普通高校多媒体网络平台的构建，能在一定程度上缓解这种矛盾，而且这是高校实用及基础体育理论教学改革的趋势。网络教学的教学设计包括如下基本的工作：网站的需求分析、学习者特征的分析、学习专题和内容的选取、知识结构体系的设计、信息资源的选择与设计、自主学习的设计、协作交流的设计、学生评价系统的设计和网站评价的设计（图4-1）。

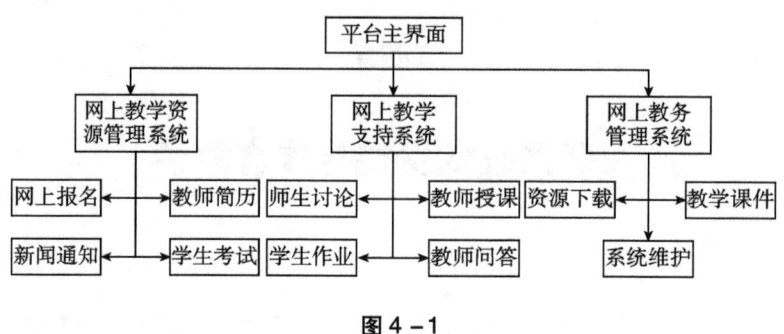

图4-1

## 第一节 体育MOOC的发展

慕课（MOOC），英文名称为：Massive Open Online Course，一般直译为"大规模开放式网络课程"，是借助于互联网技术而出现的新型教学模式，是一种开放式的在线学习方法。所谓"慕课"（MOOC），"M"代表Massive（大规模），传统课堂上只能面对几个到几十个学生，而一门"慕课"则可以同时面对成千上万的学生；第二个字母"O"代表Open（开放），不同国家、地区的学生只要对课程有兴趣的都可以进来学习，不再区分国籍、民族等；第三个字母"O"代表Online（在线），"慕课"所有的学习都是借助于互联网完成，不再需要学习者集中在教室，可以在任何地方只需要有网络就可以随时观看并实时交流；第四个字母"C"代表Course，是课程的意思，通过网络就可以学习到诸如数学、心理学、艺术学、计算机科学、化学等课程，并且在课程学习之后获得相应的证书。从2012年开始，受到来自国外的影响，国内越来越多的大学开始关注并加入慕课的建设与实践之中。2015年1月8日，奥鹏远程教育中心与北京大学、上海交通大学、中国人民大学、复旦大学、南京大学、四川大学、南开大学等38家机构共同组成"MOOC中国"联盟，慕课在进入中国的短短几年就显示出强劲的生命力，进而发展成为高等教育史上的"数字海啸"。

自21世纪以来,信息网络全球化趋势愈演愈烈,网络已经渗透到人们的学习、生活以及工作中。《国家中长期教育改革和发展规划纲要(2010–2020年)》中指出信息技术能够大力推动教育的发展,必须予以高度重视,我国必须促进教育内容、教学方法和教育手段的现代化。《教育信息化十年发展规划(2011–2020年)》中指出:教育信息化的发展以教育理念创新作为先导、以信息化学习环境建设及优质教育资源作为基础,以教育模式及学习方式创新作为核心。以MOOC为代表的基于翻转课堂理念的网络公开课程,对高校课程的影响越来越深,MOOC起源于早期的网络开放课程,其发展历程可追溯至2007年。伴随着MOOC学习人数的急剧增长,MOOC引起了开放教育、远程教育以至整个教育行业的注意。2012年,全球的MOOC和用户数量呈现爆发性增长,《纽约时报》刊载文章将2012年称作"MOOC元年"。美国有多家机构推广MOOC,形成了以coursera、edx以及Udacity为代表的三大平台。2013年清华大学加入edx课程平台,复旦大学和上海交通大学于同年与coursera平台签约,2014年网易云课堂接受了教育部发展精品课程的相关任务,且与爱课程网联手建立了中国大学的MOOC平台。在教育部公布的2015年工作要点文件中,高校MOOC工程重点建设工作也首次体现在教育部年度工作计划中。"十二五"期间,教育部帮助"985工程"高校建设MOOC并且进行推广,通过中国大学MOOC的建设及使用,促进了大学的教学改革,为教育资源相对贫乏的高校提供了优质的课程资源。"十三五"期间,慕课上线数量增至3.2万门,学习人数达4.9亿人次,在校生获得慕课学分人数1.4亿人次,慕课数量和应用规模位居世界第一。

在MOOC的推行过程中也发现了诸多问题,如较高的辍学率和制作成本、缺乏成熟的商业运作模式、激发自主学习动机、创新的教与学方式、规范教学质量认证、缺少浸润式学习体验等。伴随着计算机技术和信息化技术的迅速发展和不断普及,各种各样借助于互联网而出现的新型教学模式开始进入教育领域,进而对传统教育模式产生一定的冲击和挑战,被称为"印刷术发明以来最大的教育革新"的MOOC正逐步发展成为教育领域的研究热点和新方向，而由于各种主客观因素使得MOOC较少在高校体育教学中探讨和应用。而体育作为一门极具应用性的基础学科，高校体育教学作为我国高等教育的重要组成部分，必须紧跟"互联网+"时代的发展趋势，主动将MOOC技术和高校体育教学进行整合与创新，以加快高校体育学习方法和教学模式的深刻变革，从而在顺应教育信息化发展趋势的同时，为新形势下高校体育教学改革提供新的理念和思路，从而真正提升高校体育教学水平。因此，为了更深入地认识和理解体育MOOC教学这一新型教学模式的特点、优势以及应用中面临的现实困境，并且对体育MOOC教学提出更具针对性的应对策略，以促进我国高校体育MOOC教学迎来崭新的发展。

高校体育教学和其他学科教学活动的区别之处在于：体育教师在进行和组织体育教学活动时，必须创设出一种不同于其他学科教学活动的独特环境，使学生可以在这种为体育教学而专门创设的教学环境中学习和发展体育技能。然而，在现实中由于各种主客观因素使得体育教学环境相对严肃且存在时间地点限制，难以有效激发广大学生参与体育课堂学习的主动性。而MOOC引入到高校体育传统教学模式中则可以有效解决这一问题，学生只需借助互联网开展在线学习，不受任何外部因素的影响就可以学习到不同高校体育教学名师开设的体育特色课程。可以说，体育慕课以其独特的技术优势突破了传统体育教学在师资、器材、场地等方面的限制，从而使得高校体育教学资源得到更加广泛的共享。

体育MOOC的主要优势在于其具有庞大的课程资源以及方便快捷的获取途径，一门优秀的体育慕课课程有可能会被成千上万的学生在线学习，从而使学生在体育自主学习中更好地体现主体性。与此同时，体育慕课教学中倡导的是更具创新性和个性化的教学思维，因此每一个体育教师对于同一个教学内容的理解差异，都会使体育教学过程和教学手段更具个性化，有助于学生根据自己的兴趣爱好和接受程度自主选择适合自己的体育课程。更有甚者，学生还可以协调自己的时间和需要，自主选择学校教程以外的体育学习内容，从而扩展自身的体育活动体验，进而实现完全个性化的体育发展路径。

高校体育教学中的理论知识与其他学科理论知识在教授过程中存在着同样的问题，即教学形式枯燥乏味，难以激发学生的学习兴趣，而体育慕课则利用其先进的计算机技术和信息技术，将原本枯燥乏味的体育理论知识以生动活泼的形式展现给学生，从而使体育教学更加鲜活。体育慕课教学视频可以在一个10分钟左右的课程中集中讲解某一运动技术问题或者体育理论知识，同时可以在教学中设置一些生动有趣的互动环节，从而在交流互动中提高学生的主动性和积极性。学生通过慕课学习，不仅可以将遇到的问题或困难在互动交流平台上获得及时的解答，而且学生还可以随时了解和调整学习进度，这样的新型学习方式有助于使原本相对枯燥乏味的体育理论知识变得更加生动有趣，进而增强学生的学习欲望和主动性。

将慕课融入高校体育教学，已经成为当前高校体育教育改革与创新的热门话题，对于创新和发展高校体育教学具有十分重要的现实意义。然而对于国内高校而言，由于各种主客观因素对体育慕课教学模式的开发工作仍然没有引起足够的重视，也缺乏相应的开发经验，这就需要相关教育主管部门以及学校加大宣传力度，以更新师生的教学观念、加大培训力度以提高教师信息化素养，打造精品体育慕课以满足多元需求，构建线上、线下学习过程评价机制，以创造出更加贴近学生需求的体育慕课课程，使更多的社会公众关注体育慕课事业，促进我国体育慕课事业的可持续发展。

## 第二节 体育 SPOC 的发展

2013年，加州大学伯克利分校 MOOCLab 的课程主任 Armando Fox 教授率先提出 SPOC（small private online course）概念，希望将优质的 MOOC 资源与课堂面对面授课方式结合起来，以此翻转课堂教学模式、改变教学结构、提升教学质量。SPOC（小规模限制性在线课程）是一种围墙内的具有课程成本低、类型精致、易管理等特点的网络课堂，授课对象是达到一定准入条件的学生，授课规模通常在几十人或几百人，授课过程中大多采用翻转课堂教学，遵从联通主义学习理论的新模式。哈佛大学 Robert Lue 教授指出 SPOC 已经慢慢取代 MOOC，教学模式正在进入后 MOOC 时代，SPOC 模式不仅可以解决课程完成率低等 MOOC 模式难以避免的问题，而且能在很大程度上激发授课教师参与到教学过程中的主观能动性，推动传统教学模式改革，提高教学效果和教学质量，是 MOOC 的一种可持续发展模式。SPOC 的最大价值在于，其诠释了 MOOC 与校园课程结合方式的问题。SPOC 的另一价值在于重新审视教师的作用，其既不同于传统教学模式以教师为中心，也不像 MOOC 过度以学生为中心，忽视教师的主导功能，SPOC 使教师从知识灌输者的角色转换为学生线上和线下学习的监督者、指导者，既保障了教学过程中学生的主体地位，也保证了教师功能的发挥，实现了教学统一的目的。中国大学对 SPOC 也给予了很高的关注度，在中国大学 MOOC 平台的 SPOC 在线专有课程中，已有来自全国 57 所国内高校开设了 76 门课程。国外方面，美国联邦教育部在 Net2010 规划中明确指出：信息技术已经渗透到公民生活、学习以及工作中，教育的发展离不开信息技术的支持。2014 年地平线报告指出，整合混合学习、在线学习以及协作学习是促进高等教育变革的重要趋势。如果设计并且实施成功，混合学习模式可以充分发挥在线学习和实体课堂的优势。目前我国高校公共体育课程教学仍存在一系列问题导致公共体育课程教学效果欠佳，如工具性与人文性的失衡、评价主体单一、评价结果失真、教学手段单一、学生主体地位难以凸显、多媒体教学仍不成熟等。SPOC 作为 MOOC 发展过程中演化而来的产物，将 MOOC 与传统课堂进行了结合，同时具备了传统课堂和 MOOC 线上课堂的优势。SPOC 目前在其他学科已经开展了众多的理论和实证研究，在一定程度上实现了高校体育教学设计流程的创新，充实且丰富了高校体育教学理论。

## 第三节 体育微课程的发展

微课程按照新课程的标准和教学实践要求，它以教学视频为主要载体，反映教师针对某个知识点或教学环节而开展教与学活动的各种视频教学资源。微课程最早由美国新墨西哥州圣胡安学院的高级教学设计师、学院在线服务经理戴维·彭罗斯（David Penrose）于2008年秋首创。随着网络信息技术与教学的高度融合发展，微课程正在迅速发展壮大。自进入21世纪以来，科学技术得到了快速发展和广泛应用，各个领域也发生了或者正在发生着翻天覆地的变化。同时，随着网络技术和通信技术的发展，新的媒介环境应运而生，进而促使社会进入了"微时代"，而微课程可以说是"微时代"催生出来的产物。微课程的产生主要是为了适应现代社会快节奏的特点。传统的教学录制资源，其特点是录制的内容大而全，比较冗长，学生学习起来很枯燥，且很难抓住重点，甚至有些疑点和难点很难得到明确的解答，与传统的教学资源相比较，微课程存在很大的不同。微课程的微妙和独特之处主要表现在以下几个方面：第一方面，微课程的容量小，因此内容比较单一；第二方面，微课程主要是以教学视频为主，而且视频的长度一般不超过10分钟，因此内容精练；第三方面，微课程可以不依赖于其他方面的知识就能理解所要学习的内容，即教学的信息、目的、价值均能在微课程中体现；第四方面，微课程是一种不可再分割的基本的单元；第五方面，微课程是一种独立的、具有特定播放格式的可传播的媒介格式，便于传播和学习。

微课程在体育教学中的应用形式主要分为自主在线学习型、室内教学插入型和课后锻炼巩固型三种形式。体育是一门特殊的课程，因为它与人们的健康息息相关，因此体育微课程教学更加具有它的独特之处，其资源形象、具体、生动，可以加深学生对体育的理解，拓展学生对健康知识的普及。例如，利用多媒体教学将跳远的四个基本动作：助跑、起跳、腾空、落地的过程形象地表现出来，可以增加学生的认知感，提高学生对学习体育运动的兴趣。而且，利用课件教学，将具有代表性的画面、优美的动作技术、文字形象和语言解释结合起来，可以提高学生对体育的学习兴趣进而促进学生更加主动地去了解体育知识，从而提高自身的体育文化修养。室内教学插入型教学最典型的例子是跆拳道品势和裁判方法的讲解微课程，可以通过语音解说配合漫画形式进行有针对性地讲解和分析，让学生从视觉和听觉上理解跆拳道的内涵，甚至体育奥运精神的精妙之处。课后利用课件对已学知识进行巩固，可以更准确、形象地掌握动作，进而增加学习的兴趣。教师可以根据在教学过程中实际存在的难点和疑点制作成视频，或者将新技术动作以慢放的形式表现出来，分享到微视频的平台上，进而让学生充分掌握已经学到的知识和动作，增加学生的学习兴趣。

就目前的情况来看，微课程在体育教学中的应用类型主要包括：讲授型、演示型、练习型和表演型四种类型。

讲授型教学是目前应用最多的微课程教学类型，其本质是利用语言的传递功能进行体育知识的教授，即教师运用口头语言给学生讲解体育的动作要领、基本动作原理、练习最佳形式和锻炼手段等。

演示型教学是讲授类教学的一种重要辅助手段，属于感知类教学的范畴。教师可以将难以用语言表达清楚的动作或练习方式展示给学生，进而让学生通过实际的观察感知知识的精髓和动作要领。

练习型教学适用于学生在教师的指导下，依靠自觉的控制和校正，反复地完成一定动作或活动方式，借以形成技能、技巧或行为习惯。

表演型教学主要分为教师的动作示范表演和学生的自我表演两种。通过教师组织学生对教学内容进行复习，达到学习交流和娱乐的目的。表演型教学需要在老师的引导下进行，对教学内容的重现，不但能起到教学的目的，还能起到复习的目的。

每个学校的课程都有自己的特色，其教学的理念也存在一定的差异。因此微课程的教学和体育课程相结合需要遵循一定的规则。首先，微课程的引入不能影响体育课常规的教学内容和进程，即微课程是对体育常规课程重点和难点的解释和补充，不能抛下常规课程只用微课程教学。其次，要结合不同学校、不同项目的课程特色，选用可以体现该校教学特色的微课程进行教学。最后，学生是接受知识的主要对象，因此要选用学生感兴趣的微课程进行教学，才能获得最佳的教学效果。

微课程在体育教学中的应用具有很高的挑战性，因为微课程的应用突破了传统的教学理念和模式。微课程的应用促进了教师的电子备课、可用教学和课后反思的资源的应用，且具有很强的针对性和实效性。同时，微课程的应用具有重要的现实意义。微课程在很大程度上解决了教师在教学过程中无法演示动作的难题，同时，微课程的教学可以满足学生对体育知识随时学习的需求，并实现个性化的学习愿望，同时可以加强对已学知识的巩固和反思，使得所学知识进一步得到掌握。

虽然微课程在体育教学中具有很多现实意义，但也仍然存在很多的问题。这些问题主要集中在三方面。第一方面，微课程在体育方面的资源需要进一步优化和改进，促进学生更有效地进行学习；第二方面，体育相关的微课程优质资源的共享平台需要进一步扩大，从而促进教师专业的发展；第三方面，体育教学模式需要进一步提高，因为教学与学习的互动程度可以促进教学效果和学生的学习效果。微课程在体育教学中的应用普及性和流行性不够高。如果微课程在体育教学中存在的这三个方面的问题得到根本性解决，微课程的应用程度会显著提高。

# 第五章

# 在线体育教学模式

## 第一节 翻转课堂

### 一、翻转课堂的起源与发展

"翻转课堂"在19世纪早期就已经出现萌芽,那时西点军校的Sylvanus Thayer将军曾做过这方面的尝试,他让工程专业的学生将新学内容的相关材料及核心知识点提前到课外进行自主学习,课堂上教师减少新内容的讲解时间,而将更多的时间留给学生进行探讨,整个课堂围绕学生的疑问进行针对性讲解,是一种以师生互动、生生互动交流为主的新型互助式课堂教学。由此可见,这种将学生作为课堂主体的教学模式与"翻转课堂"的教学理念如出一辙。但是由于当时社会发展不均的局限性,科技水平发展还处于不平衡的发展阶段,信息技术的现状还不足以支撑教育事业的全面改革,导致教学的科学技术缺乏,因此这种翻转式的教学模式难以在当时社会中进行全面的推广与应用。当"翻转课堂"发展至20世纪90年代时,哈佛大学物理教授埃里克·马祖尔(Eric Mazur)为"翻转课堂"(他称为"反转学习")注入了新的元素,创造出一种新的教学方法,即"同伴教学法"。这种教学方法是让学生在课前阅读书籍,并观看所要学习的新内容的视频,在自己原有知识的基础上自主学习新的内容,会发现自身的不足。在课堂上,老师将自主学习中的问题与疑虑进行归纳,根据学生的欠缺之处来制订本次课程的教学重点,有针对性地安排课堂教学程序，充分开发课程资源，以尽量满足学生的需求为原则而设计合理有效的课程方案。在新型课堂上，教师的任务发生了转变，以教学为主的任务转变为以引导学生为主，引导学生形成相互讨论、共同解决问题的学习行为。埃里克·马祖尔的教学方法则将教学分为两个环节：一是进行"知识的传授"；二是帮助学生进行"知识内化"。这两个环节构成了翻转课堂的关键因素，也是其重要的理论基础。与传统教学模式相比，其最为显著的区别就在于将知识的教授放在课外的自主学习上，而将课堂上的时间用于对知识的巩固与内化，这也是"翻转课堂"最为鲜明的优点。

  2000年，美国迈密大学Lage教授等发表了 *Flip the classroom: to create a globall earning environment approach* 使得"翻转课堂"的理念首次跃入人们眼帘。2004年，孟加拉裔美国人Salman Khan创立的"可汗学院"推动了"翻转课堂"在教学中的研究进程，被认为正式打开"未来教学"的曙光。Melanie T. Jacot、Jason Noren、Zane L. Berge在 *The Flipped Classroom in Training and Development: Fad or the Future?* 中概述了翻转教室的特点，讨论了这种创新的教学模式的基础，评估翻转课堂是否只是一个暂时的教育和学习的趋势，还是有可能真正改变教学设计。而第一次真正意义上提出"翻转课堂"教学理念的是林地公园高中的Jon Bergmann和Aaron Sams两位化学教师。自2007年起，Jon Bergmann和Aaron Sams试着在互联网上传他们用PPT与讲课的声音制作出的视频，从而帮助因故缺课的学生，让他们可以在家以自主学习的方式掌握新课。之后，这种形式被两位老师搬到日常教课中。一开始学生在课前观看老师提供的教学视频，在课上解决教学难点，这与原本在课堂上传授新知识的课堂相比，能够节约更多的时间以便学生能在课堂中完成作业，并满足教师在课堂上对学生进行更具个性化的辅导。长此以往，"翻转课堂"这种教学模式慢慢受到学生的认可。源于美国林地公园高中的翻转课堂（flipped classroom）已经成为全球教育界的研究热点，成为一种新型的信息化教学模式，被加拿大的《环球邮报》评为2011年度影响课堂教学的重大技术变革。2012年1月30日，Jon Bergmann和Aaron Sams在林地公园高中开展了"翻转课堂开放日"（open house)。许多教育工作者受邀前来参与体验，更真切地感受到"翻转课堂"所带来的教学效果，学生们的学习情况和状态的真实展现，有助于他们进一步了解和接收"翻转课堂"的教学模式和理念，这一举措也促进了"翻转课堂"教学模式在全世界的普及和使用。

2012年7月乔纳森·伯曼伦·萨姆斯出版的《翻转你的课堂：每天每节课与每个学生交流》成为"翻转课堂"的先锋。以翻转课堂作为教学工具，设计了一个学习模块，并以翻转课堂的模式提供训练证据，驱动学习者的内在价值观，与学生产生共鸣，帮助学生迅速超越对理论的理解，以高等认知技能，在实践中获取应用知识。之后，"翻转课堂"在美国各地日益盛行并快速发展，不仅林地公园高中，包括明尼苏达州斯蒂尔沃特市石桥小学、高地村小学、克林顿戴尔高中、马里兰州波托马克市布里斯学校、密歇根州东大急流城高中、得克萨斯州达拉斯地区的生活学校、印第安纳州波利斯市圣托马斯阿奎那天主教学校、加州河畔联合学区等学校的教师，也都对"翻转课堂"进行了更加细致的教学实践与研究，并取得了较好的教学成果。在2014年的上半年，美国的三位教授Jared与Grace Onchwari和James N. Oigara联合出版了一部讲解如何通过翻转课堂进行教学的著作 *The Flipped Classroom in Training and Development: Fad or the Future?* 这部著作的横空出世为教学模式向信息化的转变提供了强有力的支持，"翻转课堂"这一领域更加受到学者们的关注，并在广大研究者中掀起一股思想浪潮。

## 二、我国对翻转课堂的学习与思考

"翻转课堂"最早在欧美兴起，近几年才传入中国并出现逐渐发展的趋势。从历史的角度来看，我国研究"翻转课堂"的时间尚短，与国外研究存在一定的差距。正因如此，我国可以借鉴国外成功的案例，正所谓站在巨人的肩膀上去汲取国外的实践经验与先进的理论知识，我国正以一个较高的起点进行一系列本土化的"翻转课堂"的教学研究。2011年下半年，对"翻转课堂"教学模式的研究陆续在上海、广州、重庆等城市开展，主要是以一些中小学校为试点，对新型教学模式在中国的使用进行探索，由于还处于初始阶段，其中会产生一些问题，所以相关研究的成果并不理想。国内最早以重庆的聚奎中学为"翻转课堂"的实践研究试点，并在 2011 年 12 月选择一个班级进行"翻转课堂"的实践教学，通过一个学期的努力，2012 年张金磊对这一个学期的成效进行整理，并以《翻转课堂教学模式研究》一文进行阐述，据聚奎中学在实践教学中的调查显示，"翻转课堂"的实施取得较好的成就，其中 80% 的学生表示喜爱这种教学模式，教师也并不抵触并愿意继续使用"翻转课堂"的实践教学，同时提出了在教学中出现的问题与顾虑，有效地推进"翻转课堂"在中国的教学研究。翻转课堂在 2011 年传入我国之后，随即引起了我国教育界的广泛关注，并被迅速引入到化学、物理、生物、外语、语文、计算机、美术等相关学科的教学之中。一系列的教学实验证明，翻转课堂深受教师和学生的青睐，在翻转课堂模式下，学生的主体地位得到了真正的体现，学生的学习能动性明显提高，学习潜能也得到了有效发掘。翻转课堂作为大数据时代掌控式学习的典型教学模式，打破了传统教学模式及建构方式，凸显了学习者的中心地位，让学生可以根据学习需求自由掌控学习进度，通过自主学习、以学定教的方式，将课堂教学改革推向更核心的地带。从国内外一些较为成功的案例来看，翻转课堂可以成为有效的教学机制。翻转课堂通过变革传统的教学流程，要求学习者在课前利用视频等教育资源完成知识点的自主学习，课堂则主要进行师生互动式答疑讨论，其所带来的优势是知识传授的提前和知识内化的巩固，实现了传统教学中师生角色的翻转。

当前，国内对翻转课堂模式的尝试与应用研究较多，相关学者也针对翻转课堂本土化教学应用等进行了探讨。反观体育教学，有关体育翻转课堂的应用研究比较少见。郭鹏飞在《国外关于翻转课堂的理性思考》中从"学习环境、教学模式、教师素养、学生层次、考核评价和实施效果"等方面对"翻转课堂"教学做了进一步的归纳总结。"翻转课堂"是从新型教学模式"Flipped Classroom"的研究引译而来，又被称为"颠倒课堂"和"翻转课堂"。"翻转课堂"主要是借助信息技术的教学支持，将原有的教学内容录制成教学微视频或教学资源，在现有的网络平台上让学生进行课前的网络自学，课堂中进行协作学习、个性化指导、教学评价等多形式的教学活动完成教学。教学顺序的"翻转"完全颠覆了我国传统的教学模式，故称为"翻转课堂"。目前，我国对"翻转课堂"的基本应用是：教师通过信息化教学环境，在网络平台提供课堂教学的相关学习资源，主要以教学图文、教学微视频、教学录音等为主要形式。学生通过技术工具（如手机、iPad、计算机等）进行充分的课前自学，在课堂中再由师生一起完成教学内容的疑难探析，通过协作学习和互动活动等教学形式对教学内容进行巩固。刘荣认为翻转课堂是一种教学形态，是由教师根据自己的教学内容去录制视频，让学生在课余时间观看视频，了解所学习的内容，回到课堂后学生带着疑问与老师进行当面交流，教师进行有针对性的讲解，并与学生共同完成作业的一种教学模式。卢强认为"翻转课堂"是学生在家通过视频学习新知识，到学校消化巩固的一种教学模式。张金磊认为"翻转课堂"并不复杂，只是将课堂教学分为课内与课外两部分，在课外可以通过现代信息技术让学生提前进行新内容的学习，在课内教师有针对性地帮助学生对所自学的内容进行巩固与消化，实现内化的过程。"翻转课堂"完全打破了传统的教学模式，以一种新的模式进入当代教学当中。

　　由于现代科学信息技术的发展，大学生的生活方式及日常习惯也随之改变，信息技术深入到大学生生活的方方面面，"翻转课堂"以网络信息为媒介的教学模式深度迎合学生的学习习惯，而且其内容丰富、趣味性强、个性化凸显，更容易被学生与老师喜爱与接受，这对推动我国教育改革具有一定的助力作用。"翻转课堂"和传统课堂是完全颠倒的。以体育教学为例，以往的传统教学，其教学流程通常以两个阶段进行：第一，教学内容的传授；第二，教学内容的掌握。课堂上，体育老师通过讲解和示范将教学的项目知识传授给学生，课堂的教学时间和教学效果完全由教师而定；第二个阶段，学生根据课堂学习进行知识内化。在这种教学模式下，教师通常会把体育课堂变成一堂"模拟课"或"放养课"，学生在课堂上的主要任务就是认真听讲，努力跟上教师的教学示范或进度，这种情况下，可能会造成学生的接受程度与教学目标的脱节，甚至可能造成课堂的放羊式教学，学生无暇参与到课堂教学中，最终失去对体育课教学内容的学习兴趣。就教学而言，学生对知识的内化比接受更加重要，更需要教师从中点拨和引导，但这是传统教学无法解决的教学难题，学生在课下进行练习时得不到正确引导，便会造成对教学内容理解的偏差，进而对课堂教学失去继续学习下去的热情和动机。如今"翻转课堂"的出现，对改进传统教学所存在的问题能起到一定的促进作用。通过教师对教学内容的精心设计和制作，学生利用教学资源和网络上相关资源的自学，完成对新知识的充分学习和了解，省略传统课堂上的教授环节，最大限度地释放出了课堂时间，便于教师在课上合理分配分组学习、课堂活动、教师有针对性地进行教学指导等环节，从而达到更轻松、更容易、更完善、更高层次的知识内化。"翻转课堂"与传统的教学模式并不是相互对立的关系，二者是相辅相成，共同促进体育教学的发展与完善。"翻转课堂"突破了传统课堂的局限，将教师从"演员"的身份转化为"导演"的形象，教师不再是以讲解示范为主，更多的是引导学生进行自主学习，而学生在课堂扮演"演员"的角色，身心得到更多的锻炼，真正地贯彻了教学中"健康第一"的指导思想。"翻转课堂"有效地弥补了传统课堂的不足之处。传统教学以班级为整体，按照统一的教学内容与教学要求去对待每一位学生，评价标准一致化，忽视学生的个体差异，难以做到因材施教，导致"一刀切"的不合理现象。"翻转课堂"的出现弥补了传统课堂的不足，解决了教与学实践过程中的矛盾，实现了教学内容的统一性与学生个性化发展的有机统一。

## 第二节 混合式教学

混合式教学，英文中通常表达为"blending learning""hybrid learning""blended learning""blended - learning""mixed - mode instruction"。国内较为流行的译法有混合式教学、融合型教学和混合型教学三种，为了方便叙述，在本书中皆采用"混合式教学"这一表达方式。混合式教学界定为：从教与学的具体问题出发，融合各种理论、方法和技术的前提下，充分发挥传统教学与在线教学的优势，形成一种全新的学习方式。

Michael B. Horn 和 Heather Staker 认为混合式学习至少包括三个部分的定义，即在线学习部分、在受监督的实体场所学习部分、课程整合模块。在线学习部分是指在混合式学习中至少有一部分学习是在线上完成的，学习者可以自主控制时间、地点、学习进度等；受监督场所是指线下的传统教学课堂，即面授课堂，学习者在教师或指导者的指导和监督下进行学习；课程整合模块是指将某一门课程和整体混合式教学相结合，其本质是一种线上学习资源与线下教学指导相互协调的模式。由于学者的研究背景不同，部分学者也从不同的角度界定了"混合式教学"的定义。解筱杉认为混合式教学背后隐藏着一种有效的组合思想，就是把教学过程分成若干模块，以课堂面授和网络教学平台为主要依托，根据需要将这些模块合理有效地呈现给学生，达到教学效果的最优化。杨芳等认为混合式教学是一种将线上的数字化在线教育与线下的课堂教学相结合的教学方式，强调以学生为中心，充分发挥学生作为学习主体的积极性、主动性、创造性，并借助在线教育资源与信息技术促进课程教学，以达到更加有效的学习效果。混合式教学融合了传统面授教学与在线教育的优势，而教师、学生、教育技术的应用和高校的支持是在线教育必备的要素。刘海燕认为混合式教学就是将传统教学的优势与网络教学的优势相结合，教师为主导，学生为主体，以提高教学质量和教学效果为目标，提升学生的独立思考能力、创造力为目的的教学方式。郭心毅认为在混合式教学中，学习者能够通过一定的技术支持进行交流，从而达到学习目的，学习者之间的交流关系越紧密，学习体验越丰富，学习效率和质量就越高。

柯蒂斯·邦克主编的《混合学习手册》提出了混合式学习的定义，即面对面传统教学和网络在线学习相结合（a combination of face – to – face instruction with online learning）。随着互联网的发展，"混合式学习"逐渐形成了独立的体系，其发展理念不断更新和完善，其中"混合"就是传统面对面教学和在线数字化学习的结合品。"混合式学习"在教育教学中是一个比较新的概念，将混合式学习定义为在线学习和面授教学相结合的模式是有理论依据和实践案例的。学者 Michael Orey 根据系统理论，从教学内容出发，认为应该从学习者、教师或教学设计人员、教学管理人员三个方面来定义。学习者即接受学习的学生，混合式学习是一种能力的集成，从学习者的角度来说，就是根据之前已获得的知识和学习风格，自行选择学习的资源和支持学习的设备，来促进和帮助自己学到相应的知识技能，完成学习目标；教师或教学设计人员可以通过提高设备、工具、技术、媒体和教材的利用率，降低教育成本，以完成教学任务。混合式学习的研究在国内首次出现的时间是 2003 年，混合式教学则出现在 2005 年，也有学者将混合式教学和混合式学习等同为一件事物，众多研究者在使用 Blending-Learning 这一概念时将混合式学习和混合式教学的概念直接等同，混合式学习和混合式教学是同一事物的不同角度，也有很多学者为"混合式学习"做了解释。何克抗认为：所谓混合式学习就是要把传统学习方式的优势和数字化学习的优势相结合，换句话说，就是要既发挥教师的引导、启发、监控作用，又充分体现学习者的能动性、积极性和创造性。黎加厚教授则把混合式学习解释为利用所有可以利用的资源、要素，以达到教学目标。刘斌认为混合式教学来源于人们对在线学习理性反思的基础上，对信息化教学模式的重构，它是指把传统教学方式的优势和在线学习的优势结合起来，充分实现学习环境的混合、学习资源的混合、学习方式的混合，进而实现有效的教学。杜世纯认为所谓混合式学习，就是把传统的面对面学习与在线学习有机结合，既要充分利用在线资源丰富、交互便捷的强大功能，又要发挥教师引导、启发、监控的主导作用，以学习效果和效率最优化为目的，充分发挥学习的主动性、积极性和创造性，全面培养学生自主学习、探究学习和协同学习的能力。孙曼丽认为混合式学习是一种以学习者为中心，基于一定的教学目标，把传统的面对面课堂教学与现代网络学习有机融合，师生在教学活动中，充分运用各种教学模式、策略、方法、媒体、技术，实现学习目标最优化的教学模式。李克东教授则把混合式学习定义为面对面的课堂学习与在线学习两种方式的有机地结合，混合式学习的核心思想是基于不同的问题和要求，采取不同的方法去解决教学中存在的问题,并且要兼顾"性价比"。黄荣怀教授认为混合式学习是在"适当的"时间,通过应用"适当的"学习技术与"适当的"学习风格相契合,对"适当的"学习者传递"适当的"能力,从而取得最优化的学习效果的学习方式,这个观点更接近混合式学习的本质。不同研究者对于混合式教学也给出了不同的定义,有的学者认为混合式学习是面授学习(face-to-face)与在线学习(online-learning)的结合;有的学者认为混合式学习是认知主义、行为主义、建构主义理论的混合;有的学者认为混合式学习强调的是多种教学媒体的混合;有的学者认为混合式学习是"以教为中心"和"以学为中心"的教学模式的混合;还有的学者认为混合式学习是面授学习、自定步调学习和在线协作学习的混合。也有的学者对此概念持负面态度,认为混合式学习是个没有意义的概念,因为根本不存在"非混合的学习"。综上所述,不同研究者在混合式学习的定义方面,集合了线下和线上两个方面,从不同的角度给出了混合式学习的定义,其核心的本质理念是统一的,即混合式学习是集线上学习和线下学习两个方面的优势进行教学的模式,如图5-1所示。

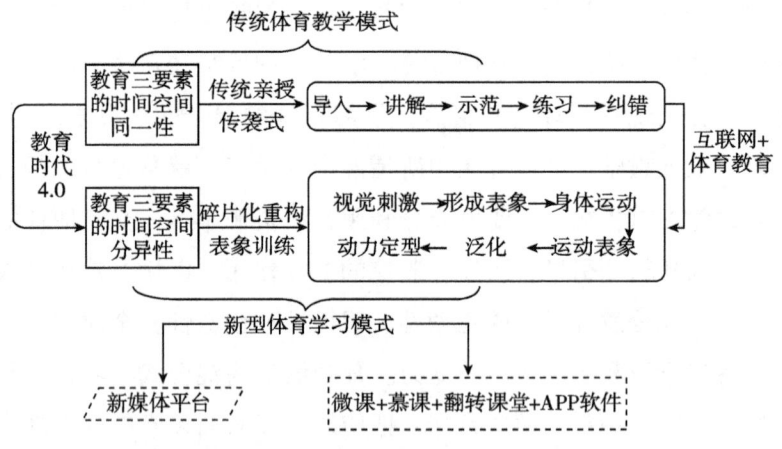

图5-1 传统体育教学模式与新型体育学习模式对比

由于研究者具有不同的研究领域和研究背景,不同的学者对于混合式教学的定义有着不同的理解。混合式学习是对过去教育发展和未来教育发展的革命性突破，有助于教师的教和学习者的学，目前混合式教学的成功案例较少，因此混合式教学需要更多的混合式实践来进行创新研究。梳理以往的研究不难发现，由于实践背景和研究取向的不同，混合式教学在现今教育界依旧没有一个明确的概念，但从前人的实践中我们可以发现，学者们普遍认为过度单一地依赖某种教学方式往往无法取得理想的效果，只有把多种教学方式有机结合，实现互补融合，才能取得最佳效果。

通过系统化课堂面授教学与在线自主学习，基于互联网平台（如虚拟课堂、网络论坛等），结合多种教学思想（如构建主义、认知主义等），运用各种教学技术（如视频、面授等），教师帮助学习者通过互动、交流、分享、展示等方式完成学习任务，并在整个教学过程中逐渐形成主动思考、积极探寻及灵活应用的能力。混合式学习教学模式包含了多种学习策略和维度的混合：离线学习与在线学习的混合、自定义步调与实时合作学习的混合、结构化学习与非结构化学习的混合、学习、实践和绩效支持的混合、不同教学模式或传播媒体的混合。混合式教学是以线上教学资源为主体，线下教学活动为主导，结合线上教学和传统课堂教学两方面的优势展开的新型教学模式。虽然国内外混合式学习研究者对混合式学习的定义并不完全相同，但是已有的比较权威的对混合式学习的定义，几乎都是E-learning与传统学习的结合，统筹两种方式的优势寻求解决学与教的问题的方法。理论是人们将实践中获得的认识和经验加以概括和总结所形成的知识体系，任何完美的理论都应以实践为基础，混合式学习也应如此。目前，国际教育技术领域已经达成了广泛共识，只有将传统课堂和E-learning这两者的优势结合起来，才能达到最佳的学习效果，提升学习效率。其关键在于进行混合式学习实践的时候，要突出"学习者主体与教师主导"的作用，并调动积极性、探究性、主动性和学习者的创造性，充分利用现有互联网技术环境与传统课堂环境，以最优化的学习方式，最合理的时间设置，最恰当的学习技术，将最实用的知识及技能传递给学习者，以达到最优秀的学习效果。

## 第三节 O2O 教学模式

O2O 是在互联网技术爆炸式发展中产生的一种新型商业模式，即从线上订购到线下成交的商业运营方式，可概括为 Online to Offline 的"互联网+"销售体系。线上到线下（Online to Offline，O2O）作为电子商务的成功运营模式，核心思想是缩短商家与消费者的面对面时间，将线上支付和线下体验结合起来，同时为双方提供便利。互联网技术的兴起，MOOC 的开放，为我国高等教育带来了新的发展机遇。借助 O2O "线上到线下"的手段和成功经验，将其应用于高等教育，形成了 O2O 混合教学模式，将线上丰富的 MOOC 资源，与线下传统的课堂教学深度融合，提升课堂教学效果，促进学生自主学习。O2O 教学模式要发挥学生的主体地位和教师的引导作用，使线上丰富的学习资源与线下面对面课堂教学的优势得以充分展现。O2O 教学模式分为课前准备、课中教学和课后反馈三个阶段。在整个过程中，教师作为课前学习资源的提供者，课堂学习的指导者和课后学习的辅助者，要调动学生主动学习的积极性，引导学生不断创新发展。学生作为课前的主动学习者，课堂的主体和课后的反思者和总结者，要真正成为学习的主人。O2O 混合教学模式要将线上的 MOOC 资源与线下的传统课堂教学高度融合，才能达到良好的教学效果。

O2O 教学模式是在教育技术现代化的时代背景下，将新型电子商务理念借鉴到教学方法改革实践中，利用互联网技术实现师生在网络教学平台的学习与交流，构建线上教学、线下交流的双向互动式新型教学模式。任何一种教学模式的形成都是建立在一定的理论基础之上的，没有相应的科学理论基础作为支撑，是无法持续与发展的。O2O 教学模式摒弃了传统课堂教学中束缚学生主动性和自由性的学习天性，同时改变了以教师为主导的"灌输式"教学体制，促进了课堂有效教学的形成，如图 5-2 所示。

（1）课前阶段基于 O2O 模式的体育教学模式建构，在课前阶段以"知识传递为主，知识建构和知识内化为辅"。体育课程的学习不同于一般

第五章 在线体育教学模式

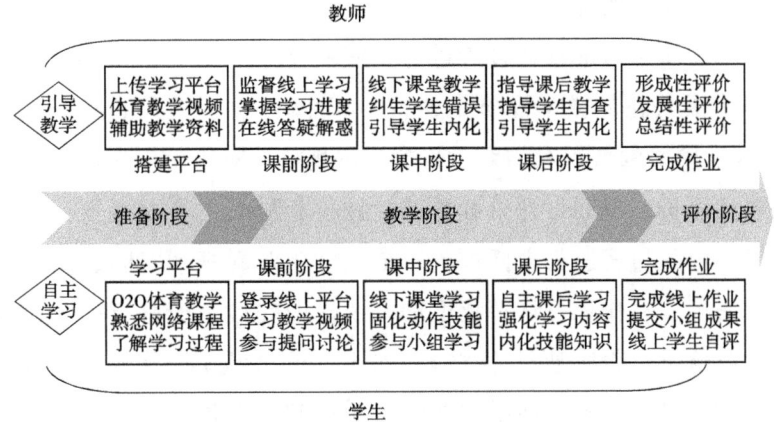

图5-2　基于O2O体育教学模式的构建

理论课程，对动作技能的掌握必须要有观察和认知的过程，如果学生之前对技术动作没有表象认知，就很难在短暂的课堂模仿练习中迅速建立稳固的动力定型，更不能高质量地完成动作记忆。因此，学生要充分利用课前预习的时间，通过线上学习了解课程信息、观看教学视频、选学课程资源、探究疑难问题、参与在线讨论。

（2）课中阶段以线下教学为主要形式，体现"知识建构为主，知识传递和知识内化为辅"的教学理念。首先，体育教师引导学生复习线上的学习内容，再次示范正确的技术动作、强调动作技能的内在规律和迁移原理、帮助学生纠正错误动作，讲解学生在学习过程中遇到的共性问题，解决部分学生的个性问题。其次，教师组织学生开展课堂讨论和小组学习，通过角色扮演、知识竞赛、经验分享、头脑风暴等形式，促进学生对体育技能知识的消化和吸收。最后，各小组在网络教学讨论平台上展示研讨成果，汇报自主学习心得，在组间互评、教师点评、个人自评的基础上总结与完善相关知识点，从而达到巩固和应用学习内容的目的。

（3）课后阶段以"知识内化为主，知识传递和知识构建为辅"。学生对于体育动作技能的学习是一个循序渐进、逐步内化的过程，除了学生课前的自学和教师课中的指导，还要在课后对相关学习内容进行识记和强化，针对自己在学习过程中总结的薄弱环节进行查缺补漏，利用教师发布

43

的课后作业和丰富的课外学习资源拓展自己的知识面,在社会实习和社团实践中对自己所学习的动作技能进行实践和应用。

(4)客观公正的教学评价是建构O2O体育教学模式的必备条件。根据O2O教学模式的特点和体育学科的学习规律,对于学生学习成绩的评价采用形成性评价、发展性评价和总结性评价相结合的方式进行。教师要对学生在线学习的过程进行全面评价,依据学生观看视频时间、参与讨论次数及发言质量、动作练习认真程度和在线作业完成情况进行打分;对于学生线下学习情况,教师要根据学生课堂讨论的参与度、小组合作贡献度、经验分享度等进行评价,还要结合学习小组间的评价和组内评价,考量学生个体在学习过程中的综合表现,进而构成学生学习成绩的形成性评价结果。由于体育技能的学习与学生先天身体素质、运动遗传基因、个人训练经历等诸多因素相关,不同学生的运动技能学习能力、掌握速度、练习质量等方面存在着较大的个体差异,因此不能用相同的评价标准去考核所有学生的运动技能水平。发展性评价将学生个体参加体育学习的前测水平作为参照,着重关注学生在学习过程中个人的态度、努力和技能进步水平,充分保护学生的自尊心和学习热情。终结性评价是对学生参与O2O体育教学模式整个学习过程进行的总结评价,考核学生最终的体育学习效果是否达到了预设的教学目标。在学生完成线上和线下学习任务后,将学生的总体学习情况和各学习阶段测评结果汇报给学习评价专家组,通过专家组与主讲教师的共同协商,对学生的学习成绩进行量化对比和质性分析,最终给出综合性评价结果。

## 第四节 OMO 教学模式

OMO,即 Online Merge Offline。此概念源于 2017 年经济学人杂志(*The Economist*)的"The World in 2018"特辑上发表的专栏文章,由创新工场创始人兼首席执行官李开复所提出。文章指出"未来世界即将迎来OMO,且将对经济与消费生活带来深刻影响"。教育OMO模式,是指线上与线下的融合。但并不是线下机构把一部分课程搬到线上就叫作 OMO，那叫作"嫁接"，教育 OMO 会带来"全新的教""全新的育""全新的学"。OMO 教学模式是指线上与线下双向交织、互相导流，用线上的技术手段去拓展辅助线下教学，从教研、产研、服务等几个体系，实现线上教学服务与线下教学相融合的教育模式，符合现行的课程思政和现代化教育的教学理念。运用 OMO 教学模式，如图 5-3 所示。

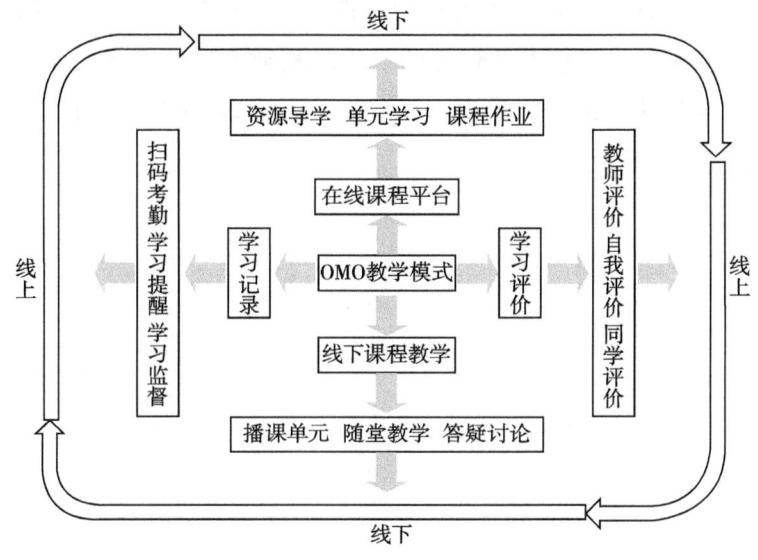

图 5-3　体育课程 OMO 教学模式图

把信息化教学有效地融入体育教学中，不是局限于简单的技术手段或工具的操作，更重要的是教师要有目的地通过多种技术手段或工具获取相关教学信息，并对所获得的相关信息进行整理、加工、分析、整合，将线上资源有效运用于线下教学中，实现线上教学与线下教学的融合统一，从而有效解决教学过程中遇到的各类教育教学问题。高校信息化教学的改革创新给体育信息化教学提供了强大的支持和推动，OMO 教学模式的运用也给体育课程信息化教学带来了各种优势。首先，有利于开阔体育教学视野。在网络技术多媒体计算机的支持下，信息化教学丰富了体育教学资源，包括形式多样的文字、视频、音频、图像等的运用，使体育教学内容变得更加丰富；其次，有利于实现体育教学互动。教师通过在线课程平台、手机APP等信息化手段向学生推送相关教学素材和知识，可以让学生提前做好学习计划，有助于线下课堂中的师生互动，提高教育教学效果；再次，有利于搭建良好的体育教学平台。师生通过网络平台、校园网站、QQ、微信、电子邮箱、微博等方式进行沟通、交流、学习，能够超越空间和时间的限制，为教师更好地"教"和学生更用心地"学"，构建了良好的交流平台，有利于促进师生间的和谐共处；最后，有利于提高教学质量。有些难度较大、技术性较强的动作对教师教学的规范性要求比较高，教师可以通过信息化教学进行示范，有利于规范习练动作，让学生获得更高的教学质量。

# 第六章

# 在线体育教学文献计量分析与可视化

运用数理统计学的理论和方法来描述、分析、解释历史事件被称为计量历史研究。它作为一种研究方法被引进历史学研究之后,特别是当代计算机信息技术的应用和普及,使之迅速进入众多史学研究领域,成为当代史学研究方法的重要时代特征。科技史作为跨越科学学和历史学两大领域的交叉学科,定量化研究的发展也很快,一个崭新的研究领域——科学计量学产生了,它作为科技史和科学重要的、特殊的分支,现已成为研究科技史的重要工具和手段。

知识图谱作为科学计量学领域的新技术,将科学计量学与应用数学、图形学、信息、计算机科学等诸学科交叉结合,把相关学科知识领域的核心结构、学科前沿和新生长点以可视化的图像直观地表达出来,形成全新的知识图谱,以揭示学科领域的动态发展规律。它所应用的技术包括图论、共享分析、网络分析等。迄今为止,知识图谱已在发达国家实际应用并取得较好的效果,我国也有了初步的研究和探索。

社会网络分析相关概念概述:

(1) 网络密度＝当前关系总数/理论最大关系数,整体网络密度越大,对个体的影响就越大。互惠性指的是网络中成员之间的关系是否具有相互性,也就是说任何一对成员之间是否相互"选择",是否为邻接点。

(2) 中心度→个体,中心势→群体。中心势(centralization)刻画的是整个网络各个点的差异性程度,因此一个网络只有一个中心势。计算中心势的方法也比较直观：找出图中的最核心点，计算该点的中心度与其他点的中心度之差，也就是定量讨论图中各点中心度分布的不均衡性。差值越大，图中各点中心度的分布越不均衡，就表明该图的中心势越大——该网络很可能是围绕最核心点发散展开的。同样作归一化处理，将图的中心势定义为实际差值总和/最大差值总和。于是，完备图的中心势为0（每个点都有相互联系，无所谓中心不中心），星型或辐射型的网络其中心势接近1。

中间中心势也是分析网络整体结构的一个指数，其含义是网络中中间中心性最高的节点，其中间中心性与其他节点的中间中心性的差距。该节点与其他节点的差距越大，网络的中间中心势就越高，表示该网络中的节点可能分为多个小团体，而且过于依赖某一个节点传递关系，该节点在网络中处于极其重要的地位。

接近中心势：对于社会网络来说，接近中心势越高，表明网络中节点的差异性越大，反之，则表明网络中节点间的差异越小。

点度中心性即程度中心性，是一个用来衡量节点在网络中所处地位的指标。点度中心性的思想是，如果一个点与许多节点之间有联系，那么该节点在网络中就处于比较中心的位置，具有比较大的"权利"。采用与该节点直接相连的点的数量来衡量点度中心性是比较常用的做法。

接近中心性分析"距离"是指两点之间最短路径的长度，接近中心性这一概念用来衡量点的中心程度。在一个图中，一个点到其他所有点的距离总和越小，表明这个点不受他人"控制"的能力越强，接近中心性越高。这样的点在网络中有最佳的视野，可以知道网络中所发生的事情，以及信息的流通方向。

中间中心性也叫中介中心性，在网络中，如果一个行动者处于许多其他两点之间的路径上，可以认为该行动者居于重要地位，因为他具有控制其他两个行动者之间的交往能力。

（3）凝聚子群（co-hesive subgroup）分析是社会网络分析中的重要方法，其目的是揭示社会行动者之间实际存在的或者潜在的关系。当网络中某些行动者之间的关系特别紧密,以至于结合成次级团体时,社会网络分析称这样的团体为凝聚子群。如果该网络存在凝聚子群,并且凝聚子群的密度较高,说明处于这个凝聚子群内部的行动者之间联系紧密,在信息分享和合作方面交往频繁。

(4)"核心—边缘"结构分析是根据网络中结点之间联系的紧密程度,将网络中的结点分为核心区域和边缘区域两个区域。处于核心区域的结点在网络中占有比较重要的地位,"核心—边缘"结构分析的目的是研究社会网络中哪些结点处于核心地位,哪些结点处于边缘位置。社会网络分析方法中的"核心—边缘"结构分析可以对网络位置的结构进行量化分析,区分出网络的核心与边缘。偏心率(eccentricity)是指从一个给定起始点到距离它最远节点的距离。聚类算法又称为社区检测(community detection)算法,它是用来揭示网络聚集行为的一种技术。社区检测实际就是一种网络聚类的方法,这里的"社区"在文献中并没有严格的定义,我们可以将其理解为具有相同特性的节点的集合。复杂网络领域中的 Newman 提出了一种模块度(modularity)的概念,从而使得网络社区划分的优劣可以有一个明确的评价指标来衡量。所以模块度其实就是指一个网络在某种社区划分下与随机网络的差异,因为随机网络并不具有社区结构,对应的差异越大说明该社区划分得越好。

2021年6月25日从CNKI中输入检索词"在线体育"主题词,共检索出1201篇文献,手动选出在线体育教学532篇,进行研究分析。本文使用的数据处理软件包括学术点滴、EXCEL、SATI4.0、CiteSpace等。CiteSpace(Citationspace的简称)是由美国德克塞尔大学(Drexel University)信息科学与技术学院的陈超美博士利用JAVA语言开发的一款信息可视化软件。SATI4.0(statistical analysis toolkit for informetrics)是由浙江大学信息资源管理专业的刘启元开发的文献题录信息统计分析工具。刊物分布如图6-1所示:排名在前的几个刊物没有核心期刊,表明在线体育教学研究没有得到相应的重视。但社会体育健身类App则是蓬勃发展,这是否能为高校体育在线教学有所启示呢?在南京大学中国社会科学研究评价中心（CSSCI），输入检索主题词"在线体育"仅有两篇文章。Web of Science 输入主题词"在线体育"也仅检索到几篇文献资料。可见在线体育教学研究缺少重量级的研究，有待于更多的科研工作者进一步深入探索。

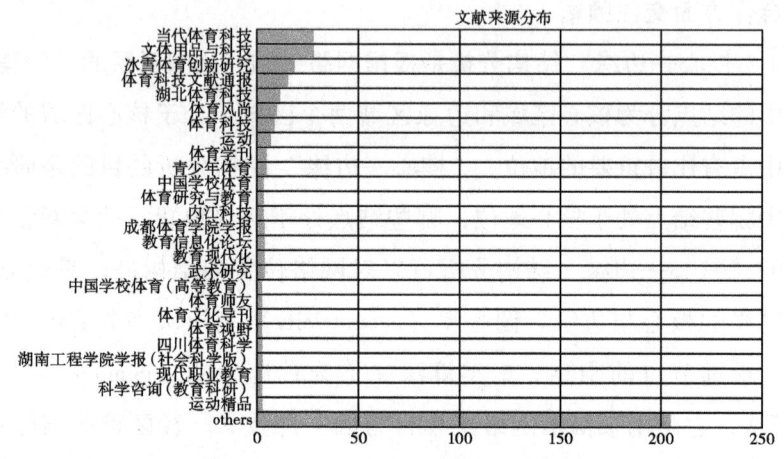

图6-1　在线体育刊物发文数量图

## 第一节　作者影响力研究

高影响力作者是学科创新和发展的骨干力量，其评选方法一直是学术界和管理部门关注的重点课题之一。通过对图书情报学领域的实证研究提出"核心期刊高发文量和 h 指数相结合"是一种具有优势的评选高影响力作者的有效方法。还有的应用了 h 指数、g 指数、p 指数、z 指数等指数进行评价。

1. h 指数

2005年美国学者 Jorge. E. Hirsch 提出将 h 指数作为对研究人员绩效评价的指标。Hirsch 将 h 指数（图6-2）定义为：一位科学家的 h 值，即是当且仅当在他发表的 N 篇论文中，有 h 篇论文每篇得到不少于 h 次的引文数，而剩下的论文中每篇论文的引文数都小于 h。h 指数基于纯粹的几何结构，能同时反映产出率和产出质量，因此，一经提出便引起广泛关注。但因存在缺乏灵敏度与区分度不足的问题，会对评价产生很大的影响。

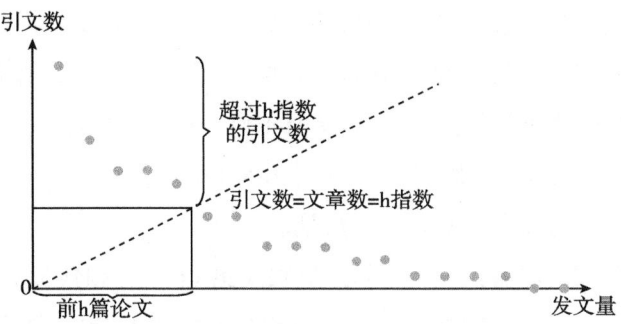

图 6-2　h 指数图

Hirsch 认为一个成功的科学家经过 20 年的科研工作，h 指数应该达到 20。虽然 h 指数中的引用次数是包含自引的，但即便如此，h 因子达到 20 也是很不容易的。一般 h 因子超过 10，就有当博士生导师的能力。

2. g 指数

g 指数是 Leo Egghe 于 2006 年提出的概念，在分析 h 指数评价效果时，提出了一种基于学者以往贡献的 g 指数，将论文按被引次数由高自低排序，将序号平方，被引次数按序号层层累加，当序号平方等于累计被引次数时，该序号则为 g 指数。如序号平方不是恰好等于而是小于对应的累计被引次数，则最接近累计被引次数的序号即为 g 指数。和 h 值一样，g 值越大说明该学者的学术影响力越大、学术成就越高，通常作为 h 指数的补充或提高，如图 6-3 所示。

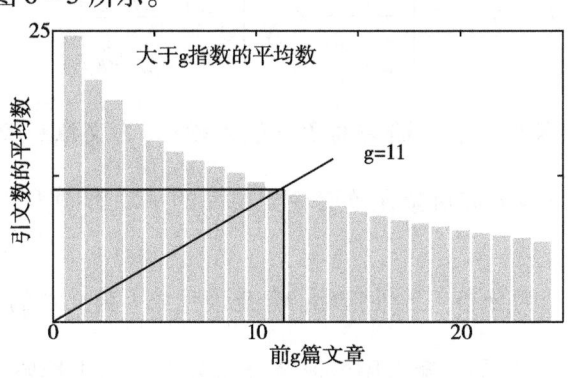

图 6-3　g 指数图

3. p 指数

在 h 指数的研究基础上，2010 年 Prathap G 为克服 h 指数在灵敏度、区分度方面的问题，提出了 p 指数。p 指数可以被称为卓越指数（prominence factor）或者威望指数（prestige factor）。p 指数的公式为

$$p = (C^2/N)/3 = (C \times (C/N))/3。$$

其中，$C$ 为总引用频次；$N$ 为发文数量。

通过此公式可以看出，p 能同时反映质量（$C/N$）和数量（$C$），可以表达论文的数量与质量之间的关系。p 指数与 h 指数具有相同的维度，并成功模拟了 h 指数对论文数量和质量的总和考量。此外，p 指数还能很好地预计相关性，可以作为新型综合性学术评价指标。Prathap 认为 p 指数可以应用在很多方面，比如国家、机构、期刊、学者学术影响力等宏观和微观层面的研究。

4. z 指数

2014 年为了改进 p 指数不能反映引文分布情况的不足，又在 p 指数的基础上，将能够反映出被引用集中程度的 $\eta$ 融入了 p 指数中，提出了 z 指数。z 指数不仅继承了 h 指数和 p 指数"质"与"量"兼具的优点，而且考虑了引文分布的因素，将体现数量因素的 $C$（被引频次）、体现质量因素的 $i$（均篇被引频次），反映被引用集中程度的 $\eta$ 有机地融合在一个指数中，是融合数量、质量、效率的 3D 效能型评价指数。具体计算公式为

$$z = \eta^{\frac{1}{3}} p = \left( \frac{\frac{C^2}{N}}{\sum_{k=i}^{N} C_k^2} \times \frac{C^2}{N} \right)^{\frac{1}{3}} - \left( \frac{\frac{C^4}{N^2}}{\sum_{k=i}^{N} C_k^2} \right)^{\frac{1}{3}}$$

其中，$c$ 为总被引频次，表示研究对象被引规模；$n$ 为文章总篇数；$\frac{c}{n}$ 为文章均篇被引量，反映研究对象在单篇论文层面的平均影响力，也称为"质量"指标；$\frac{\frac{C^2}{n}}{\sum_{k=i}^{n} C_k^2}$ 为分布一致性指标。$C_k$ 是表示第 $k$ 篇文章的被引频次（$k = 1, 2, 3, \cdots, n$），是平衡引用极值及分布频次对结果影响的调节因子，

从"数量与质量"一致性层面反映研究对象被引分布的均匀性水平。评价的指标——h 指数、g 指数、p 指数和 z 指数从不同维度反映出论文的学术水平，可以用这些指标衡量作者、机构、期刊、国家等学术影响力。

本书采用 Academic Influence Evaluation2.0（AIE2.0）软件进行作者、机构、期刊、国家发文量、总被引频次、被引频次、p 指数、g 指数、h 指数、z 指数等测度，结果如下：

首先，TXT 文本合并后对数据清洗，进行数据整理（图 6-4）。

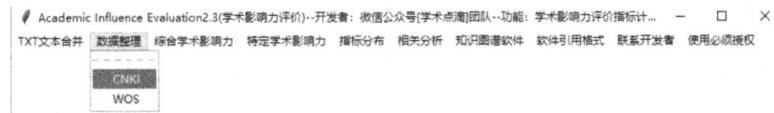

**图 6-4 学术点滴学术影响力 CNKI 数据整理图**

其次，进行综合学术影响力计算（图 6-5）。

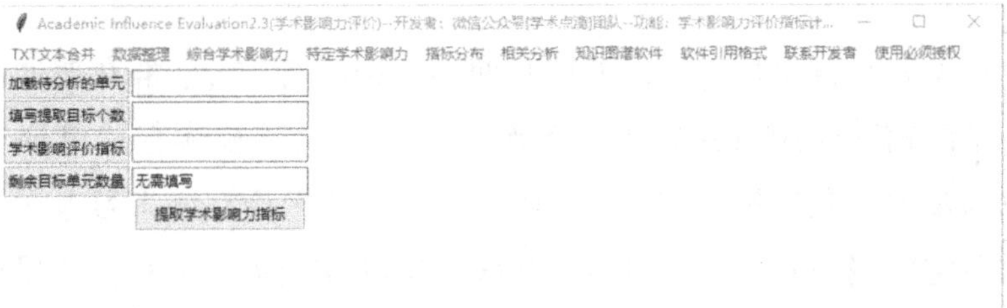

**图 6-5 学术点滴学术影响力指标提取图**

得到如下数据（表 6-1）。

**表 6-1 在线体育作者影响力指表**

| 作者 | 发文量 | 总被引频次 | 篇均被引频次 | h 指数 | g 指数 | p 指数 | z 指数 |
|---|---|---|---|---|---|---|---|
| 杨洁 | 5 | 65 | 13 | 4 | 5 | 9.454072 | 7.092872 |
| 王国亮 | 4 | 509 | 127.25 | 4 | 4 | 40.15983 | 36.17143 |
| 邓旭 | 3 | 0 | 0 | 0 | 0 | 0 | 0 |
| 董久奎 | 3 | 23 | 7.666666667 | 3 | 3 | 5.607614 | 5.081284 |
| 王婷 | 3 | 11 | 3.666666667 | 1 | 3 | 3.429425 | 2.525432 |
| 高天 | 3 | 2 | 0.666666667 | 1 | 1 | 1.100642 | 0.9615 |

续表

| 作者 | 发文量 | 总被引频次 | 篇均被引频次 | h指数 | g指数 | p指数 | z指数 |
| --- | --- | --- | --- | --- | --- | --- | --- |
| 唐炼 | 3 | 23 | 7.666666667 | 3 | 3 | 5.607614 | 5.081284 |
| 冯晓丽 | 3 | 11 | 3.666666667 | 1 | 3 | 3.429425 | 2.525432 |
| 魏汝领 | 3 | 11 | 3.666666667 | 2 | 3 | 3.429425 | 3.306526 |
| 刘卫华 | 3 | 15 | 5 | 3 | 3 | 4.217163 | 3.844405 |
| 刁学慧 | 3 | 11 | 3.666666667 | 2 | 3 | 3.429425 | 3.306526 |
| 高奎亭 | 3 | 28 | 9.333333333 | 2 | 3 | 6.393396 | 5.279878 |
| 崔小良 | 3 | 0 | 0 | 0 | | 0 | |
| 黄正 | 2 | 8 | 4 | 1 | 2 | 3.174802 | 2.735962 |
| 徐世尧 | 2 | 1 | 0.5 | 1 | 1 | 0.793701 | 0.629961 |
| 陈秀菊 | 2 | 3 | 1.5 | 1 | 1 | 1.650964 | 1.593988 |
| 白铂 | 2 | 1 | 0.5 | 1 | 1 | 0.793701 | 0.629961 |
| 孔睿 | 2 | 0 | 0 | 0 | | 0 | |
| 黄玉涛 | 2 | 1 | 0.5 | 1 | 1 | 0.793701 | 0.629961 |
| 刘从梅 | 2 | 31 | 15.5 | 2 | 2 | 7.832453 | 7.829738 |

杨洁发表5篇期刊论文，无核心期刊。2014年《QQ群在普通高校体育教学中的辅助作用研究》被引5次。2015年《高校体育"慕课"的设计原则与步骤研究》被引42次。2016年《体育理论在线学习考试系统的应用与研究》杨洁是第二作者被引0次。2017年《基于互联网思维的高校体育数字化教育资源建设研究》被引4次，《基于腾讯系列软件的高校体育SPOC教学平台构建与实现研究》被引14次。篇均被引13次。h指数是4，g指数是5，整体来看（图6-6、图6-7）杨洁作者在该领域的影响力还是比较大的。

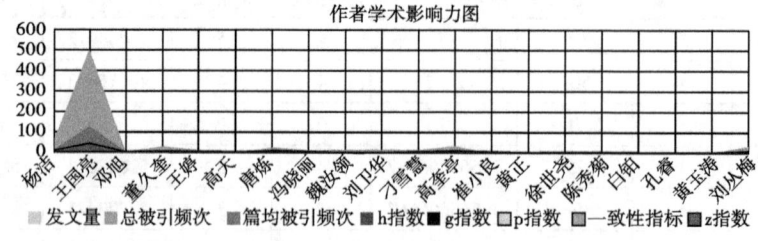

图6-6 在线体育研究作者学术影响力累积图

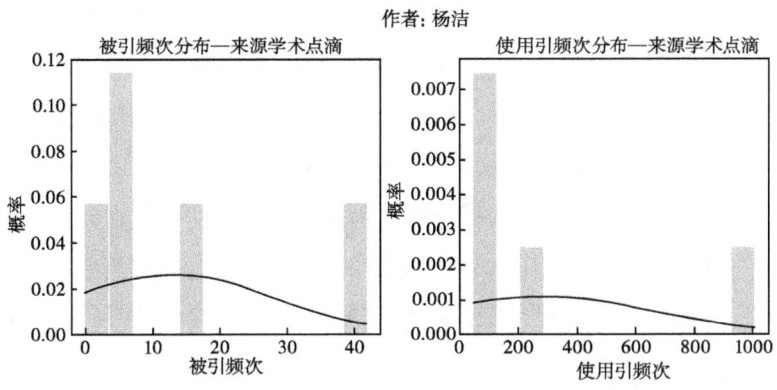

图6-7 作者杨洁个人影响力频次图

王国亮共发表4篇论文，其中1篇为北京体育大学博士论文，2篇核心期刊。2015年发表《翻转课堂在体育教学中的价值及实施策略》被引71次。2016年发表《翻转课堂引入普通高校公共体育教学的研究》北京体育大学博士论文被引163次。同年也发表《翻转课堂引入体育教学的价值及实施策略研究》被引237次。2019年发表《翻转课堂引入高校公共体育教学的实证研究》进入理论实证性研究，被引41次。2021年7月28日知网统计为512次被引，比6月份统计的509次多了3次，说明该作者在该领域的影响力还是比较大的。p指数为：40.15983，z指数为36.17143，远远高于其他作者（图6-6、图6-8）。

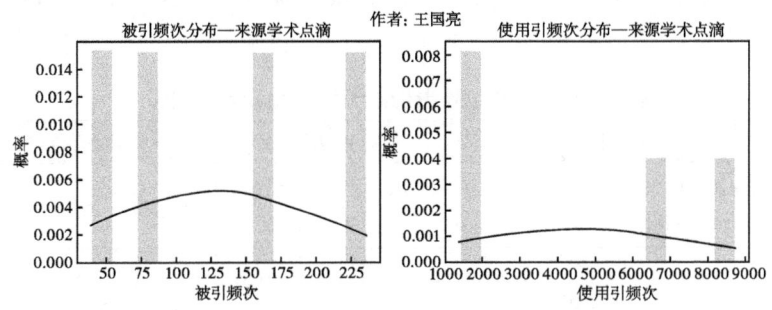

图6-8 作者王国亮个人影响力频次图

由图6-6可知体育在线教学研究的论文相对较少，有影响力的作者也很少，没有形成作者合作网络。未来随着5G技术的普及、VR技术的应用，以及智能穿戴的普及，在线体育教学将迎来大的发展机遇。

图6-9采用共现词（vosviewer）完成的作者合作网络聚类图中可以看出，作者没有形成大的合作群。此合作群相对有影响的合作网络是由崔小良发表的3篇文章形成的，但文章影响力较小。任慧涛、孙科、郁昌店、闫士展、纪成龙、王永顺、张震只有1篇发表于2020年《危机与应对：新型冠状病毒肺炎疫情下的中国体育叙事》的文章未形成合作网络，所以，可以得知，该领域一直未形成作者合作网络，有待于学者加强合作研究。

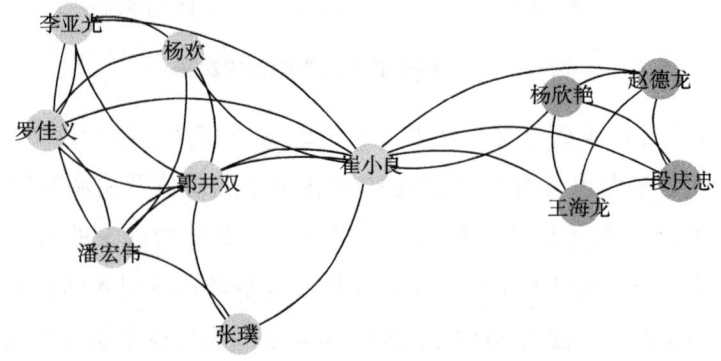

**图6-9　作者合作网络聚类图**

该领域作者影响力指数分布，相关性的统计意义见表6-2和表6-3（表6-2和表6-3是一个表分两部分呈现）。发文量与篇被引没有统计学意义，总被引频次和篇被引频次与g指数没有统计学意义。其余均有统计学意义。

**表6-2　前20位作者影响力指数统计表（1）**

|  | 发文量 | 总被引频次 | 篇均被引频次 |
|---|---|---|---|
| 发文量 | r=1.0 ->p=0.0 -〉有统计学意义 | r=0.456 -＞p=0.043 -〉有统计学意义 | r=0.424 ->p=0.062 |
| 总被引频次 | r=0.456 ->p=0.043 -〉有统计学意义 | r=1.0 ->p=0.0 -〉有统计学意义 | r=0.997 ->p=0.0 -〉有统计学意义 |
| r=0.424 ->p=0.062 | r=0.997 ->p=0.0 -〉有统计学意义 | r=1.0 ->p=0.0 -〉有统计学意义 |  |

续表

| | 发文量 | 总被引频次 | 篇均被引频次 |
|---|---|---|---|
| h 指数 | r=0.649 -> p=0.002 -> 有统计学意义 | r=0.55 -> p=0.012 -> 有统计学意义 | r=0.553 -> p=0.012 -> 有统计学意义 |
| g 指数 | r=0.7 -> p=0.001 -> 有统计学意义 | r=0.421 -> p=0.065 | r=0.42 -> p=0.065 |
| p 指数 | r=0.507 -> p=0.022 -> 有统计学意义 | r=0.982 -> p=0.0 -> 有统计学意义 | r=0.986 -> p=0.0 -> 有统计学意义 |
| z 指数 | r=0.474 -> p=0.035 -> 有统计学意义 | r=0.982 -> p=0.0 -> 有统计学意义 | r=0.989 -> p=0.0 -> 有统计学意义 |

表6-3 前20位作者影响力指数统计表（2）

| | h 指数 | g 指数 | p 指数 | z 指数 |
|---|---|---|---|---|
| 发文量 | r=0.649 -> p=0.002 -> 有统计学意义 | r=0.7 -> p=0.001 -> 有统计学意义 | r=0.507 -> p=0.022 -> 有统计学意义 | r=0.474 -> p=0.035 -> 有统计学意义 |
| 总被引频次 | r=0.55 -> p=0.012 -> 有统计学意义 | r=0.421 -> p=0.065 | r=0.982 -> p=0.0 -> 有统计学意义 | r=0.982 -> p=0.0 -> 有统计学意义 |
| 篇均被引频次 | r=0.553 -> p=0.012 -> 有统计学意义 | r=0.42 -> p=0.065 | r=0.986 -> p=0.0 -> 有统计学意义 | r=0.989 -> p=0.0 -> 有统计学意义 |
| h 指数 | r=1.0 -> p=0.0 -> 有统计学意义 | r=0.874 -> p=0.0 -> 有统计学意义 | r=0.667 -> p=0.001 -> 有统计学意义 | r=0.656 -> p=0.002 -> 有统计学意义 |
| g 指数 | r=0.874 -> p=0.0 -> 有统计学意义 | r=1.0 -> p=0.0 -> 有统计学意义 | r=0.554 -> p=0.011 -> 有统计学意义 | r=0.53 -> p=0.016 -> 有统计学意义 |
| p 指数 | r=0.667 -> p=0.001 -> 有统计学意义 | r=0.554 -> p=0.011 -> 有统计学意义 | r=1.0 -> p=0.0 -> 有统计学意义 | r=0.999 -> p=0.0 -> 有统计学意义 |
| z 指数 | r=0.656 -> p=0.002 -> 有统计学意义 | r=0.53 -> p=0.016 -> 有统计学意义 | r=0.999 -> p=0.0 -> 有统计学意义 | r=1.0 -> p=0.0 -> 有统计学意义 |

它们的指数与频次、发文量的相关性可见图6-10。可以一目了然看出它们的线性关系。

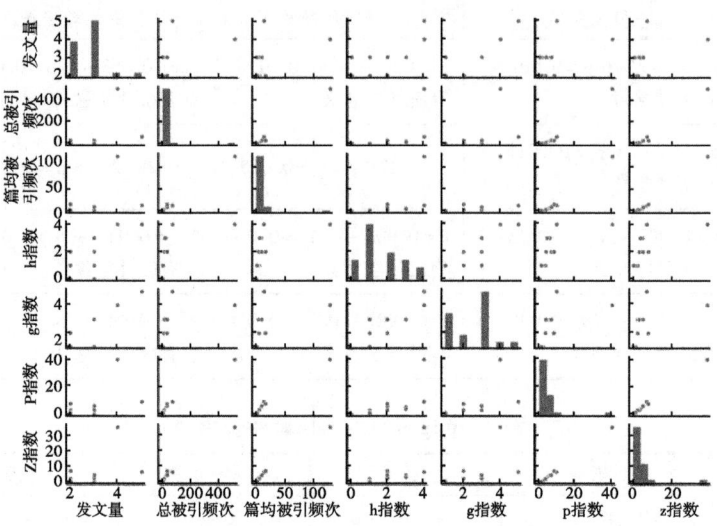

图 6-10　发文前 20 位作者的相关指数散点图

## 第二节　关键词分析

### 一、采用学术点滴和共现词科学演进图谱

合并关键词：慕课合并为 MOOC。线上教学、在线课程合并成在线教学。2005 年到 2013 年这些关键词没有出现。2014 年才出现，经过多年在线教学将蓬勃发展，2021 年在线教学的研究热度是否会下降，还有待进一步观察。MOOC 关键词从 2015 年呈现逐年稳步增长的趋势。2021 年较少，是因为数据来自 2021 年 6 月，时间不足一整年（表 6-4）。

表 6-4　关键词各年度频次分布表

| 关键词 | 2014 年 | 2015 年 | 2016 年 | 2017 年 | 2018 年 | 2019 年 | 2020 年 | 2021 年 |
| --- | --- | --- | --- | --- | --- | --- | --- | --- |
| MOOC | 0 | 6 | 10 | 7 | 11 | 12 | 16 | 1 |
| SPOC | 0 | 0 | 0 | 0 | 3 | 5 | 5 | 0 |
| 翻转课堂 | 2 | 1 | 4 | 15 | 12 | 16 | 13 | 2 |

续表

| 关键词 | 2014年 | 2015年 | 2016年 | 2017年 | 2018年 | 2019年 | 2020年 | 2021年 |
|---|---|---|---|---|---|---|---|---|
| 互联网+ | 0 | 0 | 3 | 10 | 3 | 10 | 7 | 5 |
| 混合式教学 | 0 | 1 | 0 | 1 | 3 | 7 | 8 | 1 |
| 教学改革 | 0 | 0 | 2 | 5 | 3 | 2 | 0 | 1 |
| 教学模式 | 1 | 1 | 3 | 4 | 4 | 7 | 8 | 3 |
| 在线教学 | 0 | 1 | 4 | 0 | 4 | 10 | 116 | 37 |

从图6-11折线图可以看出2017年关键词"互联网+"与关键词"翻转课堂"增加比较明显，这一年也是教学改革最大的一年。从关键词变化趋势可以看到（图6-11），从2014年开始起步以来，正在逐年稳步增加，尤其是2020年，由于疫情原因，在线教学（线上教学，在线课程）迅猛增加，从下面的共现词也可得知其相关发展情况（图6-12）。

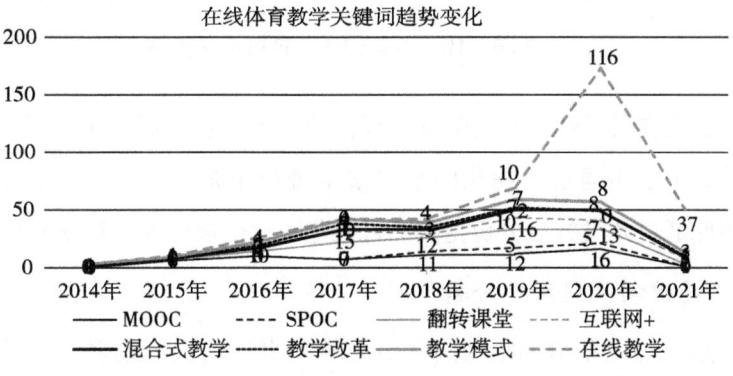

图6-11 部分关键词各年度频次趋势图

根据颜色的脉络可知，"在线教学""online teaching""线上教学"伴随着"防疫防控""新冠疫情""新冠肺炎""疫情"等关键词出现，有其历史的特殊原因。2020年随着新冠疫情的暴发，各院校积极响应国家"停课不停学"的号召进行线上体育教学。在这之前更多的是互联网+或是互联网上的研究与应用。

## 二、采用CiteSpace进行关键词分析

CiteSpace又被翻译为"引文空间"，是一款着眼于分析科学中蕴含的潜

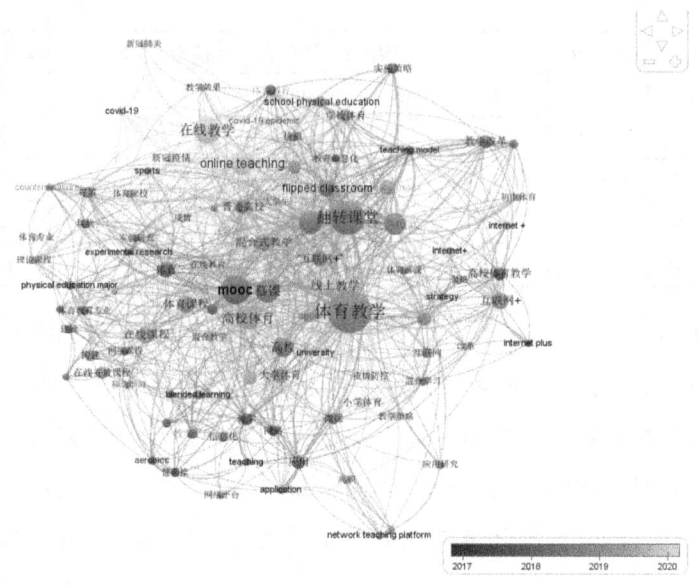

图 6-12 关键词共现可以视化图谱

在知识,是在科学计量学、数据可视化背景下逐步发展起来的引文可视化分析软件。由于是通过可视化的手段来呈现科学知识的结构、规律和分布情况,因此通过此类方法分析得到的可视化图形也被称为"科学知识图谱"。

1. 关键词共现网络分析

一般认为,某组词汇在同一篇文献中出现的次数越多,则代表这两个主题的关系越紧密。统计一组文献的关键词两两之间在同一篇文献中出现的频率,便可形成一个由这些词汇所组成的共词网络,网络内节点之间的远近便可以反映主题内容的亲疏关系。关键词是一篇论文的核心概括,对论文关键词进行分析便可对文章的主题窥探一二。而一篇论文给出的几个关键词一定存在着某种关联,而这种关联可以用共现的频次来表示。共现分析法是利用文献集中出现的词汇或名词短语共同出现的情况,来确定该文献集所代表学科中各主题之间的关系。下面这些名词解释将有助于理解关键词共现:

度中心性(degree centrality)是在网络分析中刻画节点中心性(centrality）的最直接度量指标。一个节点的节点度越大就意味着这个节点的度中心性越高，该节点在网络中就越重要。

接近中心性（closeness centrality），反映了网络中某一节点与其他节点之间的接近程度。将一个节点到所有其他节点的最短路径距离累加，所得到的倒数表示接近性中心性。即对于一个节点，它距离其他节点越近，那么它的接近性中心性就越大。

中介中心性/中间中心性（between centrality），是以经过某个节点的最短路径数目来刻画节点重要性的指标。

特征向量中心性（eigenvector centrality），一个节点的重要性既取决于其邻居节点的数量（即该节点的度），也取决于其邻居节点的重要性。

对知网（含1篇cssci）针对2005—2021年569篇文献进行关键词共现分析，时间切片为1年，网络裁剪使用了寻径网络剪裁（pathfinder）、修剪切片网（pruning sliced networks）和修剪合并网络（pruning the merged network），软件会自动修剪掉非关键网络和边缘化结构。界面设置完成后，运行软件可视化后如图6–13所示。

应用Cites pace, V.5.7.R3（64 – bit）分析关键词共享网络（network）。图片左上角信息显示：节点 N = 370，E = 463，网络密度 Density = 0.0068。selection criteria（选择标准）：g – index（k = 25），LRF = 3，LBY = 5，e = 1.0。g – index 是软件新增加的知识单元提取方式。该算法是在增加规模因子k的基础上，按照修正后的g指数排名抽取知识单元。LRF = 3，即Link Retaining Factor 最大相邻节点数值。k 这个参数调节link的取舍。保留最强的k倍于网络大小的link，剔除剩余的。LBY = 5，即Look Back Years 最大引用跨度：n，调节link在时间上的跨度不大于n年，-1 为无限制。e 即TopN = {v | f（v）> = minf（top（N），e）}，是对节点最低频次的设置，e = 0 为不限制。Largest cc = 302（81%），Largest CC 表示的是最大子网络成员的信息，这里302表示该网络的最大子网络成员有302个节点，占370个节点的81%。Nodes labeled：1.0%，表示可视化网络中默认有1%的节点显示了标签。Pruning：pathfinder 表示寻径网络剪裁。

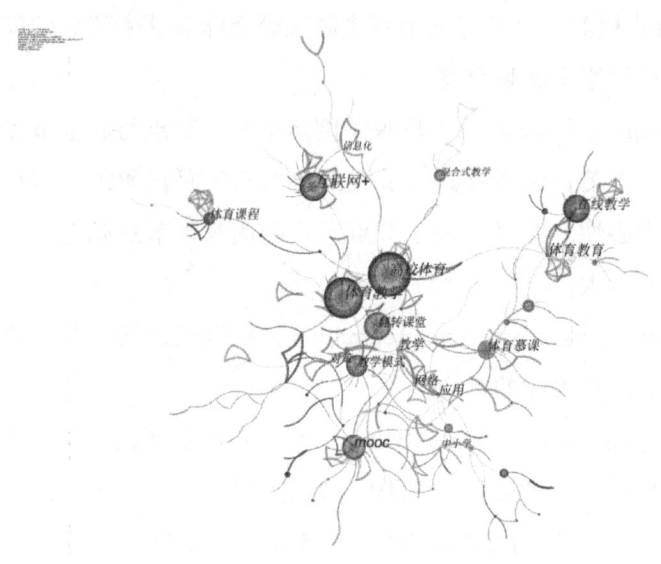

图 6-13 关键词共现

关键词"高校体育",频次 133,圈最大,外圈为紫色,表明具有较高的中介中心性 0.57,度中心性(15)也较高,说明在线体育教学研究探索主要集中在高校,大学生智能移动终端设备的普及对开展在线体育教学起到促进作用。关键词"体育教学"频次(99),圈大小次之,外圈为紫色,表明具有较高的中介中心性(0.26),度中心性(17)也较高。因本文是研究"在线体育教学",所以该关键词处于核心位置。体育教学是以学生身体练习为主要手段,通过学生的身体实践与体育教师以及课程内容的相互作用而展开,具有典型的身体性、互动性与在场感。关键词"在线教学",频次(95),圈较大,外圈为紫色,表明具有高中介中心性(0.13),度中心性(13)也较高。在线教学是国家教育事业科技革命的助推器,截至 2019 年底,我国已经初步构建了集教师、学生和教学场景为一体的数据化虚拟空间,初步实现了在线教育的数据化、终端一体化,在促进教育公平和提高教育质量等方面发挥了辅助作用。在线教学随着翻转课堂和混合式教学的发展,将有更大的发展空间和发展潜力。关键词"翻转课堂"频次(64),圈较大,外圈为紫色,表明具有高中介中心性(0.1),度中心性（10）也较高，图中圆圈中心显示红色（具有突现性）Burst（3.67）。在体育教学信息化困难重重的局面下，依托教育技术研究翻转课堂在高校公共体育教学中的应用问题，对于推动我国公共体育教学改革意义重大。王国亮将翻转课堂应用到排球教学项目，取得了良好的教学效果。关键词"互联网＋"频次（48），圈较大，外圈为紫色，表明具有高中介中心性（0.24），度中心性（21）最高。自党的十八大以来，以习近平同志为核心的党中央准确把握时代脉搏，立足于全球科技发展趋势与治理现实，围绕着"网络强国"提出了一系列观点和要求。党的十九大标志着中国特色社会主义进入了新时代，建设"网络强国"成为加快国家创新体系的重要战略之一。因此，网络信息化成为我国各项事业建设的主要趋势，主导着人们生活方式的改变和社会发展的转型。教育事业作为推动党和国家各项事业发展的重要先锋军，是关乎社会主义事业永续发展的基础工程。在线体育教学的研究中，互联网＋体育将有着决定性作用。

2. 关键词共现聚类分析

关键词共现聚类就是以领域特征明显的词和短语作为聚类对象，在分类系统的大规模层级分类语料库中，利用独创的文本分类特征提取算法进行词语的领域聚类，通过控制词语频率的影响，分别获取领域通用词和领域专类词。Cites pace，V.5.7.R3（64－bit）分析关键词共现聚类网络（network）应用 LLR（对数似然算法），关键词聚类如图6－14所示。

图片左上角信息显示：Mudularity Q＝0.33，Q＞0.3 聚类结构显著。聚类平均轮廓值 Weighted Mean Silhouete S＝0.9597，S＞0.5 聚类就是合理的，S＞0.7 意味着聚类是高度令人信服的。调和平均值 Harmonic Mean（Q，S）＝0.4911。

关键词是研究最精练的中心思想：

0#关键词聚类是"翻转课堂"，Size30，Silhouette（0.973），mean（year）2016 包含聚类关键词如表6－5所列。

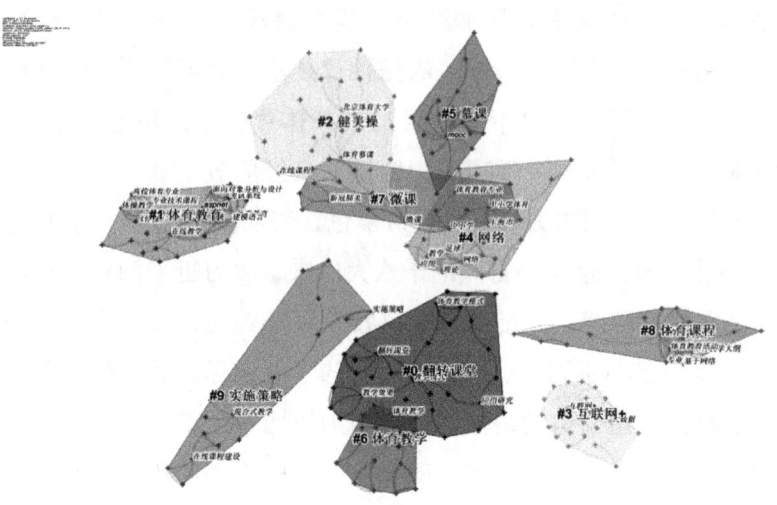

图 6-14 关键词聚类

表 6-5 "翻转课堂"关键词聚类表

| 序号 | #0 关键词 | | |
|---|---|---|---|
| 1 | 翻转课堂（42.04，1.004） | 互联网应用（4.18，0.05） | 教学设计（1.04，0.5） |
| 2 | 教学模式（40.75，1.004） | 公共羽毛球教学（4.18，0.05） | 网络课程（1.04，0.5） |
| 3 | 应用研究（13.21，0.001） | 应用效果（4.18，0.05） | 在线教学（0.97，0.5） |
| 4 | 网络教学平台（8.38，0.005） | 课程建设（4.18，0.05） | 混合学习（0.89，0.5） |
| 5 | 体育基本理论（8.38，0.005） | 羽毛球慕课（3.36，0.1） | 信息模型（0.89，0.5） |
| 6 | 教学效果（8.38，0.005） | 高校（3.18，0.1） | 移动学习（0.77，0.5） |
| 7 | 混合教学模式（8.38，0.005） | MOOC（3.18，0.1） | 学校体育学（0.77，0.5） |
| 8 | 体育教学模式（8.38，0.005） | 体育（2.37，0.5） | 体育慕课（0.77，0.5） |
| 9 | 体育管理（8.38，0.005） | 互联网+（2.37，0.5） | 大学生（0.77，0.5） |
| 10 | 实证研究（8.38，0.005） | 网络（2.11，0.5） | 在线教育（0.77，0.5） |
| 11 | 体育院校（8.38，0.005） | 大学体育（2.11，0.5） | 教育信息化（0.77，0.5） |
| 12 | 初中体育（4.82，0.05） | 混合式教学（1.84，0.5） | 现状（0.77，0.5） |
| 13 | 篮球基本功（4.18，0.05） | 对策（1.84，0.5） | 在线开放课程（0.77，0.5） |
| 14 | 教学模型（4.18，0.05） | 体育教育（1.84，0.5） | 混合式教学模式（0.77，0.5） |
| 15 | 策略（4.18，0.05） | 构建（1.84，0.5） | 线上线下（0.77，0.5） |
| 16 | SPOC 翻转课堂（4.18，0.05） | SPOC（1.79，0.5） | 改革（0.77，0.5） |

续表

| 序号 | | #0 关键词 | |
|---|---|---|---|
| 17 | 网球教学 (4.18, 0.05) | 体育类课程 (1.67, 0.5) | 课程 (0.77, 0.5) |
| 18 | 排球限选课 (4.18, 0.05) | 教学评价 (1.67, 0.5) | 疫情防控期间 (0.77, 0.5) |
| 19 | 实施 (4.18, 0.05) | 核心价值 (1.67, 0.5) | 健美操 (0.77, 0.5) |
| 20 | 体育保健 (4.18, 0.05) | 篮球教学 (1.67, 0.5) | 体育文化 (0.77, 0.5) |
| 21 | 乒乓球精品课程 (4.18, 0.05) | 应用 (1.57, 0.5) | 教学监控 (0.77, 0.5) |
| 22 | 少年儿童 (4.18, 0.05) | 教学 (1.57, 0.5) | 运动技能 (0.77, 0.5) |
| 23 | 传统课堂 (4.18, 0.05) | "互联网+" (1.31, 0.5) | 建设 (0.51, 0.5) |
| 24 | 职业院校 (4.18, 0.05) | 信息化 (1.31, 0.5) | 机遇 (0.51, 0.5) |
| 25 | SAKAI (4.18, 0.05) | 混合教学 (1.31, 0.5) | 运动生理学 (0.51, 0.5) |
| 26 | 休闲体育 (4.18, 0.05) | 体育课程 (1.31, 0.5) | 金课 (0.51, 0.5) |
| 27 | 教育云 (4.18, 0.05) | 高校体育 (1.29, 0.5) | 信息化技术 (0.51, 0.5) |
| 28 | 中职体育 (4.18, 0.05) | 高职 (1.04, 0.5) | 疫情 (0.51, 0.5) |
| 29 | 跨栏跑教学 (4.18, 0.05) | 高职院校 (1.04, 0.5) | 微课程 (0.51, 0.5) |
| 30 | 大学乒乓球教学 (4.18, 0.05) | 在线课程 (1.04, 0.5) | 互联网+教育 (0.51, 0.5) |
| 31 | 大学 (4.18, 0.05) | 实施策略 (1.04, 0.5) | 在线 (0.51, 0.5) |
| 32 | 篮球选项课 (4.18, 0.05) | 微课 (1.04, 0.5) | 多媒体 (0.51, 0.5) |
| 33 | 云计算 (4.18, 0.05) | 教学平台 (1.04, 0.5) | 教学资源 (0.51, 0.5) |
| 34 | 技术课教学 (4.18, 0.05) | | |

1#关键词聚类是"体育教育",Size(25),Silhouette(0.993),mean(year)2017包含聚类关键词如表6-6所列。

表6-6 "体育教育"关键词聚类表

| 序号 | | 1#关键词 | |
|---|---|---|---|
| 1 | 体育教育 (29.23, 1.004) | 用户需求 (4.13, 0.05) | 体育与健康 (1.63, 0.5) |
| 2 | 在线教学 (15.06, 0.001) | 优化策略 (4.13, 0.05) | 后疫情时代 (1.63, 0.5) |
| 3 | 体育教学 (12.29, 0.001) | 开展现状 (4.13, 0.05) | 新冠肺炎 (1.63, 0.5) |
| 4 | 教学资源 (8.27, 0.005) | 统一建模语言 (4.13, 0.05) | 高校公共体育 (1.63, 0.5) |
| 5 | 开发 (8.27, 0.005) | 新型冠状病毒肺炎 (4.13, 0.05) | 理论课程 (1.63, 0.5) |
| 6 | 高校体育专业 (8.27, 0.005) | 得实平台 (4.13, 0.05) | 体育专业 (1.63, 0.5) |

续表

| 序号 | 1#关键词 | | |
|---|---|---|---|
| 7 | 体育教师（8.27，0.005） | 体育舞蹈（4.13，0.05） | 新型冠状病毒肺炎疫情（1.63，0.5） |
| 8 | 在线学习（8.27，0.005） | 开发与建设（4.13，0.05） | SPOC（1.62，0.5） |
| 9 | 疫情时期（8.27，0.005） | 面向对象分析与设计（4.13，0.05） | 教学（1.62，0.5） |
| 10 | 线下教学（8.27，0.005） | 慢投垒球（4.13，0.05） | 公共体育（1.62，0.5） |
| 11 | 线上教学（8.02，0.005） | 体操课程（4.13，0.05） | 教学模式（1.56，0.5） |
| 12 | 在线教育（4.72，0.05） | 运营管理（4.13，0.05） | 价值（1.34，0.5） |
| 13 | 在线开放课程（4.72，0.05） | 优化（4.13，0.05） | 教学改革（1.34，0.5） |
| 14 | E-learning 大学体育课程（4.13，0.05） | 体操微课（4.13，0.05） | "互联网+"（1.34，0.5） |
| 15 | SCL（4.13，0.05） | 体操教学（4.13，0.05） | 信息化（1.34，0.5） |
| 16 | 《体操》（4.13，0.05） | 数字化资源建设（4.13，0.05） | 混合教学（1.34，0.5） |
| 17 | 甘肃省（4.13，0.05） | 青少年教育（4.13，0.05） | 体育课程（1.34，0.5） |
| 18 | 新型冠状病毒（4.13，0.05） | 云课堂（4.13，0.05） | 高职（1.07，0.5） |
| 19 | 新冠肺炎疫情（4.13，0.05） | 问题与对策（4.13，0.05） | 高校体育教学（1.07，0.5） |
| 20 | 信息素养（4.13，0.05） | asp.net（4.13，0.05） | 在线课程（1.07，0.5） |
| 21 | 航空体育（4.13，0.05） | 大学体育课（4.13，0.05） | 实施策略（1.07，0.5） |
| 22 | 以兴趣为导向（4.13，0.05） | 体操技术教学（4.13，0.05） | 微课（1.07，0.5） |
| 23 | 学校健康教育（4.13，0.05） | 网络教学（4.13，0.05） | 教学平台（1.07，0.5） |
| 24 | 考试系统（4.13，0.05） | 网络教学模式（4.13，0.05） | 羽毛球慕课（1.07，0.5） |
| 25 | 排舞（4.13，0.05） | 翻转课堂（3.77，0.1） | 教学设计（1.07，0.5） |
| 26 | 体育艺术课（4.13，0.05） | 慕课（3.27，0.1） | 实验研究（1.07，0.5） |
| 27 | 探索与实践（4.13，0.05） | MOOC（3.27，0.1） | 大学生（0.85，0.5） |
| 28 | 专业技术课程（4.13，0.05） | 网络课程（3.26，0.1） | 疫情防控期间（0.85，0.5） |
| 29 | 在线网络（4.13，0.05） | 体育（2.44，0.5） | 信息模型（0.85，0.5） |
| 30 | 健康教育（4.13，0.05） | 互联网+（2.44，0.5） | 体育文化（0.85，0.5） |
| 31 | 课程实施（4.13，0.05） | 网络（2.17，0.5） | 教学监控（0.85，0.5） |
| 32 | "互联网+传统体育项目"（4.13，0.05） | 混合式教学（1.89，0.5） | 运动技能（0.85，0.5） |
| 33 | 体育活动（4.13，0.05） | 构建（1.89，0.5） | 移动学习（0.8，0.5） |
| 34 | 延安大学（4.13，0.05） | | |

2#聚类是健美操，Size（25），Silhouette（0.983），mean（year）2016 包含聚类关键词如表 6-7 所列。

表 6-7 "健美操"关键词聚类表

| 序号 | | 2#关键词 | |
|---|---|---|---|
| 1 | 健美操（15.15，1.004） | o2o（5.02，0.05） | 高校体育教学（0.67，0.5） |
| 2 | MOOC（14.85，0.001） | 效果（5.02，0.05） | 高职院校（0.67，0.5） |
| 3 | 在线课程（10.82，0.005） | 地域分布（5.02，0.05） | 实施策略（0.67，0.5） |
| 4 | 建设（10.07，0.005） | 教育信息技术（5.02，0.05） | 微课（0.67，0.5） |
| 5 | 微信公众号（10.07，0.005） | 高校健美操（5.02，0.05） | 羽毛球慕课（0.67，0.5） |
| 6 | 北京体育大学（10.07，0.005） | 建设与策略（5.02，0.05） | 网络课程（0.67，0.5） |
| 7 | 课程设计（10.07，0.005） | 体操（5.02，0.05） | 实验研究（0.67，0.5） |
| 8 | 壮族体育舞蹈（10.07，0.005） | 辅助（5.02，0.05） | 体育慕课（0.5，0.5） |
| 9 | mini-MOOC（10.07，0.005） | 高校体育（3.43，0.1） | 大学生（0.5，0.5） |
| 10 | 移动学习（6.42，0.05） | 在线教学（3.08，0.1） | 在线教育（0.5，0.5） |
| 11 | 学校体育学（6.42，0.05） | 线上教学（3.08，0.1） | 教育信息化（0.5，0.5） |
| 12 | 翻转课堂（5.53，0.05） | 体育教学（2.89，0.1） | 现状（0.5，0.5） |
| 13 | 自主——合作（5.02，0.05） | 体育网络课程（2.42，0.5） | 在线开放课程（0.5，0.5） |
| 14 | 未来展望（5.02，0.05） | 挑战（2.42，0.5） | 混合式教学模式（0.5，0.5） |
| 15 | 思想政治理论课（5.02，0.05） | 实践（2.42，0.5） | 线上线下（0.5，0.5） |
| 16 | 校园网（5.02，0.05） | 学校体育（1.52，0.5） | 改革（0.5，0.5） |
| 17 | 体育舞蹈选修课（5.02，0.05） | 体育（1.52，0.5） | 课程（0.5，0.5） |
| 18 | 体育类慕课（5.02，0.05） | 互联网+（1.52，0.5） | 初中体育（0.5，0.5） |
| 19 | 民族院校（5.02，0.05） | 网络（1.35，0.5） | 疫情防控期间（0.5，0.5） |
| 20 | 新媒体（5.02，0.05） | 应用研究（1.18，0.5） | 混合学习（0.5，0.5） |
| 21 | 体育网页（5.02，0.05） | 体育教育（1.18，0.5） | 信息模型（0.5，0.5） |
| 22 | 优化研究（5.02，0.05） | 教学平台（1.03，0.5） | 体育文化（0.5，0.5） |
| 23 | 发展问题（5.02，0.05） | 教学设计（1.03，0.5） | 教学监控（0.5，0.5） |
| 24 | 少数民族传统体育（5.02，0.05） | 应用（1.01，0.5） | 运动技能（0.5，0.5） |

续表

| 序号 | 2#关键词 | | |
|---|---|---|---|
| 25 | 网页设计（5.02，0.05） | 教学（1.01，0.5） | SPOC（0.46，0.5） |
| 26 | 信息化教育（5.02，0.05） | 公共体育（1.01，0.5） | 教学模式（0.38，1.0） |
| 27 | 教学过程（5.02，0.05） | 价值（0.84，0.5） | 机遇（0.33，1.0） |
| 28 | 传播质量（5.02，0.05） | 教学改革（0.84，0.5） | 运动生理学（0.33，1.0） |
| 29 | 精品资源共享课（5.02，0.05） | "互联网+"（0.84，0.5） | 金课（0.33，1.0） |
| 30 | 课程网络资源（5.02，0.05） | 信息化（0.84，0.5） | 信息化技术（0.33，1.0） |
| 31 | 运营主体（5.02，0.05） | 混合教学（0.84，0.5） | 疫情（0.33，1.0） |
| 32 | MOODLE（5.02，0.05） | 体育课程（0.84，0.5） | 微课程（0.33，1.0） |
| 33 | 创新（5.02，0.05） | 高职（0.67，0.5） | 互联网+教育（0.33，1.0） |
| 34 | 课程平台（5.02，0.05） | | |

#3 关键词聚类是"互联网+"，Size（22），Silhouette（1），mean（year）2017 包含聚类关键词如表 6-8 所列。

表 6-8　"互联网+"关键词聚类表

| 序号 | #3 关键词 | | |
|---|---|---|---|
| 1 | 互联网+（25.49，1.004） | 高职院校（1.81，0.5） | 移动学习（0.3，1.0） |
| 2 | "互联网+"（19.36，1.004） | 在线课程（1.81，0.5） | 学校体育学（0.3，1.0） |
| 3 | 发展模式（12.04，0.001） | 高校（1.24，0.5） | 体育慕课（0.3，1.0） |
| 4 | 大数据（12.04，0.001） | 慕课（1.24，0.5） | 在线教育（0.3，1.0） |
| 5 | 改革创新（6，0.05） | MOOC（1.24，0.5） | 教育信息化（0.3，1.0） |
| 6 | 民族传统体育（6，0.05） | 学校体育（0.92，0.5） | 现状（0.3，1.0） |
| 7 | 乡村（6，0.05） | 体育（0.92，0.5） | 在线开放课程（0.3，1.0） |
| 8 | 体育消费（6，0.05） | 网络（0.82，0.5） | 混合式教学模式（0.3，1.0） |
| 9 | o2o 营销模式（6，0.05） | 大学体育（0.82，0.5） | 线上线下（0.3，1.0） |
| 10 | 智慧教育（6，0.05） | 普通高校（0.72，0.5） | 课程（0.3，1.0） |
| 11 | 体育行为（6，0.05） | 应用研究（0.72，0.5） | 初中体育（0.3，1.0） |
| 12 | 功能化（6，0.05） | 混合式教学（0.72，0.5） | 疫情防控期间（0.3，1.0） |
| 13 | 体育教学改革（6，0.05） | 对策（0.72，0.5） | 健美操（0.3，1.0） |
| 14 | 实现途径（6，0.05） | 体育教育（0.72，0.5） | 混合学习（0.3，1.0） |
| 15 | "互联网+学校体育"（6，0.05） | 构建（0.72，0.5） | 信息模型（0.3，1.0） |

续表

| 序号 | #3 关键词 | | |
|---|---|---|---|
| 16 | 手机 (6, 0.05) | SPOC (0.61, 0.5) | 体育文化 (0.3, 1.0) |
| 17 | 互联网+我国民族传统体育 (6, 0.05) | 应用 (0.61, 0.5) | 教学监控 (0.3, 1.0) |
| 18 | 智能设备 (6, 0.05) | 教学 (0.61, 0.5) | 运动技能 (0.3, 1.0) |
| 19 | 发展路径 (6, 0.05) | 公共体育 (0.61, 0.5) | 建设 (0.2, 1.0) |
| 20 | 智慧体育 (6, 0.05) | 价值 (0.51, 0.5) | 机遇 (0.2, 1.0) |
| 21 | 智慧课堂 (6, 0.05) | 教学改革 (0.51, 0.5) | 运动生理学 (0.2, 1.0) |
| 22 | 互联网 (6, 0.05) | 信息化 (0.51, 0.5) | 金课 (0.2, 1.0) |
| 23 | 体育o2o (6, 0.05) | 混合教学 (0.51, 0.5) | 信息化技术 (0.2, 1.0) |
| 24 | 云教学模式 (6, 0.05) | 体育课程 (0.51, 0.5) | 疫情 (0.2, 1.0) |
| 25 | 价值嬗变 (6, 0.05) | 高职 (0.4, 1.0) | 微课程 (0.2, 1.0) |
| 26 | 翻转课堂 (3.35, 0.1) | 高校体育教学 (0.4, 1.0) | 互联网+教育 (0.2, 1.0) |
| 27 | 互联网思维 (3.33, 0.1) | 实施策略 (0.4, 1.0) | 在线 (0.2, 1.0) |
| 28 | 健身 (3.33, 0.1) | 微课 (0.4, 1.0) | 多媒体 (0.2, 1.0) |
| 29 | 体育资源 (3.33, 0.1) | 教学平台 (0.4, 1.0) | 教学资源 (0.2, 1.0) |
| 30 | 大学生 (2.38, 0.5) | 羽毛球慕课 (0.4, 1.0) | 体育教育专业 (0.2, 1.0) |
| 31 | 改革 (2.38, 0.5) | 教学设计 (0.4, 1.0) | 开发 (0.2, 1.0) |
| 32 | 教学模式 (2.18, 0.5) | 网络课程 (0.4, 1.0) | 体育与健康 (0.2, 1.0) |
| 33 | 在线教学 (1.87, 0.5) | 实验研究 (0.4, 1.0) | 模式 (0.2, 1.0) |
| 34 | 线上教学 (1.87, 0.5) | | |

#4 关键词聚类是"网络",Size(21),Silhouette(0.917),mean(year)2014 包含聚类关键词如表6-9 所列。

表6-9 "网络"关键词聚类表

| 序号 | #4 关键词 | | |
|---|---|---|---|
| 1 | 网络 (28.74, 1.004) | 学校体育 (0.86, 0.5) | 教育信息化 (0.28, 1.0) |
| 2 | 实验研究 (14.16, 0.001) | 互联网+ (0.86, 0.5) | 现状 (0.28, 1.0) |
| 3 | 体育教育专业 (12.33, 0.001) | 体育教学 (0.74, 0.5) | 在线开放课程 (0.28, 1.0) |
| 4 | 教学 (10.52, 0.005) | 普通高校 (0.67, 0.5) | 混合式教学模式 (0.28, 1.0) |

续表

| 序号 | #4 关键词 | | |
|---|---|---|---|
| 5 | 探讨（6.14，0.05） | 应用研究（0.67，0.5） | 线上线下（0.28，1.0） |
| 6 | 在线协作学习（6.14，0.05） | 混合式教学（0.67，0.5） | 改革（0.28，1.0） |
| 7 | 理论（6.14，0.05） | 对策（0.67，0.5） | 课程（0.28，1.0） |
| 8 | 足球（6.14，0.05） | 体育教育（0.67，0.5） | 初中体育（0.28，1.0） |
| 9 | E-learning（6.14，0.05） | 构建（0.67，0.5） | 疫情防控期间（0.28，1.0） |
| 10 | 协作学习（6.14，0.05） | 体育（0.62，0.5） | 健美操（0.28，1.0） |
| 11 | 完全学分制（6.14，0.05） | SPOC（0.57，0.5） | 信息模型（0.28，1.0） |
| 12 | 资源（6.14，0.05） | 公共体育（0.57，0.5） | 体育文化（0.28，1.0） |
| 13 | 微视频（6.14，0.05） | 价值（0.47，0.5） | 教学监控（0.28，1.0） |
| 14 | MOOC 资源（6.14，0.05） | 教学改革（0.47，0.5） | 运动技能（0.28，1.0） |
| 15 | 翻转课堂教学模式（6.14，0.05） | "互联网+"（0.47，0.5） | 建设（0.18，1.0） |
| 16 | 乒乓球教学（6.14，0.05） | 信息化（0.47，0.5） | 机遇（0.18，1.0） |
| 17 | 教学内容（6.14，0.05） | 体育课程（0.47，0.5） | 运动生理学（0.18，1.0） |
| 18 | 大学体育理论（6.14，0.05） | 高职（0.38，1.0） | 金课（0.18，1.0） |
| 19 | 平台（6.14，0.05） | 高校体育教学（0.38，1.0） | 信息化技术（0.18，1.0） |
| 20 | "现代教育技术"课程（6.14，0.05） | 高职院校（0.38，1.0） | 疫情（0.18，1.0） |
| 21 | 计算机（6.14，0.05） | 在线课程（0.38，1.0） | 微课程（0.18，1.0） |
| 22 | 混合教学（5.87，0.05） | 实施策略（0.38，1.0） | 互联网+教育（0.18，1.0） |
| 23 | 大学体育（3.88，0.05） | 微课（0.38，1.0） | 在线（0.18，1.0） |
| 24 | MOODLE 平台（3.46，0.1） | 教学平台（0.38，1.0） | 多媒体（0.18，1.0） |
| 25 | 篮球教学（3.46，0.1） | 羽毛球慕课（0.38，1.0） | 教学资源（0.18，1.0） |
| 26 | 翻转课堂（3.13，0.1） | 教学设计（0.38，1.0） | 开发（0.18，1.0） |
| 27 | 混合学习（2.51，0.5） | 网络课程（0.38，1.0） | 体育与健康（0.18，1.0） |
| 28 | 教学模式（2.03，0.5） | 高校（0.3，1.0） | 模式（0.18，1.0） |
| 29 | 高校体育（1.94，0.5） | 移动学习（0.28，1.0） | 新冠疫情（0.18，1.0） |
| 30 | 在线教学（1.74，0.5） | 学校体育学（0.28，1.0） | 中小学（0.18，1.0） |
| 31 | 线上教学（1.74，0.5） | 体育慕课（0.28，1.0） | 体育网络课程（0.18，1.0 |
| 32 | 应用（1.21，0.5） | 大学生（0.28，1.0） | 网络教学平台（0.18，1.0） |
| 33 | 慕课（1.15，0.5） | 在线教育（0.28，1.0） | 体育课（0.18，1.0） |
| 34 | MOOC（1.15，0.5） | | |

#5 关键词聚类是"慕课",Size(20),Silhouette(0.881),mean(year)2017 包含聚类关键词如表 6-10 所列。

表 6-10 "慕课"关键词聚类表

| 序号 | #5 关键词 | | |
|---|---|---|---|
| 1 | 慕课(26.77,1.004) | MOOC(1.27,0.5) | 移动学习(0.31,1.0) |
| 2 | 体育慕课(18,1.004) | 教学(1.07,0.5) | 学校体育学(0.31,1.0) |
| 3 | 社会体育指导员(11.95,0.001) | 公共体育(1.07,0.5) | 大学生(0.31,1.0) |
| 4 | SWOT 分析(5.96,0.05) | 体育教学(0.97,0.5) | 在线教育(0.31,1.0) |
| 5 | 交互(5.96,0.05) | 学校体育(0.95,0.5) | 现状(0.31,1.0) |
| 6 | 发展战略(5.96,0.05) | 体育(0.95,0.5) | 在线开放课程(0.31,1.0) |
| 7 | 问题(5.96,0.05) | 互联网+(0.95,0.5) | 混合式教学模式(0.31,1.0) |
| 8 | 移动互联(5.96,0.05) | 网络(0.84,0.5) | 线上线下(0.31,1.0) |
| 9 | 传统保健体育(5.96,0.05) | 大学体育(0.84,0.5) | 改革(0.31,1.0) |
| 10 | 高校公共体育课程(5.96,0.05) | 普通高校(0.73,0.5) | 课程(0.31,1.0) |
| 11 | 展望(5.96,0.05) | 应用研究(0.73,0.5) | 初中体育(0.31,1.0) |
| 12 | SWOT-ahp(5.96,0.05) | 混合式教学(0.73,0.5) | 疫情防控期间(0.31,1.0) |
| 13 | 教学策略(5.96,0.05) | 对策(0.73,0.5) | 健美操(0.31,1.0) |
| 14 | 岗位素质基因谱(5.96,0.05) | 体育教育(0.73,0.5) | 混合学习(0.31,1.0) |
| 15 | 原则(5.96,0.05) | 构建(0.73,0.5) | 信息模型(0.31,1.0) |
| 16 | 开放式网络课程(5.96,0.05) | SPOC(0.63,0.5) | 体育文化(0.31,1.0) |
| 17 | 基于问题的学习模式(5.96,0.05) | 应用(0.63,0.5) | 教学监控(0.31,1.0) |
| 18 | 慕课未来(5.96,0.05) | 价值(0.52,0.5) | 运动技能(0.31,1.0) |
| 19 | 高校公共体育慕课(5.96,0.05) | 教学改革(0.52,0.5) | 高校(0.22,1.0) |
| 20 | 大学体育教学(5.96,0.05) | "互联网+"(0.52,0.5) | 建设(0.2,1.0) |
| 21 | 新课改(5.96,0.05) | 信息化(0.52,0.5) | 运动生理学(0.2,1.0) |
| 22 | 传统体育课堂(5.96,0.05) | 混合教学(0.52,0.5) | 金课(0.2,1.0) |
| 23 | 态势分析法(5.96,0.05) | 体育课程(0.52,0.5) | 信息化技术(0.2,1.0) |

续表

| 序号 | #5 关键词 | | |
|---|---|---|---|
| 24 | 建构（5.96，0.05） | 高职（0.41，1.0） | 疫情（0.2，1.0） |
| 25 | 反思教育（5.96，0.05） | 高校体育教学（0.41，1.0） | 微课程（0.2，1.0） |
| 26 | 现实困境（5.96，0.05） | 高职院校（0.41，1.0） | 互联网+教育（0.2，1.0） |
| 27 | 翻转课堂（3.43，0.1） | 在线课程（0.41，1.0） | 在线（0.2，1.0） |
| 28 | 机遇（3.29，0.1） | 实施策略（0.41，1.0） | 多媒体（0.2，1.0） |
| 29 | 挑战（3.29，0.1） | 微课（0.41，1.0） | 教学资源（0.2，1.0） |
| 30 | 影响（3.29，0.1） | 羽毛球慕课（0.41，1.0） | 体育教育专业（0.2，1.0） |
| 31 | 教育信息化（2.34，0.5） | 教学设计（0.41，1.0） | 开发（0.2，1.0） |
| 32 | 在线教学（1.91，0.5） | 网络课程（0.41，1.0） | 体育与健康（0.2，1.0） |
| 33 | 线上教学（1.91，0.5） | 实验研究（0.41，1.0） | 模式（0.2，1.0） |
| 34 | 教学平台（1.77，0.5） | | |

#6 关键词聚类是"体育教学"，Size（20），Silhouette（1），mean（year）2016 包含聚类关键词如表 6-11 所列。

表 6-11 "体育教学"关键词聚类表

| 序号 | #6 关键词 | | |
|---|---|---|---|
| 1 | 体育教学（53.48，1.004） | 多媒体（2.02，0.5） | 网络课程（0.84，0.5） |
| 2 | 信息化技术（9.18，0.005） | 模式（2.02，0.5） | 实验研究（0.84，0.5） |
| 3 | 互联网+教育（9.18，0.005） | 教学评价（2.02，0.5） | 教学模式（0.84，0.5） |
| 4 | 解决对策（9.18，0.005） | 核心价值（2.02，0.5） | 高职（0.72，0.5） |
| 5 | 微信公众平台（9.18，0.005） | 背景（2.02，0.5） | 微课（0.72，0.5） |
| 6 | 存在问题（9.18，0.005） | 高校公共体育（2.02，0.5） | 羽毛球慕课（0.72，0.5） |
| 7 | 应用策略（4.58，0.05） | 网络（1.71，0.5） | 学校体育学（0.63，0.5） |
| 8 | 体育学类（4.58，0.05） | 大学体育（1.71，0.5） | 体育慕课（0.63，0.5） |
| 9 | 辅助管理系统（4.58，0.05） | 应用研究（1.49，0.5） | 大学生（0.63，0.5） |
| 10 | 云课堂时代（4.58，0.05） | 对策（1.49，0.5） | 在线教育（0.63，0.5） |
| 11 | 互联网+体育教学评价（4.58，0.05） | 体育教育（1.49，0.5） | 教育信息化（0.63，0.5） |
| 12 | 实践意义（4.58，0.05） | SPOC（1.27，0.5） | 现状（0.63，0.5） |
| 13 | 构建分析（4.58，0.05） | 应用（1.27，0.5） | 混合式教学模式（0.63，0.5） |
| 14 | 实务操作（4.58，0.05） | 教学（1.27，0.5） | 线上线下（0.63，0.5） |

续表

| 序号 | #6 关键词 | | |
|---|---|---|---|
| 15 | 构建途径（4.58，0.05） | 公共体育（1.27，0.5） | 课程（0.63，0.5） |
| 16 | 网络平台（4.58，0.05） | 移动学习（1.19，0.5） | 疫情防控期间（0.63，0.5） |
| 17 | 运用研究（4.58，0.05） | 在线开放课程（1.19，0.5） | 健美操（0.63，0.5） |
| 18 | 移动应用（4.58，0.05） | 改革（1.19，0.5） | 混合学习（0.63，0.5） |
| 19 | 创新课程（4.58，0.05） | 初中体育（1.19，0.5） | 信息模型（0.63，0.5） |
| 20 | 泛在化学习模式（4.58，0.05） | 学校体育（1.12，0.5） | 体育文化（0.63，0.5） |
| 21 | 传统体育教学评价（4.58，0.05） | 互联网+（1.12，0.5） | 教学监控（0.63，0.5） |
| 22 | 学习矩阵（4.58，0.05） | 价值（1.06，0.5） | 运动技能（0.63，0.5） |
| 23 | 普通高等院校（4.58，0.05） | "互联网+"（1.06，0.5） | 在线教学（0.5，0.5） |
| 24 | 线上线下混合教学模式（4.58，0.05） | 信息化（1.06，0.5） | MOOC（0.48，0.5） |
| 25 | 开发与研究（4.58，0.05） | 混合教学（1.06，0.5） | 教学改革（0.43，1.0） |
| 26 | MOOC教学（4.58，0.05） | 体育课程（1.06，0.5） | 建设（0.41，1.0） |
| 27 | 教学变革（4.58，0.05） | 翻转课堂（0.95，0.5） | 机遇（0.41，1.0） |
| 28 | 健康档案（4.58，0.05） | 高校体育教学（0.84，0.5） | 运动生理学（0.41，1.0） |
| 29 | 复杂性思维（4.58，0.05） | 高职院校（0.84，0.5） | 金课（0.41，1.0） |
| 30 | 多校区网络化管理系统（4.58，0.05） | 在线课程（0.84，0.5） | 疫情（0.41，1.0） |
| 31 | 高校体育（4.32，0.05） | 实施策略（0.84，0.5） | 微课程（0.41，1.0） |
| 32 | 线上教学（3.88，0.05） | 教学平台（0.84，0.5） | 在线（0.41，1.0） |
| 33 | 慕课（2.57，0.5） | 教学设计（0.84，0.5） | 教学资源（0.41，1.0） |
| 34 | 高校（2.19，0.5） | | |

#7 关键词聚类是"微课"，Size（20），Silhouette（0.981），mean（year）2018包含聚类关键词如表6-12所列。

表6-12 "微课"关键词聚类表

| 序号 | #7 关键词 | | |
|---|---|---|---|
| 1 | 微课（14.93，0.001） | 在线教学（1.58，0.5） | 实验研究（0.33，1.0） |
| 2 | 中小学（12.85，0.001） | 高校（1.01，0.5） | 移动学习（0.25，1.0） |
| 3 | 信息化教学（12.85，0.001） | 慕课（1.01，0.5） | 学校体育学（0.25，1.0） |

续表

| 序号 | | #7 关键词 | |
|---|---|---|---|
| 4 | 小学体育（6.4，0.05） | MOOC（1.01，0.5） | 体育慕课（0.25，1.0） |
| 5 | 信息技术（6.4，0.05） | 学校体育（0.76，0.5） | 大学生（0.25，1.0） |
| 6 | 在线健身（6.4，0.05） | 体育（0.76，0.5） | 在线教育（0.25，1.0） |
| 7 | 自主锻炼（6.4，0.05） | 互联网+（0.76，0.5） | 教育信息化（0.25，1.0） |
| 8 | 排球教学（6.4，0.05） | 网络（0.67，0.5） | 现状（0.25，1.0） |
| 9 | 空中课堂（6.4，0.05） | 大学体育（0.67，0.5） | 在线开放课程（0.25，1.0） |
| 10 | 健康中国（6.4，0.05） | 普通高校（0.59，0.5） | 混合式教学模式（0.25，1.0） |
| 11 | 排球普修教学（6.4，0.05） | 应用研究（0.59，0.5） | 线上线下（0.25，1.0） |
| 12 | 学科教研（6.4，0.05） | 混合式教学（0.59，0.5） | 改革（0.25，1.0） |
| 13 | 小学（6.4，0.05） | 对策（0.59，0.5） | 课程（0.25，1.0） |
| 14 | 体育产业（6.4，0.05） | 体育教育（0.59，0.5） | 初中体育（0.25，1.0） |
| 15 | 智慧体育教学（6.4，0.05） | 构建（0.59，0.5） | 疫情防控期间（0.25，1.0） |
| 16 | "泛在"学习（6.4，0.05） | SPOC（0.5，0.5） | 健美操（0.25，1.0） |
| 17 | 云技术（6.4，0.05） | 应用（0.5，0.5） | 混合学习（0.25，1.0） |
| 18 | 中小学体育（6.4，0.05） | 教学（0.5，0.5） | 信息模型（0.25，1.0） |
| 19 | 技能习得（6.4，0.05） | 公共体育（0.5，0.5） | 体育文化（0.25，1.0） |
| 20 | 体育运动（6.4，0.05） | 价值（0.42，1.0） | 教学监控（0.25，1.0） |
| 21 | 体育学科（6.4，0.05） | 教学改革（0.42，1.0） | 运动技能（0.25，1.0） |
| 22 | 综合运动干预（6.4，0.05） | "互联网+"（0.42，1.0） | 建设（0.16，1.0） |
| 23 | 全民健身（6.4，0.05） | 信息化（0.42，1.0） | 机遇（0.16，1.0） |
| 24 | 疫情常态化（6.4，0.05） | 体育课程（0.42，1.0） | 运动生理学（0.16，1.0） |
| 25 | 高职体育（6.4，0.05） | 高职（0.33，1.0） | 金课（0.16，1.0） |
| 26 | 上海市（6.4，0.05） | 高校体育教学（0.33，1.0） | 信息化技术（0.16，1.0） |
| 27 | 教学空间（6.4，0.05） | 高职院校（0.33，1.0） | 疫情（0.16，1.0） |
| 28 | 体育教学（3.8，0.1） | 在线课程（0.33，1.0） | 微课程（0.16，1.0） |
| 29 | 体育与健康（3.71，0.1） | 实施策略（0.33，1.0） | 互联网+教育（0.16，1.0） |
| 30 | 新冠肺炎（3.71，0.1） | 教学平台（0.33，1.0） | 在线（0.16，1.0） |
| 31 | 翻转课堂（2.75，0.1） | 羽毛球慕课（0.33，1.0） | 多媒体（0.16，1.0） |
| 32 | 教学模式（1.79，0.5） | 教学设计（0.33，1.0） | 教学资源（0.16，1.0） |
| 33 | 混合教学（1.72，0.5） | 网络课程（0.33，1.0） | 体育教育专业（0.16，1.0） |
| 34 | 高校体育（1.7，0.5） | | |

#8 关键词聚类是"体育课程",Size(17),Silhouette(0.968),mean(year)2015 包含聚类如表 6-13 所列。

表 6-13 "体育课程"关键词聚类表

| 序号 | #7 关键词 | | |
|---|---|---|---|
| 1 | 体育课程(32.25,1.004) | 网络(0.69,0.5) | 线上线下(0.25,1.0) |
| 2 | 混合式(12.74,0.001) | 大学体育(0.69,0.5) | 改革(0.25,1.0) |
| 3 | 高职(7.36,0.01) | 普通高校(0.6,0.5) | 初中体育(0.25,1.0) |
| 4 | 高职院校(7.36,0.01) | 应用研究(0.6,0.5) | 疫情防控期间(0.25,1.0) |
| 5 | 网络在线平台(6.34,0.05) | 混合式教学(0.6,0.5) | 健美操(0.25,1.0) |
| 6 | 专业教师(6.34,0.05) | 对策(0.6,0.5) | 混合学习(0.25,1.0) |
| 7 | 教学辅助系统(6.34,0.05) | 体育教育(0.6,0.5) | 信息模型(0.25,1.0) |
| 8 | 体育保健学(6.34,0.05) | 构建(0.6,0.5) | 体育文化(0.25,1.0) |
| 9 | 子模块(6.34,0.05) | SPOC(0.51,0.5) | 教学监控(0.25,1.0) |
| 10 | 体育教学大纲(6.34,0.05) | 应用(0.51,0.5) | 运动技能(0.25,1.0) |
| 11 | 优劣(6.34,0.05) | 教学(0.51,0.5) | 建设(0.17,1.0) |
| 12 | 建设和发展(6.34,0.05) | 价值(0.43,1.0) | 运动生理学(0.17,1.0) |
| 13 | 中国体育院校(6.34,0.05) | 教学改革(0.43,1.0) | 金课(0.17,1.0) |
| 14 | 中学体育课(6.34,0.05) | 信息化(0.43,1.0) | 信息化技术(0.17,1.0) |
| 15 | 教育现代化(6.34,0.05) | 混合教学(0.43,1.0) | 疫情(0.17,1.0) |
| 16 | 基于网络(6.34,0.05) | 高校体育教学(0.34,1.0) | 微课程(0.17,1.0) |
| 17 | 体育教育活动(6.34,0.05) | 在线课程(0.34,1.0) | 互联网+教育(0.17,1.0) |
| 18 | 对策研究(6.34,0.05) | 实施策略(0.34,1.0) | 在线(0.17,1.0) |
| 19 | 体育课教学(6.34,0.05) | 微课(0.34,1.0) | 多媒体(0.17,1.0) |
| 20 | 机遇(3.66,0.1) | 教学平台(0.34,1.0) | 教学资源(0.17,1.0) |
| 21 | 新冠疫情(3.66,0.1) | 羽毛球慕课(0.34,1.0) | 体育教育专业(0.17,1.0) |
| 22 | 疫情防控(3.66,0.1) | 教学设计(0.34,1.0) | 开发(0.17,1.0) |
| 23 | 翻转课堂(2.82,0.1) | 网络课程(0.34,1.0) | 体育与健康(0.17,1.0) |
| 24 | 课程(2.69,0.5) | 实验研究(0.34,1.0) | 模式(0.17,1.0) |
| 25 | 教学模式(1.84,0.5) | 移动学习(0.25,1.0) | 中小学(0.17,1.0) |
| 26 | "互联网+"(1.68,0.5) | 学校体育学(0.25,1.0) | 体育网络课程(0.17,1.0) |
| 27 | 线上教学(1.51,0.5) | 体育慕课(0.25,1.0) | 网络教学平台(0.17,1.0) |
| 28 | 公共体育(1.36,0.5) | 大学生(0.25,1.0) | 体育课(0.17,1.0) |
| 29 | 高校(1.04,0.5) | 在线教育(0.25,1.0) | 挑战(0.17,1.0) |

续表

| 序号 | #7 关键词 | | |
|---|---|---|---|
| 30 | 慕课（1.04，0.5） | 教育信息化（0.25，1.0） | 产学一体化（0.17，1.0） |
| 31 | MOOC（1.04，0.5） | 现状（0.25，1.0） | 体育基本理论（0.17，1.0） |
| 32 | 学校体育（0.78，0.5） | 在线开放课程（0.25，1.0） | 发展模式（0.17，1.0） |
| 33 | 体育（0.78，0.5） | 混合式教学模式（0.25，1.0） | 互联网思维（0.17，1.0） |
| 34 | 互联网+（0.78，0.5） | | |

时序图，即呈现该领域的研究关键词随时间变化的图示，其在一定程度上也可以反映各个时间段上的核心研究内容，从而确定研究的大致趋势。如图6-15所示，即为在线体育教学技术研究领域的关键词时序图。从图中不难观察到，每个时间段的重点关注对象不同，从而可以将我国在线体育教学技术的研究历程进行一下划分，以更好地分析我国在线体育教学技术的研究发展。结合时序图分析如下。

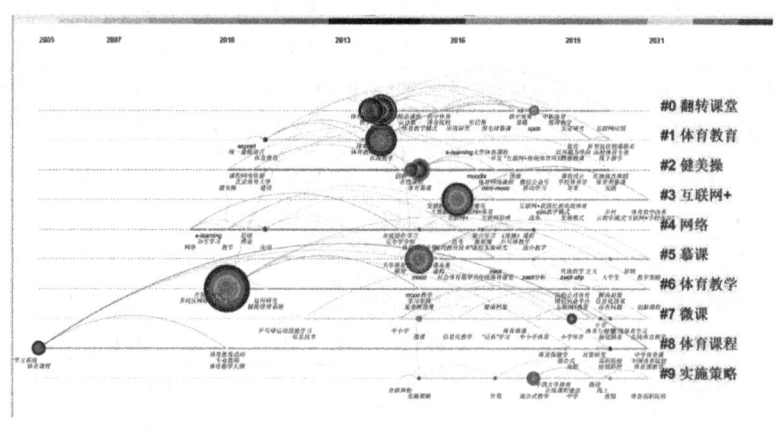

图6-15 关键词时间线（时序）图谱

2003年何克抗教授在全球华人计算机教育应用第七届大会上首次正式提出混合式教学（学习）的概念。他认为，所谓"混合式教学"就是把传统教学方式的优势和网络化教学、学习的优势结合起来，既发挥教师的引导、启发、监控教学过程的主导作用，又充分体现学生作为学习过程主体的主动性、积极性与创造性。2006年以后，信息技术发展迅猛，许多教育企业开始涉足"互联网教育"。2009年以后出现了"中华学习网""东大正保",这是互联网教育的兴起阶段,受到了学术界的广泛关注。在美国科罗拉多州落基山的一个山区学校——林地公园高中,教师们常常为一个问题所困扰:有些学生由于各种原因,时常错过正常的学校活动;有些学生会将过多的时间花费在往返学校的巴士上,这会导致很多学生由于缺课而跟不上学习进度。2007年,化学教师乔纳森·伯尔曼(Jon Bergmann)和亚伦·萨姆斯(Aaron Sams)提出了翻转课堂的理念,使用屏幕捕捉软件录制PPT演示文稿的播放和讲解,并把结合实时讲解和PPT演示的视频上传到网络,以此帮助课堂上缺席的学生补课。更具开创性的是,两位教师逐渐以学生课下事先通过看视频、听讲解、了解学习内容为基础,节省出课堂时间来为在完成作业或做实验过程中遇到困难的学生提供帮助。不久,这些在线教学视频被更多的学生接受并广泛传播开来。"翻转课堂"改变了我们的教学实践,教师们再也不会在学生面前花费30~60分钟来讲解基本知识,我们可能永远不会回到传统的教学方式了。从图6-16可以看出:2005年我国的体育在线教学属于刚刚萌芽阶段,主要是围绕着体育课程产生的学习系统。冯海成在《体育在线学习系统的设计与实现》中说道:"E-learning online"技术用于体育在线学习能集文本、影音文件、图像、动画和视频于一体,与体育本身的特点——"人""活动""健康"等要素相统一,对体育教育方式产生了历史性的改变。体育教育、网上远程体育教育均可在网上进行,可以有效地填补体育理论、实践教学的空白,使教学手段多样化。这个思想在10年前就已产生,应该是很有开创性的。

2012年首次提出了"互联网+"的概念,这使得"互联网+教育"受到了特别的关注和发展。2013年美国的MOOC开始登陆中国,相关课程相继在我国高校推出。MOOC作为目前最流行的在线教学形式,已成为我国混合教学模式的重要组成部分。在国外,2013年,加州大学伯克利分校的阿曼多·福克斯(Armando Fox)教授率先提出了小规模限制性在线课程(SPOC)的概念,其教学团队采用小规模限制性在校教学课程模式,在edX平台开设"软件工程"课程。在国内,2013年,清华大学在针对

SPOC 的平台"智学苑"上推出"大学物理"等课程，并与中国地质大学、西南交通大学等高校合作进行课程实践。

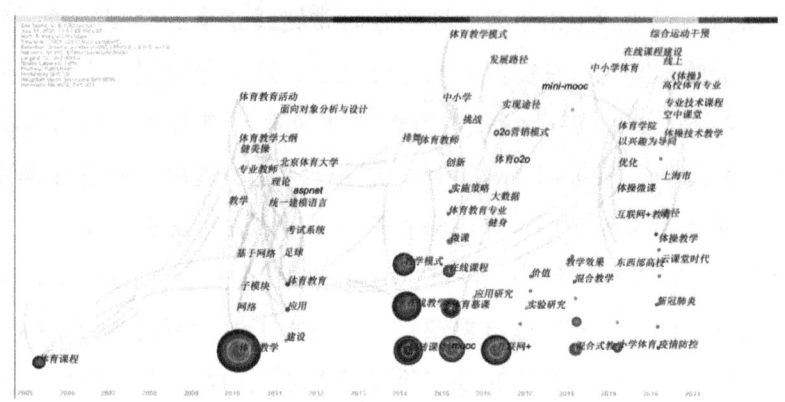

图 6-16　关键词时区图谱

2010—2013 年进入到体育在线教学的起步阶段（可以参看图 6-16 所示的时区图），这段时间在国际互联网发展的大背景下，围绕着体育教学的关键词主要集中在"网络""基于网络""面向对象的分析与设计""子模块"等，这段时间的发展相对国外发展是滞后的。2008—2014 年突现词"ASP"强度 strength（1.88），2009—2015 年突现词"网络"强度 strength（3.34）。这个起步阶段主要是在线体育教学的辅助阶段。

2015 年，我国教育 O2O 赛道受到资本市场的青睐，大量资本涌入市场，出现了以疯狂老师、轻轻家教等为代表的教育 O2O 服务平台企业，市场各平台采取高补贴形式吸引老师以及用户进入。2017 年，市场就进入了洗牌争端阶段，资本市场也开始回归理性。2014—2017 年，发展阶段这一阶级的突现词"体育慕课""MOOC""教学改革""翻转课堂""实验策略""实验研究"。在此可以看到，在线教学资本市场已跑赢学校，凭借资本的注入打破教育的空间和时间壁垒，这段时期学校开始了教育改革与教育模式的深入探索。

2018 年，多家教育机构提及 OMO 模式。但因这些机构体量较小，当时并未引起过多反响。直到 2019 年，这一概念似乎才受到行业内人士的普遍关注，其中不乏老牌教育机构。到如今教育模式百花齐放，像微课、慕课、SPOC、O2O、OMO 冲击到整个教育行业，体育课程自然也不例外。2018 年至今是在线体育教育全面快速发展的阶段。从图 6-17 可以看出这一阶段突现词"SPOC""混合式教学"的出现。2020 年新冠疫情的出现，让全体学生都进行了一场在线体育教学。随着疫情结束，未来线上体育教学如何开展？希望有更多的体育工作者能够深入研究。

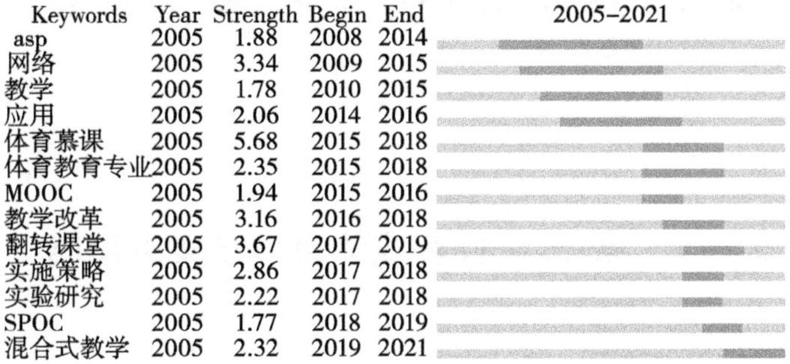

| Keywords | Year | Strength | Begin | End | 2005–2021 |
|---|---|---|---|---|---|
| asp | 2005 | 1.88 | 2008 | 2014 | |
| 网络 | 2005 | 3.34 | 2009 | 2015 | |
| 教学 | 2005 | 1.78 | 2010 | 2015 | |
| 应用 | 2005 | 2.06 | 2014 | 2016 | |
| 体育慕课 | 2005 | 5.68 | 2015 | 2018 | |
| 体育教育专业 | 2005 | 2.35 | 2015 | 2018 | |
| MOOC | 2005 | 1.94 | 2015 | 2016 | |
| 教学改革 | 2005 | 3.16 | 2016 | 2018 | |
| 翻转课堂 | 2005 | 3.67 | 2017 | 2019 | |
| 实施策略 | 2005 | 2.86 | 2017 | 2018 | |
| 实验研究 | 2005 | 2.22 | 2017 | 2018 | |
| SPOC | 2005 | 1.77 | 2018 | 2019 | |
| 混合式教学 | 2005 | 2.32 | 2019 | 2021 | |

图 6-17　关键词突现图谱

# 第七章

# 疫情下部分院校在线体育教学实施

## 第一节  部分院校在线体育教学实施策略

### 一、疫情防控期间在线体育教学实施理论探索

课程是教学的载体，课程体系完善与否，将直接决定线上教学的质量和效率。按照大多数院校的年度教学计划，2019—2020年下学期公共体育教学将实行选修课程，学生根据兴趣在选课网址选课后，教师按计划进行授课，但受疫情影响，本学期公共体育调整为按学院或自然班级集中授课，授课内容根据学院或班级男女比例进行统筹安排。公共体育线上教学集中在羽毛球、篮球、乒乓球、体育舞蹈、健美操、瑜伽、排球、足球、武术等传统项目，此类项目对于实践操作训练要求较高，随着课程的深入，教与学的矛盾日益冲突，学生的参与度日趋下降，严重影响理论线上教学的质量和效率。与此同时，教师在选择教学平台上主要为 QQ 群、职教云（精品课程）、腾讯会议、微信、人人讲和其他（学习强国、抖音等）平台，平台选择五花八门，教师根据个人喜好选择教学平台，在教学过程中往往只是利用了平台最基本的交互功能，缺乏对平台的进一步开发和利用。例如，有的院校根据公共体育教学年度计划，本学期课程将根据学生的兴趣采用选项课教学，教师根据此计划，寒假期间已经做好了各类实践教学资料的准备工作，但受疫情影响，实践课程全部转为线上教学，然而线上和线下教

学是两种截然不同的教学模式，对教师的教学组织和内容侧重点截然不同，无疑为线上教学组织增加了难度。为响应"停课不停教、停课不停学"的教学要求，公共体育教学按规定时间制定线上教学方案，调整教学组织计划，由原先的教学班转为自然班进行统一授课，如期组织线上教学。

在线上教学初期，大部分院校的教师在教学时所面临的主要困境有：

（1）多媒体教学手段开放方面存在明显不足；

（2）除参与前期在线"精品开放课程"的老师外，其他教师均无相关线上教学的经验；

（3）选择教学平台运行其他在线教学组织等都没有经验。

从中我们可以看出，线上教学虽按计划组织，但大部分教师缺乏线上教学经验，思想上仍停留在线下传统教学的基础上，思想准备严重不足，导致最初的教学模式仅仅是课前QQ群签到，教师上传教学资料或职教云观看资料，学生线下学习，课程结束时再次签到，此种模式对于学生的课中学习缺乏监管，学习效率大打折扣。与此同时，在教学过程中，授课教师由于长期从事实践教学，对于有效开发多媒体教学手段的能力存在严重不足，绝大部分教师未能充分利用各类平台的多功能手段，公共体育教师的多媒体教学手段和信息化处理能力亟须提升。

公共体育是一门着重于培养学生身心协调发展的实践课程，相对于其他公共课程而言，实践性是其显著特征，集中表现在教师通过示范动作，要求学生采用模仿等练习手段，不断强化练习，形成肌肉记忆，从而掌握相应的技术动作。公共体育线下实践教学形式，教学过程中师生面对面交流，教师通过示范相应技术动作，学生能够清晰准确地进行模仿。在练习的过程中，教师通过巡回指导不仅能够及时纠正学生的错误动作，帮助学生规范动作，而且可以促进学生进行自主练习，形成良好的教学互动。然而，线上教学由于师生无法面对面交流互动，很大程度上限制了线上教学的有效开展。疫情防控期间，公共体育教学全部转入线上教学，通过访问相关体育教师，均反应在教学过程中学生缺乏自主学习意识，集中表现在教师随机抽查学习效果这一行为上，抽查结果令授课教师极不满意。究其原因主要是教学过程缺乏有效的监管，大部分学生仅仅是上课和下课之前活跃在平台签到界面，而上课时并未参与到教学活动之中，严重影响了教学效果和教学目标的实现。

## 二、疫情防控期间在线体育教学实施案例一

1. 疫情防控期间体育教学方案概况

通过学校教务处网站、体育学院网站、各教学单位和任课教师等多种途径和渠道，向全体大一、大二学生公布第一阶段的教学任务，督促学生居家学习和自主进行居家身体素质练习。第一阶段（第一周至第五周），学生在确保安全的情况下，以居家学习新型冠状病毒肺炎防护知识、大学生卫生健康知识为主，再根据学生个人的身体健康状态适量进行身体素质练习（男生俯卧撑、女生1分钟仰卧起坐、立定跳远、原地30秒高抬腿跑、柔韧性练习）。每个学生在家学习防疫卫生保健知识和身体素质练习，每天累计时间应该不少于45分钟。学生在第一阶段的教学过程中，不得参加户外或者群体性体育活动，以居家学习新型冠状病毒肺炎防护知识、大学生卫生健康知识为主，再根据学生个人的身体健康状态适量进行身体素质练习（男生俯卧撑、女生1分钟仰卧起坐、立定跳远、原地30秒高抬腿跑、柔韧性练习）。第二阶段（第六周至第十五周）教学内容为以选定的大学体育课堂（运动项目）为依据，来进行课堂教学。结合第一阶段教学开展情况，任课教师做好第二阶段课程教学的有效衔接，按照大学体育课堂教学规范要求，按照选定的体育课堂运动项目来进行线上的课堂教学。任课教师要确保"在家不离岗、停课不停教、教学不降质"的原则方针，及时调整教学计划和教学任务，精心准备教案，多形式、多渠道适时在课中、课外辅导教学，以及每周安排教学课堂中的身体素质练习辅导，督促学生课外自主进行适当的身体素质练习。

2. 疫情防控期间在线体育在线课堂组织模式

教务处在学习通上分配班级给每个教师，教师可以按照教务处要求的上课时间在学习通上进行授课，教师也可以组建任课班级QQ群进行教学，

也可以用腾讯会议等多种形式进行课堂组织教学。体育学院组织年轻教师录制本学期身体素质标准考试视频并统一组织教学委员会提前四周时间制作体育保健学PPT课件，以文字语言、音频、视频等形式，给学生呈现本堂课重要的知识点，发布当堂课身体素质练习内容，包含练习动作、次数、组数等供教师参考，教师在课堂中指导答疑，学生提交当堂课练习照片或者视频，教师布置作业并做好教学反馈与检查。教师每周将本周所有课堂教学教程截图（每一课堂至少一张图片），发送给各教研室主任，如有任何问题，教研室主任及时反馈到主管教学的领导，体育学院教学委员会每周周五下午召开腾讯视频会议，集中处理本周教学事务，落实下达下一周的教学任务。

（1）课前准备。

教师在教学前首先要选择学生们普遍使用且通信质量较高的网络通信工具，例如微信、QQ、钉钉，这些工具既能够保证师生间顺利交流，又能够对学生出勤与作业情况进行记录统计。在教学内容选择方面教师要尽量选择适宜居家开展的运动，例如力量训练、体操训练、技术练习等，将这些内容用动画、图片、视频相结合的模式录入课件，保证每一部分内容控制在20分钟。教师既可以从网络下载慕课资源，也可以根据教学需求拍摄微视频，将二者有效结合起来以更好地发挥作用。在正式授课开始之前，教师可以给予学生们5分钟签到并对上节课进行点评，同时简要总结学生们的作业情况。随后教师可以在上节课教学内容基础上进行新课讲授，借助视频逐步分段教学。教师一边让学生们模仿练习，一边向学生们讲解重点、难点，通过即时互动帮助学生们更好地领会技术，保证学习训练能够让学生们产生肌肉记忆，有效达到教学效果。在40分钟的新知识教学完成后，教师可以安排课堂小结，对已经学习的内容总结回顾，使得学生们能够快速掌握知识并消化知识，时间可以控制在10分钟左右。最后教师布置课后作业，课后作业以学生们的自主巩固练习为主，当学生们觉得自己可以达到要求后就可以拍摄视频发送给老师，同时在视频中说明自己对重难点的理解，教师可以根据视频对学生做出点评。课后辅导能够加强学生们对知识的印象，同时帮助学生们消除学习中遇到的问题，在辅导环节，教师可以针对学生遇到的共性问题与个性问题展开解答，教师可以选择语音、视频或文字等方式沟通，解决学生们遇到的各种问题，特别是学生们在视频作业中表现出的问题应该成为教师关注的重点，发现问题并及时与学生沟通交流，确保学生们能够更好地完成学习任务。

（2）课堂学习情况（占期末考试成绩的10%）。

在学院"学习通"平台上传15次体育网课，每个学生在上课时间内，通过"学习通"网站签到、交上一周任课教师布置的课外作业；自主阅读"学习通"分配的教学内容半个小时；教师每次跟学生互动上一周的教学要求；要求学生浏览当堂课的教学内容，完成后截图发到QQ小群里备查；任课教师下达本次课的身体素质练习，下课前每位同学单独发照片到群里让任课教师检查。

（3）课堂作业完成情况（占期末考试成绩的10%）。

课后作业的设计要以实践活动为主，将任务发布到QQ群或微信群中，同时将教学重点以视频课件的方式发给学生，使得学生们能够在较短时间内完成作业任务。测试与考试可以借助专业测评系统展开，为了避免学生互相交流答案可以要求学生在课程结束后20分钟内完成答题任务。

3. 疫情学期体育考试

（1）平时成绩40%，包括出勤、课堂学习及课堂作业完成情况。

将学生居家学习新型冠状病毒肺炎防护知识、大学生卫生健康知识的学习效果，纳入本学期体育课平时成绩的评定当中，原则上占总评成绩的10%；课堂考勤原则上占总评成绩的10%，教务处要求每个学生，以选定的大学体育课堂（运动项目）为依据，任课教师开展线上的体育课堂运动项目来进行课堂教学，每个学生按照教务处分配给的课程任务，进入对应的教学班级，在上课时进行学习签到考勤，学习考勤占期末考试成绩的10%。本学期学习通网课的学习记录原则上占总评成绩的10%；每周课堂作业的成绩原则上占总评成绩的10%。由于疫情初期，每个任课教师对学习通的运用能力不一致，导致在上课高峰期中，学习通系统网络拥堵崩溃，学生短时间内不能进入网络课堂学习，有的任课教师为了解决这一问题，会在每周的周一就提前把所有教学班级的学习通系统打开，让学生签到自主学习；有的任课教师提前三天把所有教学班级的学习通打开，让学生签到自主学习；有的任课教师提前一晚上把所有教学班级的学习通打开，让学生签到自主学习；有的任课教师提前半天、3个小时、2个小时、1个小时、30分钟、15分钟、10分钟、5分钟，把所有教学班级的学习通打开，让学生签到自主学习；也有的任课教师把所有教学班级，推后5分钟、10分钟、15分钟、30分钟、60分钟，甚至当堂课下课前，学习通系统依然可以签到。由此，导致每个任课教师的签到尺度不一致，每个班级期末考试的学习考勤评分有高有低，同一个行政班级的学生相互间会有比较，哪个体育老师比较好说话，睡个懒觉醒来还可以签到之类，造成不良影响。为了保证公平对待所有学生，建议体育学院教学委员会在以后提出统一的签到时间标准，比如当堂课前10分钟至上课后5分钟的区域范围，学生签到为正常；当堂课进行5分钟后认定为迟到，扣5%的平时成绩；当堂课进行10分钟后认定为迟到，扣10%的平时成绩；当堂课进行15分钟后认定为迟到，扣15%的平时成绩；当堂课进行20分钟后认定为迟到，扣20%的平时成绩。迟到20分钟为上限，最高扣20%的平时成绩。根据学籍规定，每个学生一学期最多请病假、事假共4次，每次课扣20%的平时成绩；对于无故旷课学生超过3次，不给予参加期末考试的机会，无故旷课学生每次课扣25%的平时成绩。当堂课下课前显示全班同学的当堂课平时分，以示任课教师的公平、公开、公正，有据可依。

（2）身体素质考试成绩60%（学生将本人考试视频发送给任课教师，教师按照标准评定成绩）。

将学生个人身体素质练习效果（男生俯卧撑、女生1分钟仰卧起坐、立定跳远、原地30秒高抬腿跑、柔性练习），纳入本学期体育课成绩的评定范围，其中男生的俯卧撑、女生的1分钟仰卧起坐和原地30秒高抬腿跑的成绩原则上占总评成绩的60%。教学考试标准参照表7-1、表7-2、表7-3。

表7-1　男生俯卧撑成绩评定标准

| 成绩 | 男生俯卧撑1分钟（次） |
| --- | --- |
| 100 | 40 |
| 90 | 32 |
| 80 | 28 |
| 70 | 24 |
| 60 | 20 |
| 50 | 17 |
| 40 | 13 |
| 30 | 11 |
| 20 | 8 |
| 10 | 5 |

表7-2　女生1分钟仰卧起坐成绩评定标准

| 成绩 | 女生仰卧起坐1分钟（次） |
| --- | --- |
| 100 | 32 |
| 90 | 29 |
| 80 | 26 |
| 70 | 23 |
| 60 | 20 |
| 50 | 17 |
| 40 | 14 |
| 30 | 11 |
| 20 | 9 |
| 10 | 7 |

表7-3　男生、女生30秒原地高抬腿跑

| 成绩 | 男生原地高抬腿跑30秒（次） | 女生原地高抬腿跑30秒（次） |
| --- | --- | --- |
| 100 | 100（单双脚落地为1次） | 85（单双脚落地为1次） |
| 90 | 95（单双脚落地为1次） | 80（单双脚落地为1次） |
| 80 | 90（单双脚落地为1次） | 75（单双脚落地为1次） |
| 70 | 85（单双脚落地为1次） | 70（单双脚落地为1次） |
| 60 | 80（单双脚落地为1次） | 65（单双脚落地为1次） |
| 50 | 75（单双脚落地为1次） | 60（单双脚落地为1次） |

续表

| 成绩 | 男生原地高抬腿跑30秒（次） | 女生原地高抬腿跑30秒（次） |
| --- | --- | --- |
| 40 | 70（单双脚落地为1次） | 55（单双脚落地为1次） |
| 30 | 65（单双脚落地为1次） | 50（单双脚落地为1次） |
| 20 | 60（单双脚落地为1次） | 45（单双脚落地为1次） |
| 10 | 55（单双脚落地为1次） | 40（单双脚落地为1次） |

①期末考试视频提交要求。在第15周课堂中，学生将本人照片的学生证或者身份证的照片上传留档。考试时本人手持身份证，全身入镜慢慢展示给任课教师截图核实。每个学生参照标准考试视频，录制两个考试项目视频（男生俯卧撑、女生1分钟仰卧起坐和男生、女生30秒原地高抬腿跑），在30秒原地高抬腿跑的录制过程中，每个学生一边做一边同步大声报出数字，如果30秒原地高抬腿跑速度太快，可以10个为一组报数，或者请家里的人帮忙在旁边同步报数，配上30秒原地高抬腿跑的音乐做计时参照，1分钟仰卧起坐同样也配音乐作为计时参照。按照标准考试视频进行拍摄，认真完成考试视频的录制，截至第15周下课前，标注上考试的班级、时间、项目、姓名、学号，在学习通上单独发送给任课教师。特别提示：30秒原地高抬腿跑是以单双腿落地为一次计数，要求两手平行放置腰前，以腿抬起平行于地面并触碰到手为标准，不达标者不计数，仰卧起坐需个人单独完成，不要借助其他人或物的辅助，俯卧撑需绷直身体呈一条直线，不允许对考试视频有任何的剪辑，一旦发现做零分处理。若发现冒名顶替，同样做零分处理。

②男、女生30秒原地高抬腿跑考试视频（占期末考试成绩的30%）。教师在线上课堂，首先安排学生完成10秒原地高抬腿跑，教会学生自己边做边数数，学生每10个一组数数；再加大运动量为15秒、20秒、25秒、30秒原地高抬腿跑；并在考试前三周让每个学生交原地高抬腿跑30秒的视频；督促大多数的学生养成自觉锻炼的良好习惯；促进学生更进一步理解体育网课如何在线进行视频考试。

③男生俯卧撑考试视频（占期末考试成绩的30%）。男生的俯卧撑40次100分，20次60分；考试标准比较合理。20%的男生成绩为满分；

50%男生的成绩在80分左右；20%男生的成绩在60~70分；10%的男生不及格。线上的男生俯卧撑考试比线下课程中引体向上的成绩好很多，与任课教师每次课堂的督促练习，及时交课堂作业有一定的关联。

④女生1分钟仰卧起坐考试视频（占期末考试成绩的30%）。女生的1分钟仰卧起坐（不用按脚考虑得比较周全）32个100分，20个60分，考试标准比较合理。仰卧起坐需个人单独完成，不要借助其他人或物的辅助；全身入镜，配上60秒的音乐做1分钟仰卧起坐的计时参照，按照标准考试视频侧面拍摄，认真完成考试视频的拍摄；女生线上1分钟仰卧起坐考试成绩比线下考试成绩好10分左右，线上单项不及格比例约为5%，低于线下不及格比例的20%，建议在以后的线下体育课程中，可以让女生通过1分钟仰卧起坐（不用按脚）的方式进行腰腹肌练习。

4. 期末考试总评成绩的教学分析

以学生为主体，全校公共体育课建立统一的考试标准，建立任课教师统一考核制度，本学期采用了在线"学习通"平台教学。本学期采用的是在线，每个同学参加两个项目的考试，男生、女生的30秒高抬腿跑，男生的俯卧撑，女生的1分钟仰卧起坐。学院215个疫情线上大学体育网课的教学班，体育网课的期末考试情况是：平均约为89分，网课成绩比以前线下体育课期末成绩高6分左右。网课体育成绩在90分以上达到55%左右，80分以上的占41%左右，70分以上的占3%，60分以上的占1%，60分以下的没有。符合考试成绩的正态分布。由于本学期的身体素质考试占60%，平时成绩占40%，按时在学习通上学习，上课准时在课堂签到，每次认真完成老师布置的课中、课外身体素质练习的同学，平时成绩都能够得100分，按照任课教师的要求认真完成各项作业的学生，期末的体育课考试成绩都能在90分以上。然而有个别学生平时不按时签到，学习知识点不认真，课堂作业不积极，课外作业不交，期末考试的两个视频作业也不尽力拍摄，这一小部分同学的基本考试成绩也就不太理想。

结合学生的答题情况与作业完成质量、教学评价、课后问题，教师可以将这些资料收集整理出来，如果学生们对问题理解不到位，教师则要着重解决，特别是课后测评结果明显低于预期时，教师要做好查缺补漏的工作。学生们在线上教学中经常出现缺课、逃课的情况，体育教师一定要积极与学生及家长展开沟通交流，了解学生们的生活情况与心理情况，持续开展教学计划与教学模式调整，尽可能达到最优的教学效果。

### 三、疫情防控期间在线体育教学实施案例二

（1）为保证新型冠状病毒肺炎疫情防控期间大学体育课程的顺利开展，根据《学院 2020 年春季学期延期开学网上教学实施方案》和学院《大学体育》课程教学大纲的要求，明确课程内容，并设计符合实际情况的教学方案。教学方案的设计要包括教学对象分析、教学目标设计、教学内容设计、教学策略设计、教学组织形式设计、教学过程设计等内容。

（2）线上教学环境的建立是体育教学过程实施的基础和关键。首先，通过腾讯 QQ、微信、钉钉等即时通信平台，建立能与学生随时保持沟通的群聊系统。然后，根据课程内容和教学方案选择线上教学平台并完成课程建设。运用 SPOC 教学平台的教师可以选择符合教学大纲的课程，也可以自建课程，同时需要依次完成课程基本信息、课程章节、教师团队、班级管理、课程资料等内容的编辑，并将学生名单导入到平台内，即完成课程建设，课程建设完成后各环节依然可以修改，保证课程内容实时更新完善。运用 MOOC 教学平台的教师需选择符合教学大纲的课程，并准备课程所需的资料。

（3）设计教案。在即时通信平台和在线教学平台发布教学公告，明确教学任务及学习要求，列出课程学习的重难点，提前发布音视频资料、PPT 课件、拓展的资源链接等教学资源，让学生进行预习。为了达到教学目标，更好地利用线上教学的优势，教师可将视频、图解等资料导入即时通信平台或在线教学平台上让学生自学，再进行技术动作的讲解，提高技能练习效率。

与传统体育课略有不同，线上教学的教学环节分为以下 5 个部分。

（1）开始部分：课堂常规内容与传统体育教学相似，运用线上教学平台的签到功能或者即时通信平台进行签到，记录考勤。运用即时通信平台

的视频、音频、直播等功能，向学生宣告课程的教学内容、目标及要求。时间安排：5~10分钟。

（2）准备部分：在即时通信平台或线上教学平台上发布低强度徒手操等视频，让学生跟随视频进行热身运动。时间安排：10~15分钟。

（3）自主学习部分：在即时通信平台或线上教学平台通过发布教学任务，让学生观看视频、图解、文字、链接等资料进行自主学习，教师通过即时通信平台保持与学生的沟通，随后进行重难点的讲解并答疑。时间安排：20~30分钟。

（4）技能练习部分：通过自主学习部分对学习资料的反复观看、理解和模仿，初步掌握技术动作的概念和基本原理，需要经过不断地练习巩固才能熟练掌握。练习过程通过即时通信平台保持与学生的沟通，并要求学生通过录制小视频、拍摄照片等方法反馈给教师，教师进行点评和纠错。时间充足的情况下可适当安排身体素质练习。时间安排：30~40分钟。

（5）结束部分：通过视频、音频、直播等途径，指导学生进行放松运动，并进行课堂小结、布置"理论+技术"作业，使学生进一步提高运动知识和技能。时间安排：5~10分钟。

学生可以随时登录即时通信平台或线上教学平台对课堂所学习的内容进行复习与巩固，同时通过师生在线讨论，对所学内容进一步总结和反思，提高学生的思考能力。教师需要进行教学反思，改进教学设计，提高教学水平。

## 第二节 北京科技大学天津学院在线体育教学情况

### 一、制订线上体育教学方案

2020年因疫情原因学生无法返校，为确保"停课不停教、停课不停学"，保障正常教学秩序。北京科技大学天津学院教务处通知如下：

根据教育部、市教育两委有关通知要求及我校实际情况，请各开课部门对照我校1月31上报市教委的《保障本科生教育教学工作方案》（见附件1，此方案当时已汇总各开课部门上报的延期开学期间各课程拟授课方案见附件2。此方案可以微调），结合本部门及各专业、各课程的实际情况，制定疫情防控期间在线教学的专项工作方案，明确工作职责和任务分工。

几点要求提示如下：

（1）制订在线教学方案时，应明确在线教学的课程、教学对象、课程负责人（或授课教师）、在线教学平台、在线教学资源，并重点阐述在线教学组织形式（含授课、讨论、答疑、作业、考核、预/复习等环节的具体方案和时间安排等）。同一门课程原则上执行同一在线教学方案。

（2）制订在线教学方案时，应充分利用好互联网课程平台和课程资源以及校内平台和资源。互联网课程平台和课程资源见教育部《在线课程平台在疫情防控期间支持高校在线教学服务方案信息汇总表》（见附件3）（含22个课程平台提供的包括1291门国家精品在线开放课程和401门国家虚拟仿真实验课程在内的在线课程2.4万余门）；校内平台和资源各开课部门根据自身情况合理选用，也可使用雨课堂等教学平台，组织教师以网络直播、录制课程等方式授课，也可使用QQ群、微信群等互联网群组，采取群组讨论、视频会议等方式授课。

（3）制订在线教学方案时，应统筹协调好在线教学工作、开学后理论教学工作、实践教学工作、毕业设计论文管理工作等方面的关系，确保在线教学与普通教学工作有序衔接。

（4）制订在线教学方案时，应注意对在线教学资源内容进行审核检查，对教学效果进行监督指导，确保教学工作要求、教学质量标准不降低。在线教学应有完整的教学记录、数据统计，确保在线教学工作可追溯、可监督。

请各开课部门最迟于2月13日12：00前将方案Word版发给教务处汇总。

教务处<br>2020年2月7日

这种完全的线上体育教学，对于体育部来说是从未尝试过的新事物。在体育部主任的领导下，教学教研室主任日夜奋战，党员起先锋模范作用，大家群策群力，初步形成一个在线体育教学方案并转发教务处，《北京科技大学天津学院体育部网上在线教学方案》方案如下：

根据教育部、市教育两委有关通知要求，对照我院1月31上报市教委的《保障本科生教育教学工作方案》，结合体育教学特点，制订疫情防控期间以居家提高身体素质为主的线上、线下相结合的教学方案。

**（一）教学组织安排**

（1）开课班级。本校18级、19级学生和重修学生，按照上学期专项班级开课。

（2）开设内容。每周1+2的教学模式，（50分钟身体素质教学+30分钟健康知识）30分钟体能训练复习巩固练习。具体参见《天津学院2020年疫情身体素质练习教程》。

（3）开课形式。以教师专项班为单元在网上开班，实施线上教学、线下练习的模式。

**（二）网上教学组织**

1. 线上教学平台

微信群、QQ群。

2. 线上教学

（1）自建课程开课

逐步上传网上学习视频、PPT等教学资料。

（2）利用QQ群、微信群作为教学平台，请学生们通过手机或者计算机加入课程学习中。

**（三）线上开课形式**

（1）同步课堂教学：教师根据《天津学院2020年疫情身体素质练习教程》同步课堂实时授课，统一教学安排。

（2）学生按照规定的上课时间在公众号进行网上学习：上课前签到，教师在课中讲解技术要点和练习方法；布置本周另外两天的练习内容与要求。恢复上课后检验学生身体专项素质、学习效果和能力状况。

(3) 直播教学：直播教学任课教师也可根据自己情况选用QQ群视频等其他直播软件。为避免直播课程时间冲突，相关直播课程须按照课表规定的时间进行直播。建议教师根据选课情况建立课程微信群，发布课程开课时间等相关信息，开课前向学生推送二维码上课。

**（四）线下练习形式**

(1) 体育教学采用的是每周1次教学+2次练习的教学模式。在确保1个学时的教学外还要进行1个学时的练习分2次进行（每次0.5学时）。

(2) 采用隔天练习的方式（以保证每周有3次的体育活动时间）。

(3) 教师布置作业：告知练习内容、方法，提出本次活动强度、密度和运动量的具体要求。

(4) 对学生每周活动进行考勤管理。

**（五）工作要求**

体育部加强指导，切实为教师快速开展线上教学提供必要的条件保障，积极做好各种服务。

(1) 2月14日前，根据本学期教学任务摸底线上开课情况，帮助教师选择课程开设平台。

(2) 2月21日前，组织任课教师参加线上课程建设专项培训学习，以提高信息化教学水平。

(3) 2月28日前，组织任课教师至少保障4个教学周的《天津学院2020年疫情身体素质练习教程》教学内容上线，确保开学后线上授课顺利进行。

(4) 3月1日前，完成任课教师《天津学院2020年疫情身体素质练习教程》的审核工作，会同有关部门把好教学内容的意识形态的审核审查关。

(5) 3月4日前，完成任课教师"线上教学"测试工作，确保开学后线上授课顺利进行。

(6) 3月6日前，通过各教师专项班级微信群、QQ群及时发布《在线课程学习信息》。

（7）安排专人加强日常教学管理和督导，确保教学有序进行。

体育部

2020年2月11日

之后，体育部又经过多次开会、讨论、研究，最后形成《会议记录》如下：

（1）准备计算机、手机，因大部分人放假前没有携带计算机回家，若使用手机，手机要充满电，保证1小时内的线上上课时间。

（2）上课使用企业微信分班、上课，腾讯课堂和腾讯会议作为延展使用。

（3）书写电子教案和电子教学日志，上传到企业微信。没有计算机的教师可以手写教案日志，自行下载扫描软件，上传企业微信周报，每周三交教案，主任提前审批下周教案。

（4）选课时间定于3月2日8：00至3月4日8：00，完成选课后先建QQ群，再建专项班级QQ群，同时完成企业微信和小打卡。

（5）开课前每位任课教师选一个专项班进行演示，如果出现问题提前解决，保证3月9日之后顺利上课。

（6）每周集体备课时间定于周三下午3点。

（7）课堂管理：在线打卡完成签到、在线指导、交视频作业，如有迟到缺勤，按课堂常规处理。

（8）年级主任每周审阅教学日志，了解各班上课情况。

（9）补考安排在返校后回来进行，补考生在家练习未通过项目，重修生选课时编入相应班上课。

（10）开课第一节要宣读（公布）疫情防控期间线上教学的开课导言、课堂常规等。

但在真正上课后，并没有采用企业微信的在线视频上课，而是选择了腾讯会议。因为在选择企业微信上直播课的时候，体育部同事们也在各个平台做了研究与比较，结果如表7-4所列。

表 7-4 在线直播 App 情况比较

| APP | 优点 | 缺点 |
| --- | --- | --- |
| 钉钉 | 能录制直播视频，生成回放。<br>能使用全员静音，老师先讲课，然后指定学生回答。<br>可以看到所有的同学，打盹的、走神的可以及时提醒。<br>有"全员看他"功能，可以把某位同学放在主屏幕，所有班级同学都看这位同学。<br>可以共享屏幕（手机端、电脑端均可），方便学生做演示，完成作业。教师如果使用电脑进行直播，分享 PPT 的同时也能看到学生的状态。 | 无美颜功能<br>普通群不能签到，只有家校群可以签到，家校群学生只能以家长身份入群（有点别扭）。需要下载软件 |
| 腾讯课堂 | 进入简单，直接下载极速版，不需要注册，可以直接使用（电脑端）。<br>上课前可以选择生成回放。<br>可以同时允许 6 位同学举手，同意举手后可以连麦。<br>直播最为流畅，不卡顿。<br>可以使用课堂签到，签到可设置为 30 秒或 90 秒，随时检查学生是否认真听课。<br>可以导出成员列表，显示每一位同学的进入时间和退出时间（必须在下课前导出）。<br>播放 PPT 的同时可以看到学生的讨论情况。<br>不需要额外下载软件，可以直接用微信扫教师分享的听课码听课 | 连麦后部分同学会有回音。<br>无美颜功能，而且像素极差（可能因为流畅优先）。但是 PPT 播放很清晰。<br>无法分享学生的个人屏幕，看不到学生的实时状态。<br>网络不好的话略有延迟，但是不严重。<br>教师必须使用电脑客户端，手机只能听课，不能直播讲课 |
| 腾讯会议 | 每次生成一个会议码，可以督促学生是否按时关注群里信息。<br>可以分享教师屏幕，也可以分享学生屏幕。<br>可以签到 | 共享屏幕的同时看不到摄像头情况。<br>需要下载软件 |
| 哔哩哔哩直播 | 几乎可以说绝对不卡。<br>美颜功能超强大。<br>同时在线人数几乎没限制。<br>开学后老师有可能成为知名 up 主。电脑客户端不怎么稳定，只能分享屏幕，不能分享某个文件，如果电脑桌面上有奇怪的东西就尴尬了 | 只能通过弹幕互动，效果堪忧。<br>无法签到。<br>无法分享屏幕。<br>不只是我们的学生，所有人都可以自由地观看。<br>需要下载软件 |
| QQ 群直播 | 每个人可以静音。<br>学生本身就有 QQ 群，无须再下载。<br>可以连麦，但是回音比较大。<br>美颜功能点赞，签到功能点赞 | 如果分享 PPT，在线人数多的话，屏幕需要手动放大。<br>不能分享成员屏幕。<br>PPT 页面有点儿小，不能放大 |

以上只是个人收集总结的经验，仅供大家参考。

但是通过比较之后，发现最适合上在线体育课程的还是腾讯会议。有的院校采用的是 ZOOM（研究了半天，发现这个是付费的平台）。这期间也试过云班课、雨课堂、学习通等教学平台。最后大家一致认为腾讯会议最适合，当时腾讯会议最多视频上限为 30 人，所以有的老师采用了 2 部手机 +1 台计算机上课。大家通过网络会议确定了《线上开课的准备的工作要点》如下：

（1）准备计算机、网络。

（2）确定教学方式与备选方式：腾讯会议、微信企业、微信、QQ 等。

（3）熟悉教学计划、进度与教程。

（4）书写电子教案、建立电子教学日志（体育部主任提前审批下周教案）。

（5）完成选课后建群：大群：QQ 群；小群：专项班群（微信、腾讯会议）。

（6）开课前教学演示（每一位老师与专项班同学联系）。

（7）公布教学进度与内容。

（8）确定每周备课与教学会议时间。

（9）课堂管理：①打卡签到。②视频教学与指导（专项班）同时查看在线人数。③交视频作业（视频中有语言表述上课时间）。

（10）与教务处协同做好选课、排课工作。

（11）年级教学主任每周审阅教学日志，了解各班上课情况。

（12）年级教学主任根据学生上课和疫情发展情况，在开学两周后准备 5~8 周教学计划与教程。

（13）了解天津市高校线上体育课教学安排方式，并且形成前 4 周的教学教程。

经过体育部全体教师的共同努力下，在开课前最后一次上报学院教务处的《体育部在线教学准备情况》如下：

根据教育部、市教育两委有关通知要求，体育部及时成立疫情防控期间线上教学领导小组，结合学校体育课程的实际情况，编写制定《天津学院 2020 年疫情教学安排》与《天津学院 2020 年疫情身体素质练习教程》，为大一 3056 人、大二 2772 人提供在线学习，扎实做好身体素质居家锻炼的教学准备,从而确保 3 月 9 日顺利开课。

### (一) 准备情况

组织全体教师研读教学计划与教程,明晰本阶段的教学目标、重难点。熟练掌握 QQ 群专项分班及基于 Keep 健身教程的腾讯视频会议,充分发挥现代网络信息技术手段的优势,针对疫情居家的特点,制定适合居家的教学方法和练习手段,为在线授课做好了开课准备。深入了解学生居家情况与网络应用情况,和学生共同做好网上学习演练。部分教师因疫情防控之前回老家过年未带计算机,为保证教学质量,教师们克服各种困难,至少保障有两部手机,或一部手机一台计算机(ipad),示范与指导同时进行,确保能顺利进行线上教学。

### (二) 教学计划的安排

为完成学生与教师全程面对面互动教学,全体专职教师运用两套移动终端设备,保障学生及时得到技术指导和常见错误动作纠正,使教学过程清晰、连贯、稳定。以学生为主体,教师为主导,练习为主线的原则,丰富练习手段,结合居家这一特点,采取简单、实效的方式来加强学生上下肢力量、腰腹肌、速度、耐力、跳跃和小肌肉群等身体素质练习。执行每周 1+2 的教学模式(1 次 60 分钟新授课 +2 次 30 分钟复习课)除正常新授课外,复习课则集中在每周三、周五下午 4:30~5:00,运用微视频、文字、语音进行教学、监控与管理,微信群接龙考勤,小打卡上交作业(视频)等方式演练、熟悉来确保教学计划的顺利实施。

### (三) 问题与对策

(1) 网上体育选课基本顺利完成,总体需求满足教学管理需要,但仍有部分问题需要疫情之后进一步完善。

(2) 公共选修课因其专项技术特点,以及学生练习条件所限,教学难度较大,故暂不开课。

## 二、实施在线体育教学方案

学生教务自选专项课后,根据自己所选的项目,在北京科技大学天津学院体育部公众号找到自己的专项教师 QQ 群，如图 7-1 所示。

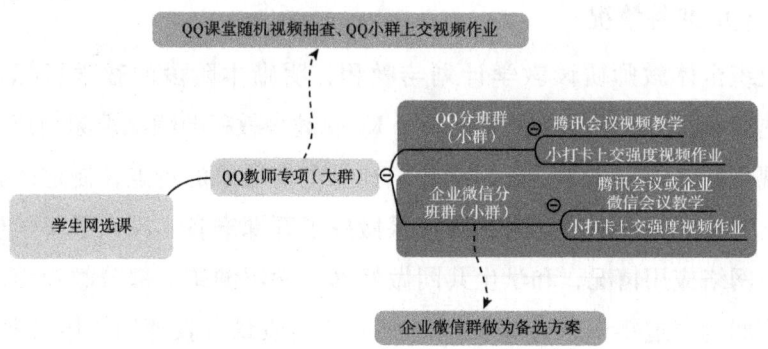

图 7-1 学生网络选课流程

然后再分流到专项 QQ 群小班。课堂上体育教学采用硬件 2 部手机或是 1 台计算机和 1 部手机，软件：腾讯会议 + Keep，进行身体素质练习。疫情前期最理想的状态是 2 部手机 + 1 台计算机，计算机播放提前准备好 Keep 身体素质练习内容，两部手机分别建 2 个会议室。每个会议室大约 15 人。事后证明这种完全线上教学模式在特殊历史时期是成功的。教师上课前一周已把腾讯会议课堂 ID 提前公示，体育部主任和教研室主任随时进行在线教学查课（图 7-2）。

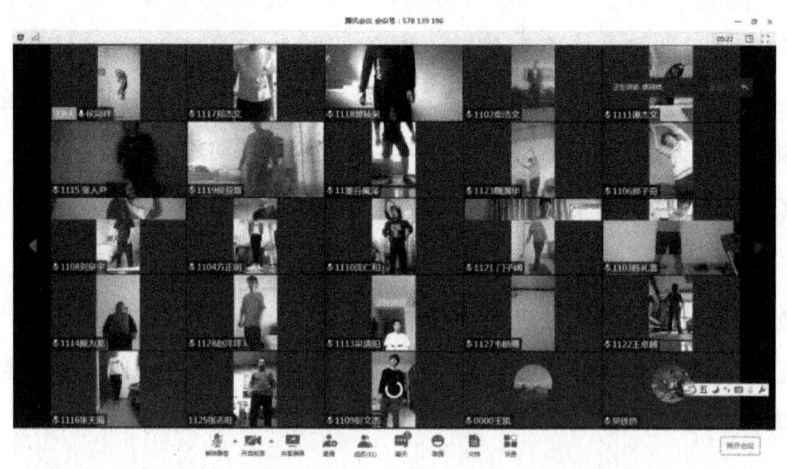

图 7-2 体育部主任与教研室主任在线听课

开课前教师的设备检查情况如表7-5所列。

表7-5 体育部教师开课前设备统计情况

| 教师 | 手机 | 计算机 | 计算机麦克 | 计算机摄像头 | 计算机音箱 | 网络情况 | 能否满足参会 | 能否满足教学 |
|---|---|---|---|---|---|---|---|---|
| 王凯 | 1部 | 1台 | 1个 | 1个 | 1个 | 无线wifi | 满足 | 满足 |
| 李航 | 1部 | 1台 | 0个 | 0个 | 0个 | 无线wifi | 满足 | 满足 |
| 王君鹏 | 1部 | 0台 | 0个 | 0个 | 0个 | 手机流量 | 满足 | 基本满足 |
| 史健 | 1部 | 0台 | 0个 | 0个 | 0个 | 无线wifi | 满足 | 基本满足 |
| 丁晓丹 | 1部 | 1台 | 1个 | 1个 | 1个 | 无线wifi | 满足 | 满足 |
| 赵文男 | 1部 | 0台 | 0个 | 0个 | 0个 | 无线wifi | 满足 | 满足 |
| 高国彩 | 1部 | 0台 | 0个 | 0个 | 0个 | 无线wifi | 满足 | 基本满足 |
| 侯同祥 | 1部 | 1台 | 1个 | 1个 | 1个 | 无线wifi | 满足 | 满足 |
| 邵德槽 | 1部 | 1台 | 0个 | 0个 | 0个 | 无线wifi | 满足 | 满足 |
| 王清梅 | 1部 | 1台 | 0个 | 0个 | 0个 | 无线wifi | 满足 | 满足 |
| 刘全 | 1部 | 0台 | 0个 | 0个 | 0个 | 无线wifi | 待定 | 待定 |
| 刘传海 | 1部 | 1台 | 1个 | 1个 | 1个 | 无线wifi | 满足 | 满足 |
| 单佳 | 1部 | 0台 | 0个 | 0个 | 0个 | 无线wifi | 满足 | 满足 |
| 孙昌辉 | 1部 | 1台 | 0个 | 0个 | 0个 | 无线wifi | 满足 | 满足 |
| 刘力武 | 1部 | 0台 | 0个 | 0个 | 0个 | 无线wifi | 满足 | 满足 |
| 曹九阳 | 1部 | 0台 | 0个 | 0个 | 0个 | 无线wifi | 满足 | 满足 |
| 董乐 | 1部 | 1台 | 1个 | 1个 | 1个 | 无线wifi | 满足 | 满足 |
| 冯斌 | 1部 | 0台 | 0个 | 0个 | 0个 | 手机流量 | 满足 | 基本满足 |
| 陈富成 | 1部 | 0台 | 0个 | 0个 | 0个 | 无线wifi | 满足 | 满足 |
| 周盼盼 | 1部 | 0台 | 0个 | 0个 | 0个 | 手机流量 | 满足 | 满足 |

没有满足上课条件的教师，克服重重困难，如新购手机、计算机等。学生端的手机摆放也是有要求的，一定要看到学生身体的全部，如图7-3所示。

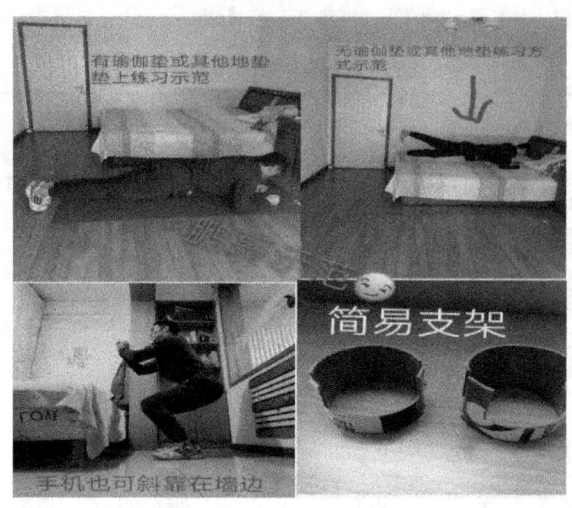

图 7-3 教师演示手机摆放视频效果

### 三、在线体育教学考试与补考

腾讯会议可以同时满足 60 人打开视频，如果计算机配置非常好，一台计算机就可以。如果是一台计算机，需要用计算机安装安卓模拟器，在模拟器上安装 Keep App，这样计算机的画面可以很好地监看学生的练习情况，并现场不断给予指导，保证学生动作的正确和课堂身体素质练习的运动量。在上课过程中，有的学生遮挡摄像头，还有的只有身体一部分出现在镜头内，这些行为都会影响学生居家素质锻炼效果，为此制定《2020年学生线上课程管理评分细则》如下：

1. 小班课（正课）平时表现（10 分）

不开摄像头提示两次扣 1 分，提示三次扣 5 分。身体一部分在屏幕内或用部分身体遮挡摄像头提示两次扣 1 分，提示三次扣 3 分。其他平时表现参照体育部课堂常规执行。

2. 大班课（复习）出勤表现（10 分）

旷课扣 3 分/次，不开摄像头扣 2 分/次，身体一部分在屏幕内或用部分身体遮挡摄像头提示两次扣 1 分，见习 1 分/3 次。病事假 1 分/次。迟到早退 1 分/2 次。10 次视频作业，每次合格 1 分。

3. 技术考评（动作规范要求参照 Keep）

9~10 分动作十分标准，与示范的视频完全同频同步。

7~8 分动作标准，与示范的视频基本同频同步。

6 分动作合格，与示范的视频大致同频同步。

4~5 分动作略有差异，与示范的视频同频不同步。

2~3 分动作有差异，与示范的视频同频不同步。

0~1 分动作差异性较大，与示范的视频不同频不同步。

备注：扣分不设上限。身体部分在屏幕外或全身遮挡摄像头，本次考试无效。

通过教学管理规定的监管，学生在课堂上都有良好的画面和课堂纪律。考试时，创新性提出适合在线体育考试的方式，同步等频法。该方法要求学生画面要与播放画面同步等频（图 7-4）。这样就避免了在线考试过程中网络卡顿与延迟的问题。一般一组可以考 2~4 人。

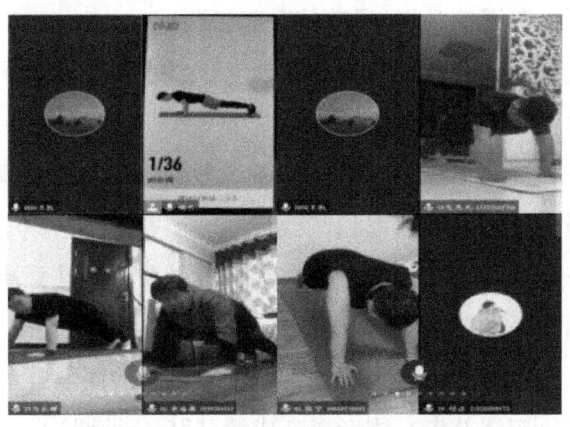

图 7-4　在线等频四人组俯卧撑考试

经过初步实践，取得了令人满意的效果。并制订了《2020 年北京科技大学天津学院体育课在线考试与补考方案》如下：

### （一）教学计划安排

10~11 周：

1. 运用腾讯会议共享屏幕介绍四项考试内容，考试方法、摆放视角、评分标准等。

2. 教师布置分组任务，体委编排考试前的分组，组织学生练习适应等频运动考试。

3. 有针对性地练习考试内容。

男生：俯卧撑、开合跳、平板支撑、跨步波比（用波比节奏）。

女生：慢速仰卧起坐、开合跳、平板支撑、跨步波比（用波比节奏）。

第九周：正课四项练习。

大课周三、周五四项强化练习。

第十周：正课四项练习（分组数据汇总）。

大课周三、周五俯卧撑/慢速仰卧起坐考前指导（考试要求、注意事项等）。

第十一周：正课俯卧撑/慢速仰卧起坐测试。

大课周三、周五开合跳考前指导（考试要求、注意事项等）。

第十二周：正课开合跳测试。

大课周三、周五平板支撑考前指导（考试要求、注意事项等）。

第十三周：正课平板支撑测试。

大课周三、周五跨步波比考前指导（考试要求、注意事项等）。

第十四周：正课跨步波比测试。

大课周三、周五因不可抗拒因素未完成测试的同学补考。

第十五周：正课补考，刷新提高成绩（85分钟课）。

第十六周：期末总结（85分钟课）。

4. 第11周开始测试：

4.1 每周一项测试，以实际测试时间为准。

4.2 课上测试未通过，需补缓考的同学，利用两个时间段。

①当堂课时间。

②教师安排其余课上时间。

5. 测试注意事项：

5.1 教师注意事项：

①Keep方面：去掉背景音乐，教师口令更容易辨别。软件计数到一半时，会发出"目标完成一半"指令，到1分钟时会发出"嘀嘀嗒嗒"声音，需老师口头提醒继续。

②计数方面：测试时，跟不上频率者当即口头提醒一次，若还跟不上则命令某某同学测试结束，教师记录测试成绩即可。

③网络方面：若教师网络延时，可借鉴大课模式：一个或两个会议室。

④视角方面：俯卧撑、平板支撑、慢速仰卧起坐、跨步波比建议视角斜45°；开合跳建议正面视角或45°，以利于同屏测试（图7-88）。教师也可根据学生实际空间情况，安排考试视角。

6. 学生注意事项：

①考试者，开启视频，未考试者关闭视频，等候指令。

②考试视角摆放不符合要求者，不予考试。

③考试时，跟不上频率会被口头提醒一次，若还跟不上则考试结束。

④考试结束的同学跟随体委，进行下一项练习或听从教师统一安排。

⑤考试时因不可抗拒因素未完成考试者，联系教师择时考试。

7. 成绩构成

20分×4身体素质（具体数见表7-6）；

20分平时成绩。

表7-6 学生期末在线考试评分表

| 名称 | 性别 | 10分 | 9分 | 8分 | 7分 | 6分 | 5分 | 4分 | 3分 | 2分 | 1分 |
| --- | --- | --- | --- | --- | --- | --- | --- | --- | --- | --- | --- |
| 慢速仰卧起坐 | 女 | 60 | 50 | 31 | 24 | 20 | 12 | 10 | 8 | 6 | 4 |
| 俯卧撑 | 男 | 40 | 35 | 23 | 17 | 11 | 10 | 8 | 6 | 4 | 2 |
| 平板支撑 | 女 | 02′30″ | 02′00″ | 01′20″ | 01′00″ | 00′42″ | 00′35″ | 00′30″ | 00′25″ | 00′20″ | 00′15″ |

续表

| 名称 | 性别 | 10分 | 9分 | 8分 | 7分 | 6分 | 5分 | 4分 | 3分 | 2分 | 1分 |
|---|---|---|---|---|---|---|---|---|---|---|---|
| 平板支撑 | 男 | 03′30″ | 03′00″ | 01′42″ | 01′12″ | 01′00″ | 00′50″ | 00′40″ | 00′30″ | 00′25″ | 00′20″ |
| 开合跳 | 女 | 03′20″ | 02′40″ | 01′40″ | 01′21″ | 01′03″ | 01′00″ | 00′50″ | 00′45″ | 00′40″ | 00′30″ |
| 开合跳 | 男 | 04′10″ | 03′31″ | 02′20″ | 01′45″ | 01′14″ | 01′10″ | 01′00″ | 00′50″ | 00′45″ | 00′40″ |
| 跨步波比 | 女 | 70 | 60 | 44 | 30 | 20 | 18 | 16 | 14 | 12 | 10 |
| 跨步波比 | 男 | 78 | 65 | 45 | 31 | 22 | 20 | 18 | 16 | 14 | 12 |

网络考试完成之后，对所有体育教师对学生计数成绩评分进行统计分析情况如图 7-5 所示，效果良好。

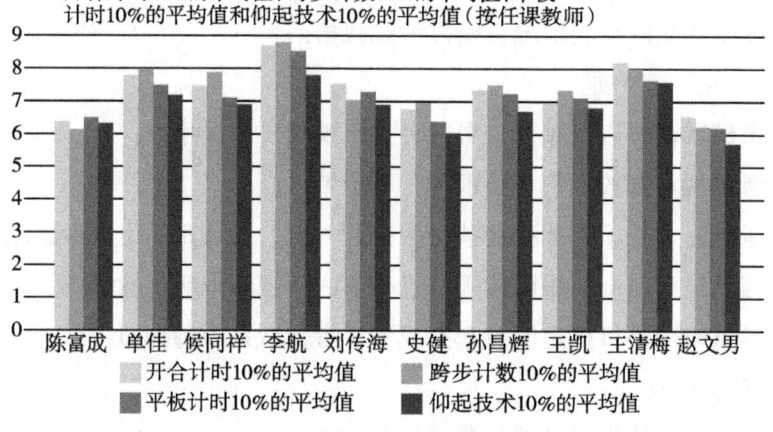

图 7-5 各教师期末成绩情况比较

## （二）1901 体育 I 和 1803 体育 III 补缓考安排

1. 补考时间：5 月 11 日至 5 月 17 日（第一批）；
5 月 18 日至 5 月 24 日（第二批）。

2. 补考群体：
①第一批：总分过 60 分的（上学期末统一调成了 59 分）；
②第二批：待定。

3. 补考项目：男生：开合跳、俯卧撑；

女生：开合跳、慢速仰卧起坐。

4. 补考资格：

60 分以上二选一；48～59 分两项必考；

总分 8 分，4 分通过。

| 优秀 | 良好 | 中等 | 及格 |
| --- | --- | --- | --- |
| 4 分 | 3 分 | 2 分 | 1 分 |

48 分以下重修。

5. 补考方式：网上→腾讯会议。

6. 流程：

①5 月 6 日，北京科技大学天津学院体育部公众号，公布各教师 QQ 补考群号，便于学生联系教师完成补测。

②教务处、学生处会通知学生 5 月 6 日至 5 月 10 日，为 19 级、18 级添加原任课教师补考 QQ 群阶段，未按时进群或不遵守考试流程安排的同学视为放弃补缓考资格。教师也可在 QQ 群里通知一声，以免遗漏。

从图 7-5 中可以看出这种考试的方式运用到在线体育教学中是可行的，相比于其他学校上交视频算作期末考试成绩要好得多（因为视频是可以编辑的）。其他在线考试方式无法解决网络卡顿问题。北京科技大学天津学院采用的等频同步考试的方法为在线体育教学考试提供了可行性。

# 第八章

# 在线体育教学健康教育与课程思政

## 一、在线体育教学与健康

习近平总书记多次强调"文明其精神，野蛮其体魄"，将体育上升到移风易俗、健康中国形象塑造的高度，强化了体育的地位。目前，体育与健康教育融合教学模式主要包括融合教学、结合教学、并行教学，例如，涉及营养、近视预防、情绪调节等知识和技能，可以找到健康教育内容与体育教学的交叉点，将两者有机结合起来。因此，疫情的发生在一定程度上加强了体育的话语权，为全民体育文化的形成留下宝贵的精神遗产，促使中国体育朝着有利的方向发展。体育作为学校教育的基础学科，在课程体系中扮演着重要角色，体育在线教学成为完成体育教学任务的教育手段，实现学生体能、专项技能和身体基本素质的综合提升。在中国教科院体育卫生艺术教育研究所助理研究员刘芳丽看来，偶然为之的应急性健康教育是必要的，但远远不够。"应形成开展学校健康教育的长效机制，让健康成为学校教育的主旋律。"刘芳丽说，"随着人们对健康认识的加深，体育教育已经超越了仅仅注重鼓励年轻人积极从事体育锻炼，而成为鼓励年轻人通过体育锻炼，同时发展智力、身体、情感和社会资源，提升健康素养，为个人的健康行为负责。对缺少健康教育背景的体育教师来说，应该加强学习，深入研究，在'术'的层面上下功夫。"

在疫情防控期间，这种方式顺应了科技的发展趋势，是教育信息化发展的必然产物，推动着我国体育课堂教学进入一种科技新场景。尽管有学者认为受教学情境的限制，在线体育教学是被动式的非最优策略，但在线体育教学也有其优势，只是疫情来得有点仓促，平时缺乏在线教学的训练，大家都没有做好准备。不同授课方式对教学内容的影响十分显著，通过屏幕的动画和演示更容易让学生对动作进行接受和记忆，这一点是传统教学无法比拟的，而在理论知识方面的学习，两种教学模式没有明显差异。因此普通高校体育在线课程的建设情况，直接影响着学生的健康成长。基于此次疫情的教学实践，加强线上的体育健康知识和思政融入体育课将是一个非常好的契机。要想改善以上问题则可以对教学模式进行创新，采用线上融合教学的方式，同时借助外部力量丰富教学资源，为体育课程在线教学模式的科学构建奠定基础。进行在线体育教学研究已经刻不容缓，当前疫情下随时会开展完全在线体育教学，我们应该做好准备，接受和学习新事物，网络教育教学对于新生代来说非常熟悉，但对于老教师来讲未必非常熟练。促进体育与健康教育深度结合。疫情让人们重新认识到健康的重要性，不少学校都以此为契机，加强传染病预防的知识和技能的普及。教育部应对新冠肺炎疫情工作领导小组办公室负责人表示，要通过此次疫情进一步认识和加强健康教育。"传授健康知识、教会健康技能、养成健康生活方式，是健康教育的重要方面"。该负责人建议，复课后，健康知识的传授要以传染病的传播和防控知识、体育锻炼与提高身体免疫力的相关理论知识为重点，健康技能的教学要以学会规范洗手、学会正确佩戴口罩、学会测量体温等技能为重点，加强在体育课中对学生进行健康教育和心理辅导。同时，进一步做好健康教育科普工作，引导学生掌握健康知识，树立健康意识，学会健康技能，养成健康生活方式。

## 二、在线体育教学与课程思政

2018年，全国高校思政工作会议上提出了"各类课程与思想政治理论课同向同行，形成协同效应"，结合天津学院体育课程建设的实际情况，思考"体育课程思政"建设的应用性研究就非常有现实意义。厘清"体育课程思政"是什么？"体育课程思政"如何建设，才能把体育课程思政工作开展好，形成协同效应？如何推行"体育思政"，构建"三全育人"模式？这就要求高校老师们在教学中进行积极的探索与实践。天津学院体育部通过思政案例的"思政点"、教学大纲的"思政线"，最后形成各体育学科课程思政的"思政面"。我国将体育工作放在"五位一体"的总体布局和"四个全面"的战略布局中来把握认识，把体育强国梦作为实现中华民族伟大复兴中国梦的重要组成部分，提出"体育强，中国强"这一核心论断。毛泽东同志在《体育之研究》中指出："体者，载知识之本，寓道德之舍也。"辩证地指出了体育与思政的关系。所以，体育教学要把思政教育贯彻到大学体育课程教学中去，利用丰富的教育因素，加强学生的思政教育。"课程思政实质是一种课程观，不是增开一门课，也不是增设一项活动，而是将高校思想政治教育融入课程教学和改革的各环节、各方面中，实现立德树人、润物无声的效果。"教师应当充分挖掘课程思政元素，课程思政建设的关键是教师，课程思政建设要靠教师去落实。教师应当结合所授课程的现实情况，充分发掘课程思政元素。对于民族传统体育相关项目的教师而言，在教学过程中应当积极思考、探索民族传统体育课程思政价值的实现途径。

教师应当对课程目标进行重新构建。结合当前对于课程思政的相关要求，在课程目标中进一步体现德育目标，强调通过课程教学，实现民族传统体育相关内容对于大学生的积极影响，提高大学生的思想道德修养水平。教师应当积极进行教学模式和方法的改革，将课程思政相关内容有效地融入教学过程中。教师应当加强民族传统体育相关文化的教育，让学生对民族传统体育的文化内涵有深刻的了解，对学生形成积极影响，实现课程思政的效果。同时要加强体验教育，例如通过传统体育相关比赛的组织，通过亲身体验，培养学生团结协作意识，锻炼坚强的意志品质。教师应当积极挖掘课程思政相关资源。为了更好地体现课程思政的效果，教师应当结合课程特点，在民族传统体育的丰富文化内涵中去挖掘课程资源，更好地充实民族传统体育的课程思政实践内容。教师应当积极引导学生进行自主学习。"课程思政"建设的重心在院系，结合课程思政的建设与实施，体育主管部门（大学体育部或体育学院）应当切实加强体育课程思政工作。针对此种情况，对于民族传统体育项目相关课程而言，在教学大纲的修订方面，所制订的培养方案要与社会发展相符合，实现德育功能，为国家发展培养所需要的高水平人才。在课程改革方面，尤其是与课程思政相关的教研项目申报上，应当体现出对于课程思政方面教研改革项目的支持力度，提高教师的教研热情。在组织实施教育教学活动上，应当积极开展课程思政相应的教学活动，加强引导，提高教师对于课程思政的认识，让教师在教学中进行积极落实。在教师培训方面，对于学校开展的各种课程思政培训，应当组织教师积极参加，从思想上强化体育思政文化的建立。

# 第九章

## 北京科技大学天津学院在线体育教学实践

2020年疫情期间的在线体育课程，天津学院体育部采用了居家体育锻炼的方式，运用Keep App结合自编素质锻炼教程完成素质练习内容。武术做了体育专项在线学习的尝试，采用翻转课堂的方式完成，证明其可行性。以下的在线教学大纲是可以通过完全在线，结合翻转课堂的形式完成，其他专项可以采用专项操的形式在线完成。比赛对抗性的活动，是无法在线进行的，即使VR技术的应用，也只能是辅助完成。专项技术学习可以采用微视频课前学习、课中练习指导、课后小打卡（qq群作业）等形式完成，如图9-1所示：

图9-1 学生小打卡上交专项技术作业

# 第一节　北京科技大学天津学院可实施在线体育课程教学大纲

## 一、武术课教学大纲

**课程介绍**

武术是我国宝贵的文化遗产，是具有独特的民族风格的传统体育项目。它历经几千年的沧桑岁月，以其深刻的文化内涵和多元化的价值功能，受到了当今大学生的广泛青睐。对增进健康、增强体质、陶冶情操、防身卫国都有重大的作用。为继承文化传统，培养学生的民族自信心和责任感，1998年国家教育部颁布的《普通高等学校本科体育教育专业九门主干课程教学指导纲要》和前国家教委1993年颁布的《普通高等学校本科体育教育专业十一门课程基本要求》两个重要文件中，都将武术课程列为体育教育专业的主干课程之一。本大纲以"健康第一"为教学指导思想，坚持"立德树人"的教学理念，发挥本课程的优势，引导学生建立终身锻炼的意识，弘扬团结拼搏的精神，美化心灵，促进"德、智、体、美、劳"全面发展，让学生从思想上和行动上感受到武术的文化魅力，形成与课程思政相一致的价值观、道德观，培养学生形成正确的人生观、价值观、世界观，提高学生的文化自信和民族自信。

一、教学目的与任务

（一）教学目的

1. 切实贯彻执行党的教育方针。党的十九大报告提出"加快推进体育强国建设"，着力提高大学生的思想道德素质、身体素质和心理素质，促进其身心的全面发展。

2. 通过体育基础理论的讲授，使学生了解体育对增强体质、提高健康水平的作用，了解体育锻炼的健身原理，学会运用科学理论指导健身锻炼，自觉遵循体育运动的规律，树立终身体育的意识。

3. 通过体育的各项教学、竞赛活动，弘扬体育精神，传播体育文化，促进校园精神文明建设和体育文化建设。

4. 课程的总体目标：使学生了解武术类运动文化特点，传承民族体育文化；掌握基本的防身自卫知识和技能；成为热爱祖国，热爱体育事业，弘扬民族精神，具有一定教学能力和运用武术类运动方法进行强身健身指导的体育教育人才。

（二）教学任务

1. 武术课程主要任务的实现是通过课堂教学和学校课外活动，在教师、学生的共同参与以及教与学的互动中来完成的。在整个教与学的活动中，学生是活动的主体，他们在教师的指导和引导下，积极主动地学习掌握武术的基本知识、基本技能。

2. 武术作为中华民族传统体育项目，其独特的价值功能和特有的礼仪方式，将会在课堂教学中给学生以心灵的启迪与智慧的升华，达到育人的目的；其蕴含的丰厚文化底蕴，将会成为学生了解、掌握中国传统文化的一个窗口。

3. 武术课程的主要任务是：学生通过武术课程的学习，达到强身健体的作用，提高其防身自卫能力，培养其形成正确的人生观和良好的道德情操。

二、教学要求

1. 教师认真备课，严格遵循教学进度，教学设计、教学教案等都要充分融入思政要素。

2. 教师必须严格要求自己，加强职业道德修养，具有良好的行为习惯，真正成为学生的楷模。教师应明确武术类课程的培养目标和指导思想，且不断完善自身的知识结构与能力结构，以适应现代教育的需要。切入点：在体育教学中结合民族传统的文化要素，引导学生体会武术运动对其身心健康、意志品质、振奋民族精神等作用。

3. 结合武术类课程特点和学生实际情况，教学中要加强爱国主义教育和新时期武德教育，树立民族自豪感。要培养学生养成克服困难、吃苦耐劳、勇于拼搏等优良品质和作风，强调武术类运动的礼仪规范，把教书育人贯彻到整个教学过程之中。

4. 教学中要体现淡化套路、突出方法、强调应用的指导思想，内容选择与课时分配要保证重点。教学过程中要重点抓好基本动作技术的教学，并加强课外辅导，使学生牢固地掌握武术类运动的基本知识和基本运动方法。切入点：培养学生的自学能力，提高学生的体育意识，为终身锻炼打下良好的基础。

5. 在教学中要体现学生的主体地位与发挥教师的主导作用相结合。运用各种教学手段，充分调动学生的学习兴趣和勤学苦练的自觉性。要重视教学方法的改革与创新，努力倡导开放式、探究式教学，展开经常性的教育教学研究，不断提高教师研究水平。切入点：加强师生间探究型教学，学生间的合作型学习、团结协作的创新意识。

6. 教学中要加强安全性教育，并做好防范与保护措施。要重视对学生基本能力的培养。教学方法要讲究个性化和多样化，提倡师生之间、学生与学生之间的多边互助活动。不仅要注重教法的研究，更要加强对学生学习方法和练习方法的指导，提高学生自学自练的能力，应通过教学和实际操作的有机结合，有计划、有目的地加强对学生基本能力的培养。

7. 利用理论课时间，解读一些近现代历史中武术的演变，武术各拳种门派的演变，太极拳及其内家养生拳的学说等。切入点：中华武术作为民族传统文化弘扬和传承的载体，更能激发学生的民族自豪感和强烈的爱国热情。

三、教学基本内容

1. 理论部分知识包括武术运动概述、武术文化礼仪与武德教育、自卫防身基本理论与方法、动作术语与图解知识、太极拳健身原理、竞赛规则与裁判法介绍、武术类运动教学理论与方法等内容。

2. 技术部分在武术类运动项目中运用，如武术类运动的踢、打、摔、拿等基本技术动作，徒手单练组合或套路，器械单练组合或套路，徒手对练组合或套路，太极拳、各类地方拳种等内容。

2.1 拳、掌、勾三种手型，弓步、马步、仆步、虚步四种步型，冲拳、贯拳、勾拳、推掌四种手法，蹬腿、弹腿、踹腿、鞭腿、勾踢腿五种腿法和摔、拿等动作技法以及相关武术类运动的练习方法。

2.2 太极拳动作技法及单人练习动作组合或简化套路。

2.3 长拳三路套路动作；武术基本腿法：正踢腿、侧踢腿、里合腿、外摆腿。

2.4 身体素质练习：仰卧起坐、立定跳远、1000m、800m、100m、50m冲刺跑、30m折返跑、引体向上、立卧撑等。

3. 思政元素。武术是一种有别于其他竞技体育运动的项目，它承载了中国传统文化的精髓，彰显了中华民族精神，讲究内外兼修、德艺双修。礼教和武德的教育可以提高武术练习者自身的道德素养。武术套路的演练注重礼数，套路的设置遵循回归原点、周而复始、段段相承的基本程式。搏击对抗中注重点到为止、充分尊重对手和自我，体现了相互尊重、以和为重的中华民族传统美德。武术作为民族传统文化的载体，在国内外的传播和交流中，也能明显提高学生的文化自信和民族自豪感。

四、教材

**上课教材**：刘海元，《学校体育教程》，北京体育大学出版社，2018年。

**参考教材**：全国体育学院教材委员会，《武术/体育运动学校教材》，人民体育出版社，2013年。

五、课时分配

| 编号 | 内容 | 学时 | 比例 | 各学期学时分配 | |
|---|---|---|---|---|---|
| | | | | 一 | 二 |
| 1 | 理论部分 | 4 | 6.3% | 2 | 2 |
| 2 | 技术部分 | 37 | 57.8% | 18 | 19 |
| 3 | 素质部分 | 23 | 35.9% | 12 | 11 |
| 4 | 合　计 | 64 | 100% | 32 | 32 |

六、考试内容、方法及评分标准

1. 第一学期

1.1 考试内容与分值

| 成绩构成 | | 考试项目与分值 | |
|---|---|---|---|
| | | 项目 | 分值 |
| 课内成绩 | 专项技术 | 正踢腿、侧踢腿、里合腿、外摆腿 | 20 分 |
| | | 青年三路长拳 | 20 分 |
| | 身体素质 | 1000 米（男）/800 米（女） | 20 分 |
| | | 50 米 | 20 分 |
| | | 立定跳远 | 10 分 |
| | | 引体向上（男）/仰卧起坐（女） | 10 分 |
| 课外成绩 | 比赛 | 天津市比赛、院系比赛 | 10 分 |
| | 社团 | 晨练、各种社团活动 | 10 分 |

### 1.2.1 三路长拳技评标准

| 评价 | 技评标准 | 得分 |
|---|---|---|
| 优秀 | 全套动作规格与要求相符，演练水平好，其劲力、协调、精神、节奏都能很好的体现 | 20~19 分 |
| 良好 | 全套动作规格与要求相符，演练水平较好，其劲力、协调、精神、节奏都能较好的体现 | 18~17 分 |
| 中等 | 全套动作规格与要求基本相符，演练水平，劲力、协调、精神、节奏有所体现 | 16~15 分 |
| 及格 | 能独立完成套路动作，但全套动作规格与要求明显不符，演练水平，劲力、协调、精神、节奏较差 | 14~13 分 |
| 不及格 | 不能独立完成套路动作，或套路动作错误太多 | 12 分以下 |

### 1.2.2 腿法基础功技评标准

| 评价 | 技评标准 | 得分 |
|---|---|---|
| 优秀 | 身体中正，双臂架平没有摆动，立腰、两腿蹬直，勾脚尖，踢腿收胯、过腰加速，高度过肩，落腿无声、直立；里合外摆腿时，先斜踢摆动轨迹呈扇面 | 4~5 分 |
| 合格 | 基本达到上述动作要求，部分肢体动作未控制好，踢腿高度过腰，两腿没有明显弯曲；里合外摆腿时，有摆动轨迹 | 3 分 |
| 不合格 | 基本达到上述动作要求，部分肢体动作未控制好，但踢腿高度未过腰；里合外摆腿时，摆动轨迹不明显 | 1~2 分 |

注：每种腿法 5 分。

1.3 身体素质：60%

2. 第二学期

2.1 考试内容与分值

| 成绩构成 | | 考核项目与分值 | |
| --- | --- | --- | --- |
| | | 项目 | 分值 |
| 课内成绩 | 专项技术 | 云手、太极圈、旋肩探臂、环形伸缩 | 20分 |
| | | 国家标准24式太极拳 | 20分 |
| | 身体素质 | 1000米（男）/800米（女） | 20分 |
| | | 50米 | 20分 |
| | | 立定跳远 | 10分 |
| | | 引体向上（男）/仰卧起坐（女） | 10分 |
| 课外成绩 | 比赛 | 天津市比赛、院系比赛 | 10分 |
| | 社团 | 晨练、各种社团活动 | 10分 |

2.2.1 太极拳技评标准

| 评价 | 技评标准 | 得分 |
| --- | --- | --- |
| 优秀 | 全套动作规格与要求相符，演练水平好，其劲力、协调、精神、节奏都能很好的体现 | 20~19分 |
| 良好 | 全套动作规格与要求相符，演练水平较好，其劲力、协调、精神、节奏都能较好的体现 | 18~17分 |
| 中等 | 全套动作规格与要求基本相符，演练水平，劲力、协调、精神、节奏有所体现 | 16~15分 |
| 及格 | 能独立完成套路动作，但全套动作规格与要求明显不符，演练水平，劲力、协调、精神、节奏较差 | 14~13分 |
| 不及格 | 不能独立完成套路动作，或套路动作错误太多 | 12分以下 |

2.2.2 太极拳基础功法技评标准

| 评价 | 技评标准 | 得分 |
| --- | --- | --- |
| 优秀 | 动作轨迹正确，上下肢协调配合，身体放松；动作丝丝相扣，连绵不断，中正安舒，松活自然 | 4~5分 |
| 合格 | 动作轨迹正确，上下肢有相应的配合，但不协调，身体略有放松 | 3分 |
| 不合格 | 动作轨迹不正确，仅有手臂动作，肢体僵硬 | 1~2分 |

注：每种功法动作5分。

2.3 身体素质：60%

七、教学进度

### 第一学期武术教学进度

| 课次 | 教学内容 | 教学要求与任务 |
| --- | --- | --- |
| 1 | 1. 确定本班人数，开课导言<br>2. 武术概述，长拳概论<br>3. 宣读课堂常规<br>4. 体能恢复 | 1. 让学生了解本学期课程的基本情况<br>2. 武术文化礼仪与武德的讲授，体育锻炼对身心健康的影响及个人优良品质的讲授<br>3. 提高学生耐力水平，恢复学生体力 |
| 2 | 1. 学习正压腿、侧压腿<br>2. 学习武术基本步型，手型<br>3. 身体素质练习、实心球练习 | 1. 要求学生掌握武术练习的方法，加强武术基本功练习<br>2. 教学中强调武术的民族特征，说明每个动作练习对身体各部位的作用<br>3. 采用相应的体能恢复练习 |
| 3 | 1. 复习正、侧压腿<br>2. 学习正踢腿<br>3. 学习侧踢腿<br>4. 身体素质练习、实心球练习 | 1. 体会新动作，继续加强武术基本功练习<br>2. 教学中强调动作对提升身体协调性的效果，进一步提高学生对武术的认可度<br>3. 素质练习中不断鼓励学生敢于拼搏，积极进取 |
| 4 | 1. 基本专项练习<br>2. 复习正、侧踢腿<br>3. 学习里合腿、外摆腿<br>4. 身体素质练习 | 1. 加强基本功练习中，强调动作规格、突出学生演练中的精、气、神<br>2. 本次课练习体会武术动作攻防技术的演练，练习中强调学生相互协作，互帮互助 |
| 5 | 1. 基本专项练习<br>2. 复习里合腿、外摆腿<br>3. 学习预备式<br>4. 身体素质练习 | 1. 加强武术基本功练习<br>2. 在基本功练习中，说明每个动作对自身综合素质的提升，提升学生的学习动力<br>3. 加强学生的耐力，培养顽强的意志力 |
| 6 | 1. 基本专项练习<br>2. 复习三路长拳预备式<br>3. 学习三路长拳1~5动作<br>4. 复习所学腿法<br>5. 身体素质测试：50米 | 1. 熟练掌握武术基本功的动作，对自身的协调性有一定的提升。演练中要突出学生的精气神<br>2. 套路学习，体会个别动作的攻防意义<br>3. 完成学生的单项素质考试。测试中，提示学生相互鼓励，强调坚持不懈、永不服输的精神，体会超越自我的喜悦 |
| 7 | 1. 基本专项练习<br>2. 复习三路长拳1~5动作<br>3. 学习三路长拳第一段<br>4. 身体素质测试：800米、1000米 | 1. 继续提高武术基本功动作，提高学生的身体综合素质<br>2. 学习新动作，学习演练技巧。有意提升学生的自我学习能力<br>3. 完成学生的单项身体素质测试。继续鼓励学生要有永不服输的劲头 |

续表

| 课次 | 教学内容 | 教学要求与任务 |
|---|---|---|
| 8 | 1. 基本专项练习<br>2. 复习三路长拳第一段<br>3. 学习三路长拳第二段<br>4. 身体素质测试：立定跳远 | 1. 让学生了解初级长拳的特点、锻炼价值等，掌握基本拳法<br>2. 要求学生掌握武术动作的自学能力，以及自我纠错能力<br>3. 完成学生的单项身体素质测试 |
| 9 | 1. 基本专项练习<br>2. 复习三路长拳第一段、第二段<br>3. 学习三路长拳第三段<br>4. 身体素质测试：仰卧起坐、引体向上 | 1. 继续提高武术基本功动作，提高学生的身体综合素质<br>2. 学习新动作，学习演练技巧。有意提升学生的自我学习能力<br>3. 完成学生的单项身体素质测试。继续鼓励学生要有永不服输的劲头 |
| 10 | 1. 基本专项练习<br>2. 复习三路长拳一、二、三段<br>3. 身体素质补测及练习 | 1. 继续加强基本功练习，提高学生的综合身体素质<br>2. 提高学生自我演练水平，在练习中提升自身的心理素质<br>3. 身体素质成绩不理想或不及格的学生进行补测。鼓励学生善于总结，积极进取 |
| 11 | 1. 基本专项练习<br>2. 复习三路长拳一、二、三段<br>3. 学习三路长拳第四段<br>4. 身体素质补测及练习 | 1. 在练习过程中，培养学生良好的学习习惯<br>2. 在复习过程中，及时纠正错误动作<br>3. 有针对性地进行素质练习 |
| 12 | 1. 基本专项练习<br>2. 复习三路长拳全部动作<br>3. 身体素质补测及练习 | 1. 能较好地独立完成之前课程所学的动作，强调动作规范，体会刚柔相兼的特点<br>2. 练习中提示学生善于学习、动脑，总结学练方法<br>3. 在教学过程中，教师尽量展示传统武术的魅力，肯定学生的练习成果和进步 |
| 13 | 1. 基本功专项练习<br>2. 复习三路长拳<br>3. 基本专项动作考试<br>4. 身体补测及练习 | 1. 检验学生基本功的练习情况。师生严格按照考评标准进行，评分有理有据<br>2. 考试中，强调武术礼仪（抱拳礼），体会武术的传统魅力 |
| 14 | 1. 基本专项练习<br>2. 长拳三路考试<br>3. 身体素质补测及练习 | 1. 检验长拳三路的学习情况<br>2. 考试中师生严格按照考评标准进行，有理有据地评分。整套动作要有精神气的传意，体现出动作的柔美和刚强，进一步影响一个人的性格<br>3. 师生遵守武术礼仪，教师言传身教。让学生认真体会民族的传统体育 |

续表

| 课次 | 教学内容 | 教学要求与任务 |
| --- | --- | --- |
| 15 | 1. 基本功练习<br>2. 复习三路长拳完整动作<br>3. 长拳三路补考<br>4. 身体素质补测及练习 | 1. 查缺补漏某一项或多项未测的学生<br>2. 个别学生补测含提高成绩测试。鼓励学生积极进取，不断刷新和超越自己的极限 |
| 16 | 1. 本学期教学总结<br>2. 提示学生假期练习要求 | 1. 对本学期武术课程进行全面的总结，提出表扬，指出不足<br>2. 介绍一下对下学期选课的安排<br>3. 提出假期活动的要求<br>4. 收集学生对大纲的建议 |

### 第二学期武术课教学进度

| 周次 | 教学内容 | 教学要求 |
| --- | --- | --- |
| 1 | 1. 确定本班人数及信息，开课导言<br>2. 简介太极拳运动的特点和锻炼价值<br>3. 恢复体力活动 | 1. 让学生了解本学期课程的基本情况<br>2. 简述太极拳的发展、运动特点、养生价值<br>3. 让学生理解武术锻炼的意义，建立良好的课堂气氛，增进学生的民族自豪感。<br>4. 恢复性体能练习 |
| 2 | 1. 学习太极拳无极桩<br>2. 学习太极拳基本功法<br>3. 身体素质练习 | 1. 太极拳基本动作练习，初步掌握动作内涵<br>2. 练习中简述太极拳的养生功能，提高学生的学习兴趣<br>3. 身体素质练习，积极进取，勇于挑战困难 |
| 3 | 1. 复习太极拳无极桩<br>2. 复习太极拳基本功法<br>3. 学习太极拳第1~3式<br>4. 身体素质练习 | 1. 要求掌握太极拳练习方法，认真体会动作<br>2. 学习新动作，体会动作意境<br>3. 身体素质练习，鼓励学生直面困难，提升自己 |
| 4 | 1. 太极拳基本功法练习<br>2. 复习太极拳第1~3式<br>3. 学习太极拳第4~5式<br>4. 身体素质练习 | 1. 学习新动作，培养节奏、劲力、精神及攻防动作意识<br>2. 提高学生对武术套路的认知，增进练习的兴趣和积极性<br>3. 身体素质：800米、1000米练习（计时） |
| 5 | 1. 太极拳基本功法练习<br>2. 复习太极拳1~5式<br>3. 学习太极拳6~9式<br>4. 身体素质练习 | 1. 进一步练习体会太极拳攻防技术的结合，强调动作规格、突出劲力和精神<br>2. 要求学生认真做好每一组练习，踏实、坚持 |

续表

| 周次 | 教学内容 | 教学要求 |
|---|---|---|
| 6 | 1. 太极拳基本功法练习<br>2. 复习太极拳 1~9 式<br>3. 学习太极拳 10~11 式<br>4. 身体素质测试：50 米 | 1. 巩固所学动作，认真体会，教师结合养生理论简述动作<br>2. 充分做好单项素质考试的准备活动，提示学生相互鼓励、奋勇向前、敢于面对困难 |
| 7 | 1. 太极拳基本功法练习<br>2. 复习太极拳 1~11 式<br>3. 学习太极拳 12~14 式<br>4. 身体素质测试：800 米、1000 米 | 1. 学练新动作，体会动作意境讲解太极文化内涵<br>2. 单项身体素质考试，强调素质测试安全<br>3. 培养学生坚持不懈、勇于拼搏的精神 |
| 8 | 1. 太极拳基本功法练习<br>2. 复习太极拳 1~14 式<br>3. 学习太极拳 15~18 式<br>4. 身体素质测试：立定跳远 | 1. 复习所学内容，要求协调有力度、节奏感强，熟悉拳法，反复练习<br>2. 认真执行考试规定完成素质考试，强调测试安全，部分学生补测其他项目 |
| 9 | 1. 太极拳基本功法练习<br>2. 复习太极拳 1~18 式<br>3. 学习太极拳 19~24 式<br>4. 素质测试：仰卧起坐、引体向上 | 1. 尝试独立演练，鼓励学生敢于面对，提升学生的自信心和荣誉感<br>2. 身体素质测试：仰卧、引体；素质成绩不理想的，可以进行其他项目的补测 |
| 10 | 1. 太极拳基本功法练习<br>2. 复习国家标准 24 式太极拳<br>3. 身体素质补测及练习 | 1. 全套动作整体演练，从集体到个人，培养学生互帮互助，团结友爱的品质<br>2. 素质成绩不理想的，可以进行其他项目的补测 |
| 11 | 1. 太极拳基本功法练习<br>2. 复习国家标准 24 式太极拳<br>3. 身体素质补测及练习 | 1. 分组或单人练习模式认真体会动作，相互帮助纠错，共同提高<br>2. 素质成绩不理想的，可以进行其他项目的补测，提示学生要有积极进取的精神 |
| 12 | 1. 太极拳基本功法练习<br>2. 复习太极拳全套内容<br>3. 太极拳基本功法考试<br>4. 身体素质补测及练习 | 1. 功法动作考试，做简单的心理疏导和技巧，培养学生的自我调节能力<br>2. 个别学生素质补测，仅测仰卧起坐 |
| 13 | 1. 复习太极拳<br>2. 太极拳考试 | 1. 太极拳考试，做简单的心理疏导和技巧，培养学生的自我调节能力<br>2. 及时提出表扬，进行点评，提高学生的自信心为今后持续练习打好基础<br>3. 学生素质补测，仰卧起坐和引体向上 |

续表

| 周次 | 教学内容 | 教学要求 |
| --- | --- | --- |
| 14 | 1. 复习太极拳全套动作<br>2. 太极拳补考<br>3. 身体素质个别学生补测 | 1. 鼓励学生多进行身体素质的练习<br>2. 对太极拳考试进行简单的总结，提出表扬和肯定，简述持续练习的养生价值 |
| 15 | 1. 武术理论课<br>2. 太极拳概述<br>3. 太极拳的发展史<br>4. 太极拳与传统文化 | 1. 结合本学期的所学和体会，更深一次对太极拳的特点和养生健身的价值进行阐述<br>2. 以民族传统为切入点，提升学生的民族自豪感和认同感，为弘扬武术打下基础 |
| 16 | 1. 本学期教学总结<br>2. 提出假期的体育练习内容 | 1. 对本学期武术课程进行全面总结，提出表扬，指出不足<br>2. 介绍对下学期选课的安排<br>3. 提出假期活动的要求<br>4. 收集学生对大纲的建议 |

八、教学建议

1. 套路动作较多，注重课内外结合。
2. 让学生树立不怕苦、不怕难的思想。
3. 重视基本功练习，掌握正确的运动方法。
4. 注重直观教学。
5. 结合攻防动作进行讲解示范。

## 二、健身教学大纲

### 课程介绍

本课程开设两个学期，限大二的男生选修，共 64 学时，每学期包括理论课程 2 学时和实践课程 22 学时，考试时间为 8 学时。学生成绩由专项技术测试、身体素质测试评分组成。本课程以实践课为主，理论课为辅，实践课学习围绕在大关节周围从体表能看出明显轮廓的肌肉群通过器械健身的基本方法。理论课讲授健美运动概述、人体解剖学、运动训练学、生理学、美学等与课程相关的知识点。通过学习，使学生掌握器械健身的基本方法，能指导自己和他人进行练习。在"立德树人"教育要求的引领下，充分发挥本课程优势，进行爱国主义教育、传统文化教育和工匠精神的养成,践行核心价值观。培养学生顽强拼搏、奋斗有我的信念,树立良好的自律意识、规则意识、竞争意识、公平意识,遵从职业操守。帮助学生在体育锻炼中享受乐趣、增强体质、健全人格、锤炼意志、形成终身体育意识,努力培养德、智、体、美、劳全面发展的高素质技术技能型人才。

教师要利用各种契机将健身教学和爱国主义教育相结合,有效发挥体育教学自主教法的思想政治教育功能,充分重视榜样的作用,作为整个教学过程的领导者与组织者,运用自身的思想政治素质对学生产生潜移默化的影响,运用多种新媒体传播手段,增强课程思政的多元性。

一、教学目的与任务

(一)教学目的

1. 通过健身课程的学习使学生明确健身运动的意义,培养对健身运动的兴趣和爱好,树立健身观念和终身体育意识,为终身体育奠定基础。

2. 掌握健身运动的基本知识和技能,自觉参与健身锻炼,增强体质、雕刻形体。

3. 学生通过本课程的学习,掌握力量健美训练原则、力量健美营养基础、运动解剖学与运动生理学基础知识、力量健美各种运动技能的专业用语。

4. 通过健身教学,发达肌肉、健壮体格,促进身心健康,使身体得到全面发展,达到《大学生体质健康标准》。

5. 结合健身运动的特点,培养学生遵守纪律、勇敢坚毅、吃苦耐劳、创新进取的优良品质及相互关心、相互帮助的团结协作精神。

(二)教学任务

1. 树立"健康第一"的思想,加强体质、增长体能、发展肌肉、改善形体、陶冶情操,促进身体的全面发展。

2. 掌握力量健身运动的基本知识与基本练习方法、基本技术及卫生常识,使学生体会到健身过程和锻炼后的欢愉,培养学生"健康的生活方式"和"终身体育观念"。

3. 掌握健美体型的自然测量与评估方法,科学制定健身的运动处方。

4. 培养学生不畏艰苦，勇敢顽强的意志品质，增强自信心及提高动作、音乐、欣赏、审美等综合艺术的能力。

二、教学要求

1. 教师认真备课，严格执行教学进度，教学设计、教学教案充分契入思政要素。

2. 课堂教学与课外锻炼相结合，课外锻炼是达到教学效果的主要途径。

3. 学生应具备较好的锻炼自觉性和良好的卫生健康习惯。

4. 学生应加强自己美学方面的基本知识，增强对形体美的鉴赏力。

5. 教学中要加强管理，掌握保护与帮助方法，爱护器械，创造健美训练的良好氛围。

6. 在运动负荷的控制和调节方面，要坚持辩证统一的观点，循序渐进地从实际出发。

7. 教学中要时时注意安全问题，避免意外伤害的发生。

三、教学基本内容

1. 理论部分

1.1 健美运动概述、运动人体解剖学、运动生理学等。

1.2 健美运动基本训练法，健美竞赛规则等。

2. 实践部分

2.1 基本技术

2.1.1 肩部肌群练习

2.1.2 胸部肌群练习

2.1.3 大臂、前臂部肌群练习

2.1.4 上背、下背部肌群练习

2.1.5 腹部肌群练习

2.1.6 大、小腿部肌群练习

2.2 身体素质练习：耐力、速度、柔韧等

3. 思政元素

健身可以有效增强人的体质、健全人格、锤炼意志。健身者在超越自我的过程中所呈现出来的自信自强、不畏强敌、顽强拼搏、永不言弃，团结协作、爱国奉献，德艺双馨、苦练技艺等精神能够很好地弘扬社会正能量，这使得健身在课程思政建设中自带"气场""能量爆棚"，具有先天的自身优势。

四、教材

**上课教材**：刘海元，《学校体育教程》，北京体育大学出版社，2018年。

**参考教材**：全国体育学院教材委员会审定，《健美运动》，人民体育出版社，1991年。

五、课时分配

**每学期健美课教学内容和教学时数**

| 编号 | 内容 | 学时 | 比例 | 各学期学时分配 | |
| --- | --- | --- | --- | --- | --- |
| | | | | 一 | 二 |
| 1 | 理论部分 | 21 | 32.8% | 11 | 10 |
| 2 | 技术部分 | 20 | 31.3% | 9 | 11 |
| 3 | 素质部分 | 23 | 35.9% | 12 | 11 |
| 4 | 合　计 | 64 | 100% | 32 | 32 |

六、考试内容、方法及评分标准

（一）第一学期

**考试内容与分值**

| 成绩构成 | | 考试项目与分值 | |
| --- | --- | --- | --- |
| | | 项目 | 分值 |
| 课内成绩 | 专项技术 | 深蹲 | 20分 |
| | | 卧推 | 20分 |
| | 身体素质 | 1000米（男）/800米（女） | 20分 |
| | | 50米 | 20分 |
| | | 立定跳远 | 10分 |
| | | 引体向上（男）/仰卧起坐（女） | 10分 |

**续表**

| 成绩构成 | | 考试项目与分值 | |
|---|---|---|---|
| | | 项目 | 分值 |
| 课外成绩 | 比赛 | 天津市比赛、院系比赛 | 10分 |
| | 社团 | 晨练、各种社团活动 | 10分 |

## （二）第二学期

**考试内容与分值**

| 成绩构成 | | 考核项目与分值 | |
|---|---|---|---|
| | | 项目 | 分值 |
| 课内成绩 | 专项技术 | 重锤下拉 | 20分 |
| | | 1分钟斜板仰卧起坐 | 20分 |
| | 身体素质 | 1000米（男）/800米（女） | 20分 |
| | | 50米 | 20分 |
| | | 立定跳远 | 10分 |
| | | 引体向上（男）/仰卧起坐（女） | 10分 |
| 课外成绩 | 比赛 | 天津市比赛、院系比赛 | 10分 |
| | 社团 | 晨练、各种社团活动 | 10分 |

## （三）第一学期考试内容

1. 身体素质：60%
2. 专项技能：40%（每项20%）

**专项考试评分标准**

| 项目 | 分数\体重 | 20 | 18 | 16 | 14 | 12 | 10 | 8 |
|---|---|---|---|---|---|---|---|---|
| 卧推 | 55kg以下 | 55kg | 50kg | 45kg | 40kg | 35kg | 30kg | 25kg |
| | 55~64kg | 60kg | 55kg | 50kg | 45kg | 40kg | 35kg | 30kg |
| | 65~74kg | 65kg | 60kg | 55kg | 50kg | 45kg | 40kg | 35kg |
| | 75~84kg | 70kg | 65kg | 60kg | 55kg | 50kg | 45kg | 40kg |
| | 85kg以上 | 75kg | 70kg | 65kg | 60kg | 55kg | 50kg | 45kg |
| 负重深蹲 | 55kg以下 | 75kg | 70kg | 65kg | 60kg | 55kg | 50kg | 45kg |
| | 55~64kg | 80kg | 75kg | 70kg | 65kg | 60kg | 55kg | 50kg |

**续表**

| 项目 \ 分数 \ 体重 | | 20 | 18 | 16 | 14 | 12 | 10 | 8 |
|---|---|---|---|---|---|---|---|---|
| | 65~74kg | 85kg | 80kg | 75kg | 70kg | 65kg | 60kg | 55kg |
| | 75~84kg | 90kg | 85kg | 80kg | 75kg | 70kg | 65kg | 60kg |
| | 85 kg 以上 | 95kg | 90kg | 85kg | 80kg | 75kg | 70kg | 65kg |

卧推动作测试要求：测试者采用中握距，在教师的保护下将杠铃放至胸口正上方（正常位置），要求两臂伸直。屈肘下落至杠铃贴胸，然后两臂发力将杠铃举到两臂伸直。由起评重量开始测试，每个重量3次机会，直至满分为止。

深蹲动作测试要求：测试者扛起杠铃，两腿伸直，腰背挺直。屈膝下蹲至大腿与小腿角度小于90°，然后蹲起至两腿直立。要求在蹲起过程中腰背挺直。由起评重量开始测试，每个重量3次机会，直至满分为止。

（四）第二学期考试内容

1. 身体素质：60%

2. 专项技能：40%（每项30%）

A. 重锤下拉

| 分数 \ 体重 | 20 | 18 | 16 | 14 | 12 | 10 | 8 | 6 | 4 | 2 |
|---|---|---|---|---|---|---|---|---|---|---|
| 55kg 以下 | 11 | 10 | 9 | 8 | 7 | 6 | 5 | 4 | 3 | 2 |
| 55~64kg | 12 | 11 | 10 | 9 | 8 | 7 | 6 | 5 | 4 | 3 |
| 65~74kg | 13 | 12 | 11 | 10 | 9 | 8 | 7 | 6 | 5 | 4 |
| 75~84kg | 14 | 13 | 12 | 11 | 10 | 9 | 8 | 7 | 6 | 5 |
| 85kg 以上 | 15 | 14 | 13 | 12 | 11 | 10 | 9 | 8 | 7 | 6 |

B. 1分钟斜板仰卧起坐

| 次数 | 9 | 13 | 17 | 21 | 25 | 29 | 33 | 37 | 41 | 45 |
|---|---|---|---|---|---|---|---|---|---|---|
| 得分 | 6 | 7 | 8 | 9 | 12 | 13 | 14 | 16 | 18 | 20 |

重锤下拉动作测试要求：测试者两手宽握手柄，坐在凳子上，大腿固定，挺胸抬头，身体略微前倾，然后屈肘下拉手柄至颈部中端，仅至与耳朵平行处视为无效，下拉结束后略微停顿，听到教师"好"声后缓慢还原。学生依次轮流测试，以便有充分的休息时间。

1 分钟斜板仰卧起坐动作测试要求：测试者在斜面呈 30°的凳子上 1 分钟内完成 45 次仰卧起坐，要求双手放于耳侧，向下时背部的 2/3 着凳，向上时两肘关节碰到膝关节。

## 七、教学进度

**第一学期健身教学进度**

| 课次 | 教学内容 | 教学任务与要求 |
| --- | --- | --- |
| 1 | 1. 介绍本学期的教学内容和任务<br>2. 体育课考核内容及考核办法<br>3. 课堂常规教育<br>4. 介绍健美运动概况<br>5. 介绍各种器械的使用以及保养，各种健美的安全注意事项 | 1. 让学生了解本学期课程的基本情况<br>2. 恢复基本的身体素质<br>3. 培养学生团结协作、互帮互助的良好道德情操 |
| 2 | 1. 胸部肌肉练习：卧推（宽、中握）<br>2. 腹部肌肉练习：仰卧起坐、收腹举腿<br>3. 大腿部肌肉练习：深蹲、坐姿腿屈伸<br>4. 耐力素质练习：200 米变速跑×6 | 1. 掌握练习的正确动作与训练量的合理性<br>2. 训练对肌肉有一定强度的刺激，恢复身体机能，提高体能<br>3. 200 米变速跑×6（慢速、中速交替）<br>4. 培养学生坚韧不拔、勇于拼搏的精神 |
| 3 | 1. 复习大腿肌肉练习：深蹲<br>2. 大臂部肌肉练习：卧推（窄握）站姿弯举<br>3. 小腿部肌肉练习：站姿提踵、负重颠跳<br>4. 柔韧练习：练习部位为主 | 1. 掌握练习的正确动作与训练量的合理性<br>2. 训练对肌肉有一定强度的刺激<br>3. 用柔韧练习帮助放松，提高动作的协调性<br>4. 培养学生吃苦耐劳的精神品质 |
| 4 | 1. 复习胸部肌肉练习：卧推（宽、中握）<br>2. 上背部肌肉练习：屈体划船、坐姿划船<br>3. 大腿部肌肉练习：箭步蹲、蛙跳<br>4. 速度素质练习：30 米变速跑×4 | 1. 掌握练习的正确动作与训练量的合理性<br>2. 训练对肌肉有一定强度的刺激<br>3. 提高动作速度及反应速度<br>4. 培养学生团结协作、不轻言放弃的意志品质 |

续表

| 课次 | 教学内容 | 教学任务与要求 |
| --- | --- | --- |
| 5 | 1. 人体骨骼肌的构造、分布及功能<br>2. 合理安排训练量<br>3. 运动中的监控<br>4. 运动伤病预防 | 1. 按关节掌握几大肌肉群的位置<br>2. 了解练习动作肌肉的工作路线<br>3. 了解运动中的注意事项，预防受伤<br>4. 培养学生自我纠错的能力 |
| 6 | 1. 复习上背部肌肉练习：屈体划船<br>2. 腹部肌肉练习：负重转体、斜板仰卧起坐（转体）<br>3. 下背部肌肉练习：直腿硬拉、山羊挺身<br>4. 耐力素质练习：400 米变速跑×4 | 1. 掌握练习的正确动作与训练量的合理性<br>2. 训练对肌肉有一定强度的刺激<br>3. 加强有氧能力<br>4. 培养学生勇于挑战自我、顽强拼搏、永不服输的精神 |
| 7 | 1. 测试 50 米<br>2. 复习腹部肌肉练习：负重转体<br>3. 肩部肌肉练习：颈前推举、侧平举<br>4. 前臂部肌肉练习：腕屈伸、提抓杠铃片 | 1. 尽自己最大能力完成 50 米<br>2. 掌握练习的正确动作与训练量的合理性<br>3. 训练对肌肉有一定强度的刺激<br>4. 培养学生沉着冷静、胆大心细、自我纠错的能力 |
| 8 | 1. 复习下背部肌肉练习：直腿硬拉<br>2. 胸部肌肉练习：拉力器夹胸、卧推<br>3. 腹部肌肉练习：仰卧收腹举腿、元宝收腹<br>4. 测试 1000 米 | 1. 掌握练习的正确动作与训练量的合理性<br>2. 训练对肌肉有一定强度的刺激<br>3. 尽自己最大能力完成 1000 米<br>4. 培养学生坚持不懈、勇于拼搏的精神 |
| 9 | 1. 测试立定跳远<br>2. 复习肩部肌肉练习：颈前推举<br>3. 大臂部肌肉练习：胸前弯举、托板弯举<br>4. 小腿部肌肉练习：负重颠跳、负重提踵 | 1. 测试立定跳远，检验下肢爆发力<br>2. 掌握练习的正确动作与训练量的合理<br>3. 训练对肌肉有一定强度的刺激<br>4. 培养学生互帮互助、团结友爱的品质 |
| 10 | 1. 测试引体向上<br>2. 复习大臂部肌肉练习：俯立臂屈伸<br>3. 胸部肌肉练习：拉力器夹胸、仰卧飞鸟<br>4. 大腿部肌肉练习：半蹲、坐姿腿屈伸 | 1. 检验学生的上肢力量<br>2. 掌握练习的正确动作与训练量的合理性<br>3. 训练对肌肉有一定强度的刺激<br>4. 培养学生精益求精、沉着冷静的品质 |
| 11 | 1. 复习前臂部肌肉练习：腕屈伸<br>2. 腹部肌肉练习：斜板仰卧起坐、悬垂收腹举腿<br>3. 上背部肌肉练习：重锤下拉、屈体划船<br>4. 力量素质练习：实心球练习 | 1. 掌握练习的正确动作与训练量的合理性<br>2. 训练对肌肉有一定强度的刺激<br>3. 提高上肢、腰、腹、腿等部位协调用力<br>4. 培养学生善于总结、积极进取的精神 |

续表

| 课次 | 教学内容 | 教学任务与要求 |
|---|---|---|
| 12 | 1. 复习小腿部肌肉练习：负重提踵<br>2. 下背部肌肉练习：俯卧挺身、直腿硬拉<br>3. 大腿后群肌肉练习：俯卧腿屈伸、站姿负重腿屈伸<br>4. 柔韧练习：针对练习部位 | 1. 掌握练习的正确动作与训练量的合理性<br>2. 训练对肌肉有一定强度的刺激<br>3. 柔韧练习主要针对练习部位进行，以促进恢复<br>4. 在练习中要勇于突破自己，正视困难，解决困难 |
| 13 | 1. 专项测试：深蹲<br>2. 专项理论课：健美训练法 | 1. 通过深蹲测试，了解学生下肢肌肉力量，并给出相应的分数<br>2. 掌握健美训练的相关理论知识 |
| 14 | 1. 专项考试：卧推<br>2. 专项理论课：运动损伤的预防与处置 | 1. 通过卧推测试，了解学生上肢肌肉力量，并给出相应的分数<br>2. 了解常见的运动损伤预防及处理 |
| 15 | 1. 补测<br>2. 自由练习 | 1. 补测弱项<br>2. 自由练习弱侧部位，掌握动作 |
| 16 | 宣布成绩，总结本学年体育课的学习情况，征求学生意见与建议 | 1. 按要求完成各类总结<br>2. 通知补考、缓考者下学期的考试安排<br>3. 假期锻炼安全提示 |

### 第二学期健身教学进度

| 课次 | 教学内容 | 教学要求和任务 |
|---|---|---|
| 1 | 1. 讲述本学期教学内容、要求及考核项目<br>2. 保护与帮助的方法<br>3. 课堂常规教育<br>4. 一般耐力练习：400米变速跑×3 | 1. 让学生明确了解本学期的教学内容<br>2. 熟悉健身的一些基本保护与帮助方法<br>3. 1200米变速跑，促进身体技能恢复<br>4. 培养学生团结协作、互帮互助的良好道德情操 |
| 2 | 1. 胸部肌肉练习：卧推、飞鸟<br>2. 腰腹部肌肉练习：斜板仰卧起坐、负重转体<br>3. 大腿前部肌肉练习：半蹲、半蹲跳<br>4. 速度练习：50米加速跑×4 | 1. 掌握练习的正确动作与训练量的安排<br>2. 对肌肉有适当的刺激<br>3. 针对提高反应速度<br>4. 培养学生坚韧不拔、勇于拼搏的精神 |
| 3 | 1. 肩部肌肉练习：侧平举、前平举<br>2. 前臂部肌肉练习：托腕腕屈伸、负重旋腕<br>3. 小腿部肌肉练习：负重提踵、负重颠跳<br>4. 柔韧练习：练习部位 | 1. 掌握练习的正确动作与训练量的安排<br>2. 对肌肉有适当的刺激<br>3. 加强肌肉关节的灵活性<br>4. 对所练部位进行拉伸放松<br>5. 培养学生吃苦耐劳的精神品质 |

续表

| 课次 | 教学内容 | 教学要求和任务 |
| --- | --- | --- |
| 4 | 理论课：健美训练的方法、练习原理及注意事项；分化训练法；健美营养知识；人体美赏析；减肥训练法 | 1. 掌握健身的基本原理，关键是相关知识点的掌握<br>2. 在练习中要勇于突破自己，正视困难，解决困难 |
| 5 | 1. 上背部肌肉练习：坐姿划船、重锤下拉<br>2. 大臂部肌肉练习：俯立臂屈伸、颈后臂屈伸<br>3. 腰腹部肌肉练习：悬垂收腹举腿、元宝收腹<br>4. 实心球训练 | 1. 掌握练习的正确动作与训练量的安排<br>2. 对肌肉有适当的刺激<br>3. 提高学生上肢、腰、腹、腿等部位协调用力<br>4. 培养学生自我纠错的能力 |
| 6 | 1. 胸部肌肉练习：上斜卧推、拉力器夹胸<br>2. 下背部肌肉练习：俯卧背屈伸、直腿硬拉<br>3. 大臂部肌肉练习：站姿弯举、俯坐弯举<br>4. 速度素质练习：50米加速跑 | 1. 强调短时的爆发力<br>2. 掌握练习的正确动作与训练量的安排<br>3. 对肌肉有适当的刺激<br>4. 培养学生勇于挑战自我、顽强拼搏、永不服输的精神 |
| 7 | 1. 测试立定跳远<br>2. 大腿部肌肉练习：坐姿腿屈伸、俯身腿弯举<br>3. 肩部肌肉练习：提铃耸肩、站姿胸前提拉<br>4. 大臂部肌肉练习：重锤下压、窄握卧推 | 1. 掌握练习的正确动作与训练量的安排<br>2. 对肌肉有适当的刺激<br>3. 对练习部位进行拉伸<br>4. 培养学生沉着冷静、胆大心细、自我纠错的能力 |
| 8 | 1. 测试50米<br>2. 上背部肌肉练习：俯立划船、俯立侧平举<br>3. 腰腹部肌肉练习：负重单侧拉、侧身仰卧起坐<br>4. 前臂部肌肉练习：提抓杠铃片、腕弯举 | 1. 强调动作协调性<br>2. 掌握练习的正确动作与训练量的安排<br>3. 对肌肉有适当的刺激<br>4. 培养学生坚持不懈、勇于拼搏的精神 |
| 9 | 1. 测试立定跳远<br>2. 胸部肌肉练习：卧推（宽、中握）、拉力器夹胸<br>3. 大腿部肌肉练习：深蹲、半蹲跳<br>4. 肩部肌肉练习：拉力器单侧拉、侧平举 | 1. 强调协调性与爆发力<br>2. 掌握练习的正确动作与训练量的安排<br>3. 对肌肉有适当的刺激<br>4. 完成素质项目测试<br>5. 培养学生互帮互助、团结友爱的品质 |
| 10 | 1. 测试1000米<br>2. 下背部肌肉练习：山羊挺身、直腿硬拉<br>3. 小腿部肌肉练习：负重颠跳、负重提踵<br>4. 大臂部肌肉练习：托板弯举、仰卧臂屈伸<br>5. 柔韧练习：练习部位 | 1. 检验学生的耐力素质<br>2. 掌握练习的正确动作与训练量的安排<br>3. 对肌肉有适当的刺激<br>4. 熟悉小关节部位肌肉的拉伸<br>5. 培养学生精益求精、沉着冷静的品质 |

续表

| 课次 | 教学内容 | 教学要求和任务 |
|---|---|---|
| 11 | 1. 测试引体向上<br>2. 腰腹部肌肉练习：斜板仰卧起坐（转体）、元宝收腹<br>3. 前臂部肌肉练习：负重旋腕、腕屈伸<br>4. 上背部肌肉练习：俯身单侧提拉、引体向上<br>5. 耐力练习：12分钟跑 | 1. 检验学生的上肢力量<br>2. 掌握练习的正确动作与训练量的安排<br>3. 对肌肉有适当的刺激<br>4. 提高有氧耐力 |
| 12 | 1. 胸部肌肉练习：卧推、飞鸟<br>2. 肩部肌肉练习：提铃耸肩、颈前推举<br>3. 下背部肌肉练习：直腿硬拉、山羊挺身<br>4. 柔韧拉伸练习：练习部位 | 1. 掌握练习的正确动作与训练量的安排及时间间隔<br>2. 放松拉伸练习部位肌肉 |
| 13 | 1. 专项测试：重锤下拉<br>2. 腿部肌肉组合练习<br>2.1 深蹲<br>2.2 腿屈伸 + 俯身腿弯举<br>2.3 腿举 | 1. 通过重锤下拉测试了解学生的相对力量<br>2. 加强腿部力量的练习 |
| 14 | 1. 专项测试：1分钟斜板仰卧起坐<br>2. 胸部肌肉组合练习<br>2.1 卧推（宽、中、窄）<br>2.2 拉力器夹胸<br>2.3 仰卧飞鸟 | 1. 通过1分钟斜板仰卧起坐测试了解学生的腰腹力量<br>2. 加强胸部力量的练习<br>3. 培养学生不轻言放弃、勇于拼搏的精神 |
| 15 | 1. 补测<br>2. 自由活动 | 1. 补测弱项<br>2. 自由练习弱侧部位 |
| 16 | 宣布成绩，总结本学年体育课的学习情况，征求学生意见与建议 | 1. 按要求完成各类总结<br>2. 通知补考、缓考者下学期的考试安排<br>3. 假期锻炼安全提示 |

## 八、教学建议

### 1. 课程教学组织建议

理论知识教师在教室集中讲解，主要讲解训练方法、肌肉的恢复，以及相关的伤病预防等。实践部分教师讲解示范，主要以体表明显的大肌肉群的练习方法为主。学生的练习采用分组练习，个别辅导与集中讲解配合讲授动作要领。

### 2. 课程教学方法建议

分解教学法与完整教学法相结合，示范法、观摩法与模仿法相结合，分组练习法与纠错法相结合，运用现代教育技术与启发式教育相结合的方法。

3. 学生学习本课程的方法建议

通过课堂教师的讲解示范进行练习，下课后巩固并提高。

九、备注

健身课是深受学生欢迎的一门课程，但也是相对枯燥的一门课程，要求授课教师要有很强的责任心。而且要按要求做好准备活动和安全教育。每次授课均要提出安全要求和有关措施。

### 三、跆拳道教学大纲

**课程介绍**

跆拳道被誉为"世界第一搏击"运动，它吸收了中华武术的精髓。跆拳道的"道"体现在了独特的传统文化、民族礼仪和民族精神，具有极深刻的内涵和丰富的哲理。它通过竞赛、品势和功力检验等运动形式，使练习者增强体质，掌握技战术，并培养坚韧不拔的意志品质。它的运动哲理、精神意义、人格引导、体育价值等特点，都是培养和提升广大学生爱国思想的有力手段。

跆拳道相对其他搏击项目比较简单易学，且能达到防身自卫、强身健体的作用。本课程内容是以竞技性跆拳道为主，学习跆拳道运动的基础理论知识和正确的练习方法。通过专项课教学，使学生全面了解跆拳道运动的发展、特点、武道哲学、裁判法等内容。充分发挥跆拳道课程优势，在增强体质和体会搏击运动乐趣的同时，健全人格、锤炼意志，引导学生建立终身体育的意识，弘扬团结拼搏的精神，培养爱国主义情怀，成为德、智、体、美、劳全面发展的合格大学生。

一、教学目的与任务

（一）教学目的

1. 根据我国社会主义现代化建设事业和现代人才培养的要求，增强学生体质，培养学生树立终身体育意识，注意学生个性心理素质培养，促进学生德、智、体、美、劳等诸多方面的全面发展，成为德才兼备体魄强健的社会主义事业接班人,是高校体育教学的总体目的。

2. 为深入贯彻落实"课程思政"的建设,依照党的教育方针和学院教学要求,根据跆拳道运动的特点,在跆拳道课程的教学中潜移默化地融入课程思政要素,激发学生的担当意识和爱国情怀,培养学生团结协作的集体主义精神,养成自律、坚毅的品格,为"体育强国"贡献力量。

3. 通过教学全面提高学生身体素质,促进学生身心和谐发展,使学生基本了解体育运动对增强体质和提高健康水平的作用,学会科学锻炼身体的方法,树立终身体育的意识。

4. 通过理论教学使学生了解跆拳道运动的精髓,学会欣赏跆拳道比赛和表演,以丰富学生的课余文化活动,提高生活质量。

5. 通过体育 III 和体育 IV 跆拳道课程的开设,在增强学生健康知识和提高身体素质的同时,要不断加强思想政治教育以培养健康的心理素质,同时还要进行爱国主义、社会主义、集体主义教育以培养良好的社会公德。在体育活动中树立顽强拼搏的精神和团结合作的意识。

(二)教学任务

1. 跆拳道是一项利用拳和脚进行搏击的对抗性运动,它以积极格斗为核心,以修身养性为基础,以磨炼人的意志,振奋人的精神为目的的现代竞技体育运动。

2. 本课程主要从学生健身、防身、修身的角度出发,教授跆拳道的礼节和基本技术,主要有基本步法、拳法和腿法,包括前踢、后踢、横踢、侧踢、下劈、旋风踢、双飞踢、后旋踢等技术和腿法组合,及其专项理论和竞赛规则,分上下两个学期完成。

3. 通过教学和训练不断改善和增强体质,提高防身自卫能力、激发学生潜能、磨炼学生意志品质,培养学生礼义廉耻、忍耐克己、百折不屈的跆拳道精神。在快乐积极的锻炼过程中,提升终身体育意识、积蓄自身正能量。

二、教学要求

1. 教师认真备课、教学进度、教学设计、教学教案充分契入思政要素。

2. "学高为师，身正为范"，教师必须严格要求自己，加强职业道德修养，努力提高业务能力，不断更新理论知识，结合跆拳道课程特点，加强自身思政知识的学习，在整个教学过程中，真正起到言传身教的作用。要在体育教学的相关内容中有机地融入思政素材，重点突出"更高、更快、更强"的奥林匹克运精神，在跆拳道教学时，着重加强引导学生养成尊师重教、宽厚待人、谦虚礼让、公平公正的美德，培养顽强果断、吃苦耐劳、团结拼搏、积极向上的品质，造就热爱祖国、勇于献身的思想。

3. 教师应明确跆拳道课程的培养目标和指导思想，严格按照教学大纲进行教学，加强教学方法的改革与创新。运用丰富多彩的教学手段，培养学生稳重、随机应变、正直坚强的性格，加强学生自主学习和团结合作的能力。

4. 结合跆拳道课程特点和学生实际，教学中体现"互帮互助，相互学习、共同进步"原则，充分调动学生的学习兴趣，有利于培养学生终身体育锻炼的行为习惯，提升学生的健康生活方式，同时能够使学生养成"以礼始，以礼终"、谦虚谨慎、顽强拼搏的可贵品质。

5. 培养学生的综合素质，通过技能比拼、实战训练等方式，使学生进一步掌握跆拳道的基本拳法、腿法、攻防战术等知识，在提高学生实战能力的基础上，增强学生间的良性竞争，加强相互之间的信任，培养自信、独立、团结、自强的精神。

6. 为提高身体素质水平，可结合跆拳道专项，以游戏方式来发展学生的速度、弹跳、力量、耐力、灵敏、柔韧、协调等素质。使学生在享受乐趣的同时能够强健体魄并促进交流与团结。

7. 在理论课上，首先通过学习跆拳道规则和裁判法则，给学生灌输守规则、讲诚信、守纪律、讲公平的思想；其次通过了解优秀运动员、教练员的先进事迹，对学生进行爱国主义教育和新时期武德教育，树立民族自豪感，增强学生体育强国和实现民族伟大复兴而奋斗的使命感和责任感。

8. 教学中要加强安全性教育，并做好防范与保护措施。重视学生基本能力的培养，提高学生自身安全意识。

三、教学基本内容

1. 理论部分

1.1 跆拳道的起源及发展

1.2 跆拳道的礼节礼仪

1.3 跆拳道的健身价值

1.4 跆拳道的技战术理论

2. 实践部分

2.1 专项素质练习

柔软性练习：指人体在动、静的状态中关节的可动性能力、肌肉的伸缩能力和韧带的弹性能力，锻炼的练习部位和内容有：肩、腰、腿、膝、踝等。

速度和灵敏性练习：25~30米短跑，冲刺跑，原地高抬腿双脚跳，前后躲闪移动，往返跑，跳绳，按视听信号的快速动作。

力量：增强腿部、腰部力量的负重练习。

耐力：长跑（例如：1000米），间歇跑，持续技法练习（3分钟×3次，间休1分钟），利用辅助器具的踢法。

2.2 基本技术

包括动作使用部位、准备姿势和步法、前踢、横踢、后踢、下劈、后旋踢、侧踢、双飞踢、旋风踢、拳进攻、防守技术、组合技术等方面。其中基本步法包括上步、后撤步、侧移步、前滑步、后滑步、左滑步、右滑步、跳换步、前跃步、后跃步、冲刺步，以及组合步法等。

2.3 基本战术

直接式进攻战术、压迫式强攻战术、引诱式进攻战术、防守式躲闪反击战术、体力战术。

2.4 品式

太极一到三章。

3. 思政元素

跆拳道的精神在于忠孝爱国、礼义廉耻、忍耐克己、百折不屈，在练习过程中，要严格遵守道德规范，增强法制观念，要有忠于祖国的思想，要有爱国家、爱民族的热情，要在尊重前辈、尊重他人、遵守规则的前提下磨炼技术。潜移默化地将思政元素融入课堂中，在每一个品势、每一个腿法中都充分体现跆拳道精神，积极培养学生高尚的道德品质，磨炼坚韧不拔和顽强拼搏的意志，传承爱国、团结、勇敢、担当、奉献的民族精神和更高、更快、更强的体育精神。

四、教材

**上课教材**：刘海元，《学校体育教程》，北京体育大学出版社，2018年。

**参考教材**：刘卫军，《跆拳道》，主编，北京体育大学出版社，2011年。

五、跆拳道的课时分配情况

| 编号 | 内容 | 学时 | 比例 | 各学期学时分配 | |
|---|---|---|---|---|---|
| | | | | 一 | 二 |
| 1 | 理论部分 | 4 | 6.3% | 2 | 2 |
| 2 | 技术部分 | 36 | 56.2% | 18 | 18 |
| 3 | 素质部分 | 24 | 37.5% | 12 | 12 |
| 4 | 合　计 | 64 | 100% | 32 | 32 |

六、考试内容、方法及评分标准

1. 第一学期

1.1 考试内容与分值

| 成绩构成 | | 考试项目与分值 | |
|---|---|---|---|
| | | 项目 | 分值 |
| 课内成绩 | 专项技术 | 前踢、横踢、下劈、后踢、前进步+侧移步+横踢、横踢+后踢 | 20分 |
| | | 太极一章 | 20分 |
| | 身体素质 | 1000米（男）/800米（女） | 20分 |
| | | 50米 | 20分 |
| | | 立定跳远 | 10分 |
| | | 引体向上（男）/仰卧起坐（女） | 10分 |

续表

| 成绩构成 | | 考试项目与分值 | |
|---|---|---|---|
| | | 项目 | 分值 |
| 课外成绩 | 比赛 | 天津市比赛、院系比赛 | 10 分 |
| | 社团 | 晨练、各种社团活动 | 10 分 |

### 1.2.1 腿法技评标准

| 考试内容 | 详细内容 | 考试等级 | | | |
|---|---|---|---|---|---|
| | | 优秀<br>20~18 分 | 良好<br>17~16 分 | 及格<br>15~12 分 | 不及格<br>11 分及以下 |
| 基本腿法组合腿法 | 前踢<br>横踢<br>后踢<br>下劈<br>前进步+侧移步+横踢<br>横踢+后踢 | 礼仪得体，动作正确稳定，熟练协调，舒展灵活，适当运用步法，击打准确、有力，效果明显 | 礼仪得体，动作基本正确，击打有力，击打点基本准确 | 礼仪得体，掌握动作要领，能基本完成动作 | 没有领会动作要领，动作不规范、不协调，击打不准确 |

### 1.2.2 品式技评标准

| 考试内容 | 考试等级 | | | |
|---|---|---|---|---|
| | 优秀<br>20~18 分 | 良好<br>17~16 分 | 及格<br>15~12 分 | 不及格<br>11 分及以下 |
| 太极一章 | 动作规范、熟练连贯，动作力度节奏适中，手、眼、身法、步要配合好；动作路线正确；无错误 | 动作规范、熟练，较为连贯；手、眼、身法、步配合一般；动作路线正确；无明显错误 | 能基本完成套路，有两次以上停顿，动作路线基本正确。偶尔一次动作错误 | 动作不正确，协调性差，缺乏打击力度和连贯性 |

1.3 身体素质：60%

2. 第二学期

2.1 考试内容与分值

| 成绩构成 | | 考核项目与分值 | |
|---|---|---|---|
| | | 项目 | 分值 |
| 课内成绩 | 专项技术 | 双飞踢、旋风踢、后旋踢 | 20分 |
| | | 太极二章、太极三章 | 20分 |
| | 身体素质 | 1000米（男）/800米（女） | 20分 |
| | | 50米 | 20分 |
| | | 立定跳远 | 10分 |
| | | 引体向上（男）/仰卧起坐（女） | 10分 |
| 课外成绩 | 比赛 | 天津市比赛、院系比赛 | 10分 |
| | 社团 | 晨练、各种社团活动 | 10分 |

### 2.2.1 腿法技评标准

| 考试内容 | 详细内容 | 考试等级 | | | |
|---|---|---|---|---|---|
| | | 优秀 20~18分 | 良好 17~16分 | 及格 15~12分 | 不及格 11分及以下 |
| 基本腿法 | 旋风踢 后旋踢 双飞踢 | 礼仪得体，动作正确稳定，熟练协调，舒展灵活，适当运用步法，击打准确、有力，效果明显 | 礼仪得体，动作基本正确，击打有力，击打点基本准确 | 礼仪得体，掌握动作要领，能基本完成动作 | 没有领会动作要领，动作不规范、不协调，击打不准确 |

### 2.2.2 品式技评标准

| 考试内容 | 考试等级 | | | |
|---|---|---|---|---|
| | 优秀 20~18分 | 良好 17~16分 | 及格 15~12分 | 不及格 11分及以下 |
| 太极二章 太极三章 | 动作规范、熟练连贯，动作力度节奏适中，手、眼、身法、步要配合好；动作路线正确；无错误 | 动作规范、熟练，较为连贯；手、眼、身法、步配合一般；动作路线正确；无明显错误 | 能基本完成套路，有两次以上停顿，动作路线基本正确。偶尔一次动作错误 | 动作不正确，协调性差，缺乏打击力度和连贯性 |

2.3 身体素质：60%

## 七、教学进度

**第一学期跆拳道教学进度**

| 周次 | 教学内容 | 教学要求与任务 |
|---|---|---|
| 1 | 1. 编班，开课导言<br>2. 跆拳道概述<br>3. 跆拳道礼节礼仪、口令、服装<br>4. 学习格斗的准备姿势和跳换步<br>5. 耐力练习 | 1. 要求学生明确学习跆拳道的目的和价值，精神饱满、态度积极地学习<br>2. 了解跆拳道，振奋精神，增强民族自豪感<br>3. 强调跆拳道教学的课堂常规、礼节礼仪<br>4. 耐力练习能够培养学生吃苦耐劳精神 |
| 2 | 1. 专项素质练习<br>2. 复习格斗的准备姿势<br>3. 学习基本步法：弓步、上步、后撤步、侧移步、前滑步、后滑步<br>4. 学习基本腿法：前踢<br>5. 上肢力量练习 | 1. 学生着装整齐，养成"以礼始，以礼终"的行为规范<br>2. 练习过程中听从教师的指挥，注意安全<br>3. 认真体会分析技术动作<br>4. 女生仰卧起坐，男生俯卧撑和俯卧静力支撑<br>5. 培养学生良好的体育道德和集体主义精神 |
| 3 | 1. 专项素质练习<br>2. 复习步法和前踢<br>3. 学习基本步法：前跃步、后跃步，以及组合步法<br>4. 横踢（前横踢，后横踢）<br>5. 耐力练习 | 1. 加强柔韧性练习<br>2. 使学生逐渐熟悉各种步法<br>3. 重点练习下横踢技术<br>4. 耐力练习，不断提高自我培养学生顽强的意志品质 |
| 4 | 1. 专项素质练习<br>2. 复习步法、前踢、横踢<br>3. 学习侧踢<br>4. 速度和下肢力量练习 | 1. 加强教学指导<br>2. 强调基本功练习<br>3. 通过50米跑、收腹举腿、俯卧撑、直臂和曲臂悬垂进行素质练习<br>4. 培养学生坚韧不拔的意志品质 |
| 5 | 1. 专项素质练习<br>2. 复习：前踢、横踢和侧踢<br>3. 学习组合动作<br>3.1 腿法结合步法的练习<br>3.2 腿法间的组合<br>4. 50米测试 | 1. 在熟练单个技术的基础上，加强两个以上组合动作的练习<br>2. 学习中精益求精<br>3. 测试50米做好安全提示<br>4. 测试中鼓励学生克服挫折与困难，增强自尊心和自信心 |

续表

| 周次 | 教学内容 | 教学要求与任务 |
| --- | --- | --- |
| 6 | 1. 专项素质练习<br>2. 复习组合动作（步法腿法组合）<br>3. 学习后踢<br>4. 耐力练习 | 1. 加强力量的练习<br>2. 注意攻防结合的练习<br>3. 通过1200米进行素质练习<br>4. 加强学生的耐力，培养顽强的意志力 |
| 7 | 1. 专项素质练习<br>2. 复习所学腿法<br>3. 腿法结合步法的练习<br>4. 测试1000米和800米 | 1. 注意运动中安全、卫生与保健<br>2. 注意加强思想教育<br>3. 完成800米和1000米测试<br>4. 测试中相互鼓励，顽强拼搏，培养集体主义观念 |
| 8 | 1. 专项素质练习<br>2. 复习所学腿法主要复习后踢<br>3. 学习下劈<br>4. 学习太极一章<br>5. 力量练习 | 1. 后踢时注意后蹬腿要擦着支撑腿走<br>2. 通过仰卧起坐、俯卧撑进行素质练习<br>3. 初步掌握太极一章的动作路线和规格<br>4. 通过品式的学习促进技术水平的全面提高<br>5. 增强相互信任，团结协作能力 |
| 9 | 1. 专项素质练习<br>2. 复习下劈技术<br>3. 复习组合动作（步法腿法组合）<br>4. 测试立定跳远 | 1. 注意出拳打击时，腕关节要紧张<br>2. 出拳与出腿相衔接<br>3. 测试立定跳远<br>4. 对不同技术水平的学生区别教学<br>5. 培养坚持不懈，永不服输的精神和学生团结合作意识 |
| 10 | 1. 专项素质练习<br>2. 复习组合动作（步法腿法组合）<br>3. 复习太极一章<br>4. 测试仰卧起坐、引体向上 | 1. 初步掌握太极一章的动作路线和规格<br>2. 通过品式的学习促进技术水平的全面提高<br>3. 测试鼓励学生勇于挑战自我，自信，乐观 |
| 11 | 1. 专项素质练习<br>2. 复习基本腿法<br>3. 复习太极一章<br>4. 补测身体素质 | 1. 加强腿部力量的练习<br>2. 进行固定靶的组合动作练习<br>3. 补测激励学生坚持不懈练习，有挑战自我战胜自我的信心 |
| 12 | 1. 复习基本腿法<br>2. 复习品式 | 1. 对本学期的内容进行全面复习<br>2. 准备测试技术<br>3. 练习中体会跆拳道礼义廉耻、忍耐克己、百折不屈的精神 |

续表

| 周次 | 教学内容 | 教学要求与任务 |
| --- | --- | --- |
| 13 | 1. 专项素质练习<br>2. 复习基本动作<br>3. 复习品式<br>4. 测试腿法 | 1. 由教师根据本班具体情况安排活动<br>2. 对本学期内容进行全面复习<br>3. 完成腿法测试<br>4. 培养学生敢于面对，沉着冷静的心理 |
| 14 | 1. 专项素质练习<br>2. 复习基本动作<br>3. 测试品式 | 1. 宣布考试标准<br>2. 教师认真评判成绩<br>3. 学生相互鼓励，敢于表现，细心大胆 |
| 15 | 1. 补测技术<br>2. 补测身体素质<br>3. 身体素质练习 | 1. 机动<br>2. 自由练习<br>3. 强调团结合作，互帮互助，共同进步 |
| 16 | 1. 本学期教学总结<br>2. 介绍下学期安排及要求<br>3. 假期锻炼的要求和建议<br>4. 素质练习 | 1. 对本学期的教学情况进行总结<br>2. 补考、缓考、重修安排<br>3. 假期锻炼安全提示 |

第二学期跆拳道教学进度

| 周次 | 教学内容 | 教学要求 |
| --- | --- | --- |
| 1 | 1. 编班，开课导言<br>2. 跆拳道礼节礼仪、口令、服装<br>3. 复习基本步法和前踢<br>4. 耐力练习 | 1. 进行安全教育<br>2. 发展下肢柔韧<br>3. 通过1600米进行耐力练习<br>4. 培养学生顽强的意志品质 |
| 2 | 1. 专项素质练习<br>2. 复习上学期所学内容（前踢、横踢）<br>3. 学习左、右横踢及其防守反击<br>4. 结合脚靶进行练习<br>5. 腰腹肌练习 | 1. 培养主动进攻、连击和防守反击及配合假动作的战术意识<br>2. 通过仰卧起坐、收腹举腿练习腰腹肌力量<br>3. 培养学生良好的体育道德和集体主义精神 |
| 3 | 1. 专项素质练习<br>2. 学习双飞踢<br>3. 复习组合动作<br>4. 复习太极一章<br>5. 练习下肢力量 | 1. 加强力量的练习，注意攻防结合的练习<br>2. 练习太极一章<br>3. 通过30米×3、蛙跳、仰卧起坐进行素质练习<br>4. 培养学生吃苦耐劳的精神 |

续表

| 周次 | 教学内容 | 教学要求 |
| --- | --- | --- |
| 4 | 1. 专项素质练习<br>2. 巩固提高双飞踢<br>3. 复习组合动作（步法腿法组合）<br>4. 学习太极二章<br>5. 耐力练习 | 1. 在熟练单个技术的基础上，加强两个以上组合动作的练习<br>2. 通过品式的学习促进技术水平的全面提高<br>3. 学习中精益求精<br>4. 完成长跑1600米测试<br>5. 加强学生的耐力，培养顽强的意志力 |
| 5 | 1. 专项素质练习<br>2. 学习旋风踢<br>3. 组合：横踢+双飞踢<br>4. 复习太极二章<br>5. 测试1000米、800米 | 1. 提高动作质量<br>2. 组合动作练习<br>3. 熟练太极二章<br>4. 完成1000米、800米测试<br>5. 测试中相互鼓励，顽强拼搏，培养集体主义观念 |
| 6 | 1. 专项素质练习<br>2. 巩固提高旋风踢<br>3. 复习组合动作横踢、旋风踢<br>4. 学习太极三章<br>5. 测试立定跳远 | 1. 提高动作质量<br>2. 加强旋风踢练习<br>3. 通过品式的学习促进技术水平的全面提高<br>4. 完成立定跳远测试<br>5. 培养坚持不懈、永不服输的精神和学生团结合作意识 |
| 7 | 1. 专项素质练习<br>2. 学习后旋踢<br>3. 复习太极二章<br>4. 学习太极三章<br>5. 速度练习 | 1. 提高动作质量<br>2. 学习中精益求精<br>3. 完成30米、50米练习<br>4. 培养团结合作意识 |
| 8 | 1. 专项素质练习<br>2. 复习后旋踢<br>3. 复习组合动作<br>4. 复习太极三章<br>5. 测试50米 | 1. 提高动作质量<br>2. 学习中精益求精<br>3. 基本掌握太极三章，体会动作的精、气、神<br>4. 完成50米测试<br>5. 测试中鼓励学生克服挫折与困难，增强自尊心和自信心 |
| 9 | 1. 专项素质练习<br>2. 复习所学腿法<br>3. 复习太极三章<br>4. 测试仰卧起坐、引体向上 | 1. 高动作质量<br>2. 提高动作的连贯性<br>3. 鼓励学生勇于挑战自我，自信，乐观 |

续表

| 周次 | 教学内容 | 教学要求 |
|---|---|---|
| 10 | 1. 专项素质练习<br>2. 复习组合动作<br>3. 复习太极二章和太极三章<br>4. 补测身体素质 | 1. 提高动作质量<br>2. 学习中精益求精<br>3. 练习中体会跆拳道礼义廉耻、忍耐克己、百折不屈的精神<br>4. 补测，培养学生锲而不舍的精神 |
| 11 | 1. 专项素质练习<br>2. 复习组合动作<br>3. 复习太极二章和太极三章<br>4. 补测身体素质 | 1. 提高动作质量<br>2. 加强品式练习<br>3. 学习中精益求精<br>4. 补测激励学生坚持不懈练习，有挑战自我战胜自我的信心 |
| 12 | 1. 复习基本腿法<br>2. 复习品式<br>3. 测试技术（腿法） | 1. 对本学期的内容进行全面复习<br>2. 完成腿法测试<br>3. 培养学生敢于面对、沉着冷静的心理 |
| 13 | 1. 专项素质练习<br>2. 复习品式太极二章<br>3. 测试太极二章 | 1. 提高动作质量<br>2. 学习中精益求精<br>3. 教师认真评判成绩<br>4. 学生相互鼓励、敢于表现、细心大胆 |
| 14 | 1. 专项素质练习<br>2. 复习基本动作<br>3. 测试品式太极三章 | 1. 宣布考试标准<br>2. 教师认真评判成绩<br>3. 学生相互鼓励、敢于表现、细心大胆 |
| 15 | 1. 补测身体素质<br>2. 补测技术<br>3. 核对学生身体素质成绩 | 1. 机动<br>2. 自由练习<br>3. 强调团结合作、互帮互助、共同进步 |
| 16 | 1. 本学期教学总结<br>2. 跆拳道规则介绍<br>3. 介绍下学期安排及要求<br>4. 假期锻炼的要求和建议 | 1. 对本学期的教学情况进行总结<br>2. 理论教学，了解跆拳道运动规则<br>3. 补考、缓考、重修安排<br>4. 假期锻炼安全提示 |

八、教学建议

1. 各种练习方法的选择与运用，要结合学生实际水平和跆拳道运动的规律特点。

2. 从培养目标和对跆拳道教学课要求的实际需要出发，要合理安排理论部分、实践部分和技能培养的教学内容和时数分配。

3. 利用多媒体网络条件充分展开理论和方法讲授，配合实践练习，使学生更深入地掌握跆拳道技术、战术的基本理论知识。

### 四、踏板操、形体、瑜伽课教学大纲

**课程介绍**

踏板操是随着健美操的发展而兴起的，它具有有氧操所有的特点和功效，是一种方便实效的器械有氧健身活动，由于踏板的加入，增加了一些特殊的锻炼效果，其运动形式类似上下台阶。利用踏板做运动，不仅可以相应增加运动的强度，而且可以使全身各个部位都能得到充分的锻炼，以腿部、臀部以及腰部的锻炼最为显著。

形体是通过徒手肢体练习，塑造匀称形体和优美体态的一项运动，是以有氧练习为基础，以增强体质、校正体态、培养自信为主要目的的运动形式。

起源于东方的瑜伽，其独特魅力在于：通过洗心涤虑，能够消除人们心中的杂念，从而进入宁静、祥和的境界。瑜伽是一种老少咸宜、安全有效的运动，不仅能调节全身，使人容光焕发，而且能促进心理与生理的健康。

在"立德树人"教育要求的引领下开展"以体育人"，结合本课程特点在课堂上融入爱国主义教育、民族精神和社会主义核心价值观，把握好融入、渗透、总结、反思的教学环节，积极培养学生拼搏竞争、循规守则、团结合作、耐受输赢的体育精神。帮助学生在体育课中体会到运动的乐趣，教育学生在体育课中形成健全的人格与健康的三观，培养学生形成终身体育的意识。

一、教学目的与任务

（一）教学目的

1. 为贯彻"课程思政"精神，依照党的教育方针和学院教学安排，通过踏板、形体、瑜伽课程加强对学生的思想政治教育，结合本课程运动特点，在教学中培养学生吃苦耐劳、顽强勇敢的意志品质，养成团结友爱的集体主义精神、互帮互学、刻苦钻研的优良学风，并通过教学学习形成对

"美"的理解，热爱党的教育和体育事业。

2. 通过踏板操的教学，使学生掌握踏板操的基本理论知识、基本技术和技能；使学生掌握踏板操锻炼的功效，并初步掌握进行踏板操锻炼的方法和规律；使学生逐步学会踏板操的锻炼方法，并能正确地运用踏板操科学地锻炼身体。

3. 通过学习形体，使学生掌握形体练习的基本理论、基本技术和基本技能，初步掌握形体教学与指导的方式方法；使学生建立正确的肌肉感觉，掌握正确的锻炼方法，矫正不良的身体姿态，培养良好的气质风度；使学生了解并体验形体练习的基本要求，培养锻炼习惯，为学生终身体育打下基础。

4. 通过学习瑜伽，使学生掌握瑜伽的基本理论知识、基本技术和基本技能，初步掌握瑜伽的练习方法与方式，能够独立完成瑜伽的自我练习，从而达到调节全身、减肥修身、促进心理与生理健康、减压、洗心涤虑，进入宁静、祥和的境界。

5. 通过身体素质练习，巩固提高学生的身体素质与身体抵抗力，帮助学生在体育课中体会到运动的乐趣，教育学生在体育课中形成健全的人格与健康的三观，培养德、智、体、美、劳全面发展的社会主义建设者和接班人。

（二）教学任务

1. 学生通过踏板操、形体、瑜伽课程的学习，达到强身健体、减肥塑形的作用，提高身体协调性与素质能力。

2. 通过教学培养学生形成正确、健康的三观和良好的道德情操。

3. 加强思想品德教育，树立良好的集体观念和坚韧不拔的意志品质，丰富学生业余文化生活，陶冶情操。

二、教学要求

1. 教师认真备课，严格遵守教学进度，教学设计、教学教案充分契入思政要素。

2. 严格管理，保持好课堂秩序，注意人身安全。

3. 爱护教学设备。

4. 传授运动项目的技术，使学生掌握科学锻炼身体的方法；提高学生的体育文化素质，使学生正确认识体育教育的意义，了解体育锻炼的科学知识，掌握自我监督、评价身体健康的方法；培养和提高体育欣赏能力。将奋勇争先、为国争光的"体育精神"贯穿于课程教学中，指引学生志存高远、热爱祖国。

5. 全面增进学生的身心健康，改善学生的心理素质，提高身体机能和身体素质，增强适应社会、自然环境的能力。体育与美育相结合，通过鲜活的形象引起学生们的共鸣，提升学生的审美能力，有助于学生对事物的鉴别以及对真、善、美的追求。

三、教学基本内容

1. 理论部分

1.1 介绍国内外当前有氧踏板操的发展趋势

1.2 如何对项目进行美育评价

1.3 学习踏板操、瑜伽训练的生理学基础，形体练习概述、形体练习的内容、特点及原则

1.4 现代健康与身体锻炼

1.5 学生体质健康评价

1.6 常见运动性疾病与运动损伤

1.7 视频欣赏

2. 实践部分

2.1 踏板操基本步伐变换、踏板操成套动作组合

2.2 瑜伽成套动作组合

2.3 形体的基本形态练习：芭蕾舞手位、脚位、站姿、手臂与身体姿态组合、表现力，形体的基本步伐，形体的感知觉练习：头颈部位、躯干部位（腰背部位的屈伸）、躯干部位（胸腰后屈）、上肢部位（手指手腕屈伸）

2.4 身体素质练习：仰卧起坐、立定跳远、1000m、800m、100m、50m冲刺跑、30m折返跑、引体向上、立卧撑等

### 3. 思政元素

踏板操、形体、瑜伽均属于健美类项目，要在课程中充分发挥项目特点，培养学生美育观念，提高学生的审美能力，有助于学生对美的鉴别力，以及对真、善、美的追求。

### 四、教　材

**上课教材：** 刘海元，《学校体育教程》，北京体育大学出版社，2018年。

步建军，《踏板操运动教程》，宁夏人民教育出版社，2018年。

刘志红，《形体训练课程》，高等教育出版社，2009年

冯永丽，《普通高校瑜伽课程教材》，南开大学出版社，2009年

**参考教材：** 张惠兰，《蕙兰瑜伽》，中国国际广播出版社，2006年。

### 五、课时分配

| 编号 | 内容 | 学时 | 比例 | 各学期学时分配 | |
|---|---|---|---|---|---|
| | | | | 一 | 二 |
| 1 | 理论部分 | 4 | 6.3% | 2 | 2 |
| 2 | 技术部分 | 37 | 57.80% | 18 | 19 |
| 3 | 素质部分 | 23 | 35.9% | 12 | 11 |
| 4 | 合　计 | 64 | 100% | 32 | 32 |

### 六、考试内容、方法及评分标准

第一学期

考试内容与分值

| 成绩构成 | | 考试项目与分值 | |
|---|---|---|---|
| | | 项目 | 分值 |
| 课内成绩 | 专项技术 | 踏板操组合动作 | 20分 |
| | | 形体组合动作 | 20分 |
| | 身体素质 | 1000米（男）/800米（女） | 20分 |
| | | 50米 | 20分 |
| | | 立定跳远 | 10分 |
| | | 引体向上（男）/仰卧起坐（女） | 10分 |

续表

| 成绩构成 | | 考试项目与分值 | |
|---|---|---|---|
| | | 项目 | 分值 |
| 课外成绩 | 比赛 | 天津市比赛、院系比赛 | 10分 |
| | 社团 | 晨练、各种社团活动 | 10分 |

**踏板操、形体技评标准**

| 评价 | 技评标准 | 得分 |
|---|---|---|
| 优秀 | 动作流畅、到位，身体姿态优美，完成熟练，没有错误动作，音乐与动作协调一致，表现力好 | 20~19分 |
| 良好 | 动作流畅、到位，身体姿态良好，完成熟练，错误动作不超过四拍，音乐与动作协调一致，较好的表现力 | 18~17分 |
| 中等 | 动作流畅，身体姿态较好，错误动作不超过一个八拍，音乐与动作协调一致，较好的表现力 | 16~15分 |
| 及格 | 动作流畅，错误动作不超过一个半八拍，音乐与动作基本协调一致 | 14~13分 |
| 不及格 | 不能独立完成组合动作，或组合动作错误动作超过两个八拍 | 12分以下 |

## 第二学期

### 考试内容与分值

| 成绩构成 | | 考核项目与分值 | |
|---|---|---|---|
| | | 项目 | 分值 |
| 课内成绩 | 专项技术 | 踏板操组合动作 | 20分 |
| | | 瑜伽组合动作 | 20分 |
| | 身体素质 | 1000米（男）/800米（女） | 20分 |
| | | 50米 | 20分 |
| | | 立定跳远 | 10分 |
| | | 引体向上（男）/仰卧起坐（女） | 10分 |
| 课外成绩 | 比赛 | 天津市比赛、院系比赛 | 10分 |
| | 社团 | 晨练、各种社团活动 | 10分 |

**踏板操、瑜伽技评标准**

| 评价 | 技评标准 | 得　分 |
|---|---|---|
| 优秀 | 动作流畅、到位，身体姿态优美，完成熟练没有错误动作，音乐与动作协调一致，表现力好 | 20~19分 |
| 良好 | 动作流畅、到位，身体姿态良好，完成熟练，错误动作不超过四拍，音乐与动作协调一致，较好的表现力 | 18~17分 |
| 中等 | 动作流畅，身体姿态较好，错误动作不超过一个八拍，音乐与动作协调一致，较好的表现力 | 16~15分 |
| 及格 | 动作流畅，错误动作不超过一个半八拍，音乐与动作基本协调一致 | 14~13分 |
| 不及格 | 不能独立完成组合动作，或组合动作错误动作超过两个八拍 | 12分以下 |

## 七、教学进度

**第一学期踏板操形体专项课教学进度**

| 周次 | 教学内容 | 教学任务 |
|---|---|---|
| 1 | 1. 教学分班<br>2. 教师自我介绍<br>3. 学生体育课课堂常规及体育课成绩考核和评定管理方法<br>4. 介绍本学期踏板操和形体的学习内容及考试要求<br>5. 踏板操运动的概述、锻炼的价值、健身功效以及在俱乐部的开展情况<br>6. 形体运动的概述、形体练习的内容、特点、原则<br>7. 游戏、恢复性练习 | 1. 服从分配，明确学习目的<br>2. 使学生基本了解本课程所学的内容及考核的项目<br>3. 了解踏板操运动和形体运动的体育锻炼价值<br>4. 恢复体力。<br>5. 了解最早发源地，振奋精神、民族自豪感<br>6. 勇于坚持、直面困难 |
| 2 | 1. 踏板操的基本步伐：上下板、点板、板上"V"字步<br>2. 基本步伐小组合练习<br>3. 形体的基本练习：手位、脚位、站姿<br>4. 形体的基本形态练习：离把徒手姿态（手臂与身体姿态组合）（70、71）<br>5. 恢复性练习（小踢腿、吸腿跳） | 1. 熟悉并掌握踏板操与形体的动作<br>2. 初步掌握基本步伐组合练习<br>3. 下肢力量的恢复练习<br>4. 努力拼搏、吃苦耐劳 |

续表

| 周次 | 教学内容 | 教学任务 |
|---|---|---|
| 3 | 1. 踏板操的基本步伐练习：过板、板上跳<br>2. 踏板操的成套动作组合Ⅰ（8八拍动作）<br>3. 复习形体的手臂与身体姿态组合<br>4. 形体的基本步伐练习：柔软步<br>5. 素质练习：耐力练习与实心球 | 1. 使学生初步了解踏板操的健身价值<br>2. 初步掌握形体操的基本姿态，为学习成套动作打下基础<br>3. 完成400×3耐力测试<br>4. 敢于争取、积极进取、直面困难 |
| 4 | 1. 踏板操的基本步伐组合练习<br>2. 复习踏板操的成套动作组合Ⅰ（8八拍动作）<br>3. 形体的基本步伐练习：柔软步组合（一）77<br>4. 素质练习：耐力练习与实心球 | 1. 初步掌握踏板操的基本步伐和动作<br>2. 使学生逐渐了解形体的基本步伐<br>3. 完成800米变速跑测试<br>4. 长跑中要坚持不懈、挑战自我 |
| 5 | 1. 踏板操基本步伐组合练习<br>2. 学习踏板操成套动作Ⅰ（8八拍动作）<br>3. 形体的基本步伐复习：柔软步组合（一）<br>4. 形体的感知觉练习：头颈部位、躯干部位（腰背部位的屈伸）<br>5. 素质测试 | 1. 逐步掌握踏板操套路动作<br>2. 巩固掌握所学的形体基本步伐<br>3. 完成素质测试<br>4. 测试中要相互鼓励，体现坚韧不拔、顽强拼搏、永不服输的精神 |
| 6 | 1. 复习踏板操成套动作Ⅰ（8八拍动作）<br>2. 复习形体感知觉练习：头颈部位、躯干部位（腰背部位的屈伸）<br>3. 形体的感知觉练习：躯干部位（胸腰后屈）<br>4. 素质测试 | 1. 学生逐渐掌握所学动作<br>2. 使学生逐渐体会身体各个部位的变化<br>3. 完成素质测试<br>4. 测试中要相互鼓励，体现坚韧不拔、顽强拼搏、永不服输的精神 |
| 7 | 1. 踏板操基本步伐练习<br>2. 学习踏板操成套动作Ⅰ（8八拍动作）<br>3. 复习形体的感知觉练习：躯干部位（胸腰后屈）<br>4. 形体的基本素质练习：协调性组合Ⅰ<br>5. 素质测试 | 1. 使学生逐步掌握踏板操套路动作<br>2. 逐渐提高学生身体的协调性<br>3. 完成素质测试<br>4. 测试中要相互鼓励，体现坚韧不拔、顽强拼搏、永不服输的精神 |
| 8 | 1. 复习踏板操成套动作Ⅰ（8八拍动作）<br>2. 形体的感知觉练习：上肢部位（手指手腕屈伸）<br>3. 形体的基本素质练习：协调性组合Ⅰ<br>4. 素质测试 | 1. 使学生逐渐掌握所学动作<br>2. 逐渐提高学生身体的协调性<br>3. 完成素质测试<br>4. 测试中要相互鼓励，体现坚韧不拔、顽强拼搏、永不服输的精神 |

续表

| 周次 | 教学内容 | 教学任务 |
|---|---|---|
| 9 | 1. 学习踏板操基本步伐与成套动作Ⅰ（8八拍动作）<br>2. 复习形体的感知觉练习：上肢部位（手指手腕屈伸）<br>3. 形体的基本素质练习：协调性组合Ⅰ<br>4. 素质测试 | 1. 逐步掌握踏板操的套路动作<br>2. 让学生体会手指手腕的感觉<br>3. 完成素质测试<br>4. 测试中要相互鼓励，体现坚韧不拔、顽强拼搏、永不服输的精神 |
| 10 | 1. 复习踏板操成套动作Ⅰ（8八拍动作）<br>2. 复习形体的基本素质：协调性组合Ⅰ<br>3. 素质测试 | 1. 使学生逐渐掌握所学动作<br>2. 逐渐提高学生身体的协调性<br>3. 完成素质测试<br>4. 测试中要相互鼓励，体现坚韧不拔、顽强拼搏、永不服输的精神 |
| 11 | 1. 复习踏板操的成套动作Ⅰ<br>2. 复习形体的基本素质：协调性组合Ⅰ<br>3. 形体的基本形态练习：表现力组合Ⅰ<br>4. 素质测试 | 1. 巩固踏板操和形体操的成套动作<br>2. 使学生熟练并掌握所学动作<br>3. 完成素质测试<br>4. 测试中要相互鼓励，体现坚韧不拔、顽强拼搏、永不服输的精神 |
| 12 | 1. 踏板操的成套动作考试<br>2. 复习形体的基本素质：协调性组合Ⅰ<br>3. 形体的基本形态练习：表现力组合Ⅰ<br>4. 素质测试 | 1. 了解学生所学踏板课内容的掌握程度<br>2. 使学生逐渐提高协调性和表现力<br>3. 素质测试<br>4. 测试中要相互鼓励，体现坚韧不拔、顽强拼搏、永不服输的精神 |
| 13 | 1. 踏板操的成套动作补测<br>2. 形体总复习：手臂与身体姿态组合、协调性组合、表现力<br>3. 素质测试 | 1. 了解学生所学踏板课内容的掌握程度<br>2. 使学生巩固所学的形体课内容<br>3. 素质测试<br>4. 测试中要相互鼓励，体现坚韧不拔、顽强拼搏、永不服输的精神 |
| 14 | 1. 形体考试<br>2. 素质练习：速度练习与实心球 | 1. 了解学生所学形体课内容的掌握程度<br>2. 30米快速启动跑<br>3. 测试中要相互鼓励，体现坚韧不拔、顽强拼搏、永不服输的精神 |
| 15 | 1. 形体的成套动作补测<br>2. 素质练习：力量练习与实心球 | 1. 了解学生所学形体课内容的掌握程度<br>2. 完成蛙跳10×3练习<br>3. 测试中要相互鼓励，体现坚韧不拔、顽强拼搏、永不服输的精神 |

续表

| 周次 | 教学内容 | 教学任务 |
| --- | --- | --- |
| 16 | 宣布成绩，小结本学期课程，提出停课期间和假期的活动要求 | 1. 总结本学期课上课下、课前课后，出现各种带有违纪性质的情况，并对下学期提出要求<br>2. 介绍一下对下学期选课的安排<br>3. 提出假期活动的要求<br>4. 器材的维护<br>5. 收集学生对大纲的建议<br>6. 宣布成绩 |

## 第二学期踏板操瑜伽教学进度

| 周次 | 教学内容 | 教学任务 |
| --- | --- | --- |
| 1 | 1. 教学分班<br>2. 介绍国内外当前有氧踏板操和瑜伽的发展趋势<br>3. 如何对瑜伽进行美育评价<br>4. 进行踏板操、瑜伽训练的生理学基础<br>5. 游戏、素质及恢复性练习 | 1. 分班确定上课人数<br>2. 了解当前国内外踏板操与瑜伽的发展趋势<br>3. 运用科学手段进行锻炼<br>4. 最早发源地，振奋精神、民族自豪感<br>5. 勇于坚持、直面困难 |
| 2 | 1. 踏板操的基本步伐<br>2. 基本步伐组合练习<br>3. 瑜伽基本练习：呼吸法和常用坐姿<br>4. 恢复性练习（小踢腿、吸腿跳） | 1. 熟悉并掌握踏板操的基本姿态动作<br>2. 发展自我调节身心平衡<br>3. 下肢力量的恢复练习<br>4. 努力拼搏、吃苦耐劳 |
| 3 | 1. 踏板操的基本步伐变换组合练习<br>2. 踏板操的成套动作组合Ⅱ（8 八拍动作）<br>3. 学习第一组功（风吹树式、蜂雀式、折叠三角式、绕臂扭转式、跳水式）<br>4. 素质练习：力量练习与实心球 | 1. 使学生初步了解踏板操的健身价值<br>2. 增进脊柱的强度和弹性，消除背酸痛，从而培养耐力促进心智的清澈和安宁<br>3. 完成蛙跳 15×3 练习<br>4. 努力拼搏、吃苦耐劳 |
| 4 | 1. 踏板操的基本步伐变换组合练习<br>2. 复习踏板操的成套动作组合Ⅱ（8 八拍动作）<br>3. 学习第二组功（磨豆式、简易箭式、回飞棒式、简易轮式、简化扭脊式）<br>4. 瑜伽收束法练习<br>5. 素质练习：力量练习与实心球 | 1. 初步掌握踏板操的基本步伐和动作<br>2. 提升了精力，减低背部受伤的概率，增加髋部和脊柱的柔韧性，使内脏器官恢复活力<br>3. 完成单足跳 20×4、双足跳 20×4<br>4. 坚持不懈、顽强拼搏 |

续表

| 周次 | 教学内容 | 教学任务 |
|---|---|---|
| 5 | 1. 踏板操基本步伐变换组合练习<br>2. 学习踏板操成套动作Ⅱ（8八拍动作）<br>3. 学习第三组功（简化弓式、迷你坐式、头转动式、炮弹式）<br>4. 瑜伽契合法练习<br>5. 素质测试 | 1. 逐步掌握踏板操套路动作<br>2. 伸展脊柱、舒松后腰、安抚神经促使放松，加强髋部的屈肌和腹部的肌肉<br>3. 完成素质测试<br>4. 测试中要相互鼓励，体现坚韧不拔、顽强拼搏、永不服输的精神 |
| 6 | 1. 复习踏板操成套动作Ⅱ（8八拍动作）<br>2. 增强精力呼吸法<br>3. 学习第四组功（颈部练习、踮脚蹲式、火烈鸟式、动态前弯式、三角伸展式）<br>4. 瑜伽休息术练习<br>5. 素质测试 | 1. 使学生逐渐掌握所学动作<br>2. 消除背部僵硬，增进全面的力量和灵活性，刺激神经系统，缓解沮丧的情绪<br>3. 完成素质测试<br>4. 测试中要相互鼓励，体现坚韧不拔、顽强拼搏、永不服输的精神 |
| 7 | 1. 踏板操基本步伐变换练习<br>2. 学习踏板操成套动作Ⅱ（8八拍动作）<br>3. 学习第五组功（眼镜蛇伸展式、蝗虫式、猫伸展式、夕阳伸展式、动态扭转式）<br>4. 瑜伽热身姿势练习法<br>5. 素质测试 | 1. 使学生逐步掌握踏板操套路动作<br>2. 加强心肺部，调和肝肾促进消化，放松脖子与伸展背部，保持脊柱的弹性和健康，协调体内各系统<br>3. 完成素质测试<br>4. 测试中要相互鼓励，体现坚韧不拔、顽强拼搏、永不服输的精神 |
| 8 | 1. 复习踏板操成套动作Ⅰ（8八拍动作）<br>2. 学习第六组功（竖腿式、下半身摇摆式、倾斜桥式、腿旋转式、摇摆式、坐鹰式）<br>3. 素质测试 | 1. 使学生逐渐掌握所学动作<br>2. 使姿态更美观，修饰大腿内侧的线条，加强背部和腹部，放松伸展胸部和肩部<br>3. 完成素质测试<br>4. 测试中要相互鼓励，体现坚韧不拔、顽强拼搏、永不服输的精神 |
| 9 | 1. 学习踏板操成套动作Ⅰ（8八拍动作）<br>2. 学习第七组功（手臂旋转式、肩膀转动式、抬肩式、后弯延伸式、风车式、树式）<br>3. 素质测试 | 1. 逐步掌握踏板操套路动作<br>2. 灵活肩膀和髋部，伸展脊柱调和脊神经，刺激淋巴系统增强免疫力，从而增进平衡和精神集中的能力<br>3. 完成素质测试<br>4. 测试中要相互鼓励，体现坚韧不拔、顽强拼搏、永不服输的精神 |

续表

| 周次 | 教学内容 | 教学任务 |
| --- | --- | --- |
| 10 | 1. 复习踏板操成套动作Ⅰ（8八拍动作）<br>2. 学习第八组功（简易骆驼式、单腿交换伸展式、踩踏车式、吊桥式、侧抬腿式）<br>3. 素质测试 | 1. 使学生逐渐掌握所学动作<br>2. 调整生殖系统，刺激肾脏，强壮大腿、臀部和腰部的肌肉<br>3. 完成素质测试<br>4. 测试中要相互鼓励，体现坚韧不拔、顽强拼搏、永不服输的精神 |
| 11 | 1. 复习踏板操的成套动作Ⅰ<br>2. 学习第九组功（幻椅式、新月式、战士第三式、侧角式、蜥蜴式、蝗虫上举式）<br>3. 形体感知觉练习：屈直腿控制<br>4. 素质测试 | 1. 巩固踏板操和形体的成套动作<br>2. 培养平衡感和协调性，加强双腿、背部和肩部的力量，从而以动作与呼吸的配合来培养心意的集中<br>3. 完成素质测试<br>4. 测试中要相互鼓励，体现坚韧不拔、顽强拼搏、永不服输的精神 |
| 12 | 1. 踏板操的成套动作考试<br>2. 学习第十组功（桥式、倒箭式、鱼式、船式、睡蛙式）<br>3. 素质测试 | 1. 了解学生所学踏板课内容的掌握程度<br>2. 充分发挥学生的创造力<br>3. 调节甲状腺的功能，从而均衡新陈代谢，按摩肾脏缓解腹部疾病，增加髋、膝、脚踝的灵活性<br>4. 完成素质测试<br>5. 测试中要相互鼓励，体现坚韧不拔、顽强拼搏、永不服输的精神 |
| 13 | 1. 踏板操的成套动作补测<br>2. 复习十组功<br>3. 素质测试 | 1. 了解学生所学踏板课内容的掌握程度<br>2. 使学生巩固所学的瑜伽课内容<br>3. 完成素质测试<br>4. 测试中要相互鼓励，体现坚韧不拔、顽强拼搏、永不服输的精神 |
| 14 | 1. 瑜伽成套动作考试<br>2. 素质练习：力量练习与实心球 | 1. 检测学生对瑜伽课的掌握程度<br>2. 腰腹、背部力量练习<br>3. 测试中要相互鼓励，体现坚韧不拔、顽强拼搏、永不服输的精神 |
| 15 | 1. 瑜伽成套动作补测<br>2. 素质练习：柔韧性练习与实心球 | 1. 让学生逐步了解有氧舞蹈<br>2. 了解学生所学瑜伽课内容的掌握程度<br>3. 腰部、腿部拉伸<br>4. 测试中要相互鼓励，体现坚韧不拔、顽强拼搏、永不服输的精神 |

续表

| 周次 | 教学内容 | 教学任务 |
|---|---|---|
| 16 | 宣布成绩,小结本学期课程,提出停课期间和假期的活动要求 | 1. 总结本学期课上课下,课前课后,出现各种带有违纪性质的情况,并对下学期提出要求<br>2. 介绍一下对下学期选课的安排<br>3. 提出假期活动的要求<br>4. 器材的维护<br>5. 收集学生对大纲的建议<br>6. 宣布成绩 |

八、教学建议

1. 重视基本功练习,掌握正确的运动方法。

2. 注重直观教学。

3. 重视技术在实际中的运用。

4. 使学生清楚地认识到大学体育的实质,树立终身体育的良好观念。

## 五、健美教学大纲

**课程介绍**

健美健身作为时下最流行的运动,可以采用徒手练习,如各种徒手健美操、韵律操、形体操以及各种自抗力动作,也可以采用轻器械练习操,如哑铃操、踏板操、小杠铃操、瑞士球操等,还可以采用各种轻重不同的运动器械来进行练习,如杠铃、哑铃、壶铃等器械。运用专门的动作方式和方法进行锻炼,不仅能发达肌肉、增强肌肉的弹性肌力,而且对心血管系统、呼吸系统、运动系统等各内脏器官的功能也能产生良好的影响。此外,健美健身还对改善体形、体态和矫正身体畸形有着十分显著的作用。

本课程开设两个学期的选项课,共 64 学时,以实践课为主,理论课为辅。实践课主要以健美操、器械和身体素质练习为主,通过学习使学生掌握健美操的套路组合和器械健身的基本方法。在"立德树人"教育要求的引领下,充分发挥本课程优势,进行爱国主义教育、传统文化教育和工匠精神的养成,践行核心价值观。培养学生顽强拼搏、奋斗有我的信念,树立良好自律意识,遵从良好职业操守。帮助学生在体育锻炼中享受乐趣、增强体质、健全人格、锤炼意志,形成终身体育意识,努力培养德、智、体、美、劳全面发展的高素质技术技能型人才。

一、教学目的与任务

(一)教学目的

1. 为贯彻"课程思政"精神,依照党的教育方针和学院教学安排,在健美健身课程中加强对学生的思想政治教育,使学生明确健美健身的意义,培养对健美健身的兴趣和爱好,树立健身观念和终身体育意识,为终身体育奠定基础。

2. 掌握健美健身锻炼的基本知识和技能,掌握基础的健美健身的方法、理论、手段及注意事项,可以进行自主独立的锻炼,培养德、智、体、美、劳全面发展的社会主义建设者和接班人。

3. 通过健美健身教学,发达肌肉、增强肌肉的弹性肌力,促进身心健康、矫正畸形、改善体态、修塑形体、减少多余脂肪。

4. 通过健美健身的学习,培养学生的基本姿态和良好的气质风度,提高学生的协调性、节奏感和审美能力。

5. 通过健美健身的学习,提高学生心肺有氧代谢的功能,宣泄日常的学习生活压力,获取愉悦的心情,使生活充满激情与活力。

6. 结合健美健身的特点,培养学生遵守纪律、勇敢坚毅、吃苦耐劳、创新进取的优良品质及相互关心、相互帮助的团结协作精神。

(二)教学任务

1. 享受乐趣,强健体魄。第一学期主要以学习各种小器械的一些练习方法和健美操一级套路的学习为主,使学生学会听音乐节奏,掌握一些健美操的基本脚步动作,通过各种小组合练习达到强身健体的效果。

2. 深入学习,稳步提高。第二学期使学生更进一步地去深入学习健美操二级套路和小器械的进阶组合练习,两项的难度都有所增加,难免学生会出现胆怯心理,这时候就能更好地培养学生不怕困难、勇于挑战的精神。

3. 培养能力,提升意识。通过两个学期的实践课培养学生发现问题、分析问题、解决问题的能力，同时加强思想道德教育，树立良好的集体观，丰富学生业余文化生活，陶冶情操，自觉成为健身小达人。

二、教学要求

1. 教师认真备课，严格遵守教学进度，教学设计、教学教案充分融入思政元素。

2. 加强职业道德修养和行为规范，努力提高业务素质，不断更新理论知识，紧密联系健美健身课的教学实际，将德育融入整个教学过程中，提高学生思想政治与业务素质，真正成为学生的楷模。要在体育教学中有机融入奥林匹克精神教育，将"更高、更快、更强"的奥运精神扎根于他们心中，引导他们开阔胸怀、尊敬他人、增进友谊、公平公正，培养团结协作、坚韧顽强、奋力拼搏、勇攀高峰的优秀品质。

3. 重视教学方法的改革创新，注重采用多样化、现代化的教学手段，培养学生的自学能力、创新意识。

4. 为增强体质、促进健康，每节课都要有一定时间进行素质练习，重点发展学生的速度、力量、耐力、灵敏、柔韧、协调等身体素质。享受运动乐趣、强健体魄、树立终身体育意识，让健身运动成为伴随一生的运动项目之一。

5. 利用理论课或课外时间解读一些具有历史意义的重大比赛；利用线上教学播放精彩体育比赛场面和优秀运动员、教练员的先进事迹等。让学生在课堂学习的过程中感受到民族自豪感、激发学生强烈爱国热情，培养学生团结拼搏、勇于进取的爱国主义情怀。

三、教学基本内容

1. 理论部分

1.1 健美健身概述、运动训练学、运动生理学、营养学等

1.2 健身器械的使用方法及训练方法

1.3 健美健身营养的补充与体重的控制

1.4 健美操运动的起源、发展、特点和功能

1.5 健美操运动的分类、编排方法和要求

2. 实践部分

2.1 基本技术

2.1.1 手臂肌群练习

2.1.2 肩部肌群练习

2.1.3 胸部肌群练习

2.1.4 背部肌群练习

2.1.5 腰腹肌群练习

2.1.6 臀腿部肌群练习

2.1.7 健美操的基本步法和组合

2.1.8 健美操1~2级规定套路动作

2.2 身体素质练习：耐力、速度、腰腹力量等

3. 思政元素

彰显健美课程思政在培育大学生的世界观与人生观、树立理想信念、提升品德修养、涵养奋斗精神、增强综合素质等方面的功能，助推爱国、上进、责任、果敢、担当、乐观、合作等价值观念得到大学生深入、稳定、持久的深刻理解和高度认同。

四、教　　材

**上课教材**：刘海元，《学校体育教程》，北京体育大学出版社，2018年。

**参考教材**：张先松，《健身健美运动》，高等教育出版社（第二版），2005年。

［法］Fredrdic，《肌肉健美训练图解》，山东科学技术出版社，2013年。

张盛海，《器械塑身》，北京体育大学出版社，2015年。

沈福春，《健身指导手册》，北京体育大学出版社，2009年。

全国体育学院教材委员会审定，《健美操》，人民体育出版社，2008年。

五、课时分配

**两学期健美课教学内容和教学时数**

| 编号 | 内容 | 学时 | 比例 | 各学期学时分配 | |
|---|---|---|---|---|---|
| | | | | 一 | 二 |
| 1 | 理论部分 | 4 | 6.2% | 2 | 2 |
| 2 | 技术部分 | 38 | 59.4% | 19 | 19 |
| 3 | 素质部分 | 22 | 34.4% | 11 | 11 |
| 4 | 合　计 | 64 | 100% | 32 | 32 |

## 六、考试内容、方法及评分标准

### （一）第一学期

**考试内容与分值**

| 成绩构成 | | 考试项目与分值 | |
|---|---|---|---|
| | | 项目 | 分值 |
| 课内成绩 | 专项技术 | 健美操一级 | 20 分 |
| | | 跪姿俯卧撑 | 20 分 |
| | 身体素质 | 800 米/1000 米 | 20 分 |
| | | 50 米 | 20 分 |
| | | 立定跳远 | 10 分 |
| | | 1 分钟仰卧起坐/引体向上 | 10 分/20 分 |
| 课外成绩 | 比　赛 | 天津市比赛、院系比赛 | 10 分 |
| | 社　团 | 晨练、各种社团活动 | 10 分 |

1. 健美操一级规定套路动作评分标准：

| 评价 | 评分标准 | 得分 |
|---|---|---|
| 优秀 | 动作与音乐合拍，动作准确、流畅、到位，表现力丰富，充分体现力度 | 20~19 分 |
| 良好 | 动作与音乐合拍，动作较准确、流畅、到位，表现力较好，较能体现力度。18~16 分 | |
| 中等 | 动作与音乐合拍，动作不够准确、流畅、到位，表现力一般，力度不够 | 15~13 分 |
| 及格 | 动作与音乐基本合拍，动作不够准确、流畅、到位，表现力较差，力度不够 | 12 分 |
| 不及格 | 动作与音乐不合拍，动作不准确、流畅、到位，表现力差，力度不够 | 12 分以下 |

## 2. 跪姿俯卧撑评分标准

| 次数 | 40 | 39 | 36 | 34 | 32 | 30 | 28 | 26 | 24 | 22 | 20 | 18 | 15 | 12 |
|---|---|---|---|---|---|---|---|---|---|---|---|---|---|---|
| 分值 | 20 | 19 | 18 | 17 | 16 | 15 | 14 | 13 | 12 | 11 | 10 | 9 | 8 | 7 |

要求：1. 挺胸收腹，腰背平直，肩、腰、大腿在同一条直线上；

2. 手臂自然伸直，垂直于地面；

3. 两手与肩同宽，向下时至大臂与地面平行，控制肘部紧贴身体两侧。

（二）第二学期

**考试内容与分值**

| 成绩构成 | | 考试项目与分值 | |
|---|---|---|---|
| | | 项目 | 分值 |
| 课内成绩 | 专项技术 | 健美操二级 | 20分 |
| | | 平板支撑 | 20分 |
| | 身体素质 | 800米/1000米 | 20分 |
| | | 50米 | 20分 |
| | | 立定跳远 | 10分 |
| | | 1分钟仰卧起坐/引体向上 | 10分/20分 |
| 课外成绩 | 比　赛 | 天津市比赛、院系比赛 | 10分 |
| | 社　团 | 晨练、各种社团活动 | 10分 |

1. 健美操二级规定套路评分标准：

| 评价 | 评分标准 | 得分 |
|---|---|---|
| 优秀 | 动作与音乐合拍，动作准确、流畅、到位，表现力丰富，充分体现力度 | 20~19分 |
| 良好 | 动作与音乐合拍，动作较准确、流畅、到位，表现力较好，较能体现力度 | 18~16分 |
| 中等 | 动作与音乐合拍，动作不够准确、流畅、到位，表现力一般，力度不够 | 15~13分 |
| 及格 | 动作与音乐基本合拍，动作不够准确、流畅、到位，表现力较差，力度不够 | 12分 |
| 不及格 | 动作与音乐不合拍，动作不准确、流畅、到位，表现力差，力度不够 | 12分以下 |

2. 平板支撑评分标准：

| 时间 | 170s | 160s | 150s | 140s | 130s | 120s | 110s | 100s | 90s | 80s | 70s | 60s | 50s | 40s | 30s |
|---|---|---|---|---|---|---|---|---|---|---|---|---|---|---|---|
| 分值 | 20 | 19 | 18 | 17 | 16 | 15 | 14 | 13 | 12 | 11 | 10 | 9 | 8 | 7 | 6 |

要求：1. 肘关节弯曲让前臂紧贴地面，手掌和手肘都平放于地面；
2. 双脚踩地，保持头部、肩部、背部、胯部和踝关节在同一平面；
3. 收紧腹部和臀部，保持双眼正向看着地面，保持呼吸均匀。

七、教学进度

**第一学期健美教学进度**

| 周数 | 教学内容 | 教学任务与要求 |
| --- | --- | --- |
| 1 | 1. 教学分班，开课导言<br>2. 体育课堂常规教育<br>3. 介绍本学期教学内容和任务<br>4. 体育课考核内容及考核办法<br>5. 介绍健美健身的概况<br>6. 介绍各种器械的使用方法<br>7. 体力恢复 | 1. 服从分配，明确学习目的<br>2. 使学生了解体育课课堂常规<br>3. 熟悉学习内容及考核方法<br>4. 让学生了解本课程的特点<br>5. 慢跑要勇于尝试、勇于坚持、直面困难 |
| 2 | 1. 学习健美操基本步法及组合动作<br>2. 学习哑铃手臂塑形<br>3. 学习哑铃肩部塑形<br>4. 耐力素质练习 | 1. 初步掌握健美操基本步法及组合<br>2. 掌握正确动作与合理训练量<br>3. 训练对肌肉有一定强度的刺激<br>4. 恢复身体机能，提高体能<br>5. 在练习中要勇于突破自己，正视困难，解决困难 |
| 3 | 1. 学习健美操一级第一组合动作<br>2. 学习壶铃（杠铃）臀腿训练<br>3. 耐力素质练习 | 1. 初步掌握健美操第一组合<br>2. 掌握正确动作与合理训练量<br>3. 训练对肌肉有一定强度的刺激<br>4. 提高学生耐力速度<br>5. 在练习中要勇于突破自己，正视困难，解决困难 |
| 4 | 1. 800 米第一次测试<br>2. 学习健美操一级第二组合动作<br>3. 弹力带塑形训练 | 1. 检验学生的耐力素质，在测试中要互相鼓励，体现坚持不懈、顽强拼搏、永不服输的精神<br>2. 初步掌握健美操第二组合<br>3. 掌握正确动作与合理训练量<br>4. 在练习中要勇于突破自己，正视困难，解决困难 |
| 5 | 1. 800 米第二次测试<br>2. 复习健美操一级前两个组合动作<br>3. 健身球核心训练 | 1. 检验学生的耐力素质，在测试中要互相鼓励，体现坚持不懈、顽强拼搏、永不服输的精神<br>2. 巩固并提高健美操前两个组合<br>3. 提高和发展学生的核心力量 |

续表

| 周数 | 教学内容 | 教学任务与要求 |
|---|---|---|
| 6 | 1. 50米和立定跳远第一次测试<br>2. 学习健美操第三组合动作<br>3. 跪姿俯卧撑训练 | 1. 检验学生的速度素质和爆发力，鼓励学生勇于尝试、自信、积极、乐观<br>2. 初步掌握健美操第三组合<br>3. 训练对肌肉有一定强度的刺激 |
| 7 | 1. 50米和立定跳远第二次测试<br>2. 学习健美操套路第四组合动作<br>3. 跪姿俯卧撑训练 | 1. 检验学生的速度素质和爆发力，鼓励学生勇于尝试、自信、积极、乐观<br>2. 初步掌握健美操第四组合<br>3. 训练对肌肉有一定强度的刺激 |
| 8 | 1. 复习健美操第三、第四组合动作<br>2. 仰卧起坐测试1<br>3. 杠铃（炮筒）臀腿训练 | 1. 巩固并提高健美操后两个组合<br>2. 检验学生的腰腹肌力量<br>3. 掌握正确动作与合理训练量<br>4. 在练习或者考试中要勇于突破自己，正视困难，解决困难 |
| 9 | 1. 复习整套健美操组合动作<br>2. 仰卧起坐测试2<br>3. 壶铃（哑铃）全身燃脂训练 | 1. 巩固并提高健美操套路，练习中要相互鼓励，互相进步<br>2. 检验学生的腰腹肌力量<br>3. 掌握正确动作与合理训练量<br>4. 训练对肌肉有一定强度的刺激 |
| 10 | 1. 复习整套健美操组合动作<br>2. 器械臀腿训练<br>3. 跪姿俯卧撑训练 | 1. 巩固并提高健美操套路<br>2. 掌握正确动作与合理训练量<br>3. 训练对肌肉有一定强度的刺激<br>4. 在练习中勇于突破自己，正视困难，解决困难 |
| 11 | 1. 健美操考试1<br>2. 健腹轮（徒手）核心训练 | 1. 通过测试，检验学生的学习情况和教师的教学情况，测试者应沉着冷静、自信、自我纠正错误<br>2. 掌握正确动作与合理训练量<br>3. 训练对肌肉有一定强度的刺激 |
| 12 | 1. 健美操考试2<br>2. 器械核心训练<br>3. 素质补测 | 1. 通过测试，检验学生的学习情况和教师的教学情况，测试者应沉着冷静、自信、自我纠正错误<br>2. 补测时应鼓励学生要勇于挑战困难，证明自己 |
| 13 | 1. 跪姿俯卧撑考试1<br>2. 自由器械练习 | 1. 通过跪姿俯卧撑的测试，了解学生上肢、胸肌和核心肌群力量<br>2. 要求测试者应沉着冷静、自信、积极乐观 |

续表

| 周数 | 教学内容 | 教学任务与要求 |
|---|---|---|
| 14 | 1. 跪姿俯卧撑考试2<br>2. 专项理论课：健美健身训练法、运动损伤的预防与处置、营养的补充与体重的控制<br>3. 自由器械练习 | 1. 通过跪姿俯卧撑的测试，了解学生上肢、胸肌和核心肌群力量，要求测试者应沉着冷静、自信、积极乐观<br>2. 使学生了解健美健身的训练方法、常见的运动损伤预防及处理、营养的补充与体重的控制 |
| 15 | 1. 各项补测<br>2. 自由器械练习 | 1. 通过补测，完成本学期所有的考试任务<br>2. 补测时应鼓励学生间要互相帮助、以强带弱、互相鼓励 |
| 16 | 1. 成绩分析<br>2. 总结本学期体育课的学习情况并征求学生的意见和建议<br>3. 提出假期锻炼要求和安全注意事项 | 1. 假期的安全注意事项<br>2. 制订假期锻炼计划并实施 |

**第二学期健美教学进度**

| 周数 | 教学内容 | 教学任务和要求 |
|---|---|---|
| 1 | 1. 教学分班，开课导言<br>2. 体育课堂常规教育<br>3. 介绍本学期教学内容和任务<br>4. 体育课考核内容及考核办法<br>5. 介绍健美健身的概况<br>6. 介绍各种器械的使用方法<br>7. 体力恢复 | 1. 服从分配，明确学习目的<br>2. 使学生了解体育课课堂常规<br>3. 熟悉学习内容及考核方法<br>4. 让学生了解本课程的特点<br>5. 慢跑要勇于尝试、勇于坚持、直面困难 |
| 2 | 1. 学习健美操基本步法及组合动作<br>2. 弹力带手臂塑形训练<br>3. 哑铃肩部塑形训练<br>4. 耐力素质练习 | 1. 初步掌握健美操基本步法和组合<br>2. 掌握正确动作与合理训练量<br>3. 训练对肌肉有一定强度的刺激<br>4. 恢复身体机能，提高体能<br>5. 在练习中要勇于突破自己，正视困难，解决困难 |
| 3 | 1. 学习健美操二级第一组合动作<br>2. 弹力带背部塑形训练<br>3. 哑铃胸部塑形训练<br>4. 耐力素质练习：800米限时跑 | 1. 初步掌握健美操二级第一组合<br>2. 掌握正确动作与合理训练量<br>3. 训练对肌肉有一定强度的刺激<br>4. 提高学生耐力速度<br>5. 在练习中要勇于突破自己，正视困难，解决困难 |

续表

| 周数 | 教学内容 | 教学任务和要求 |
| --- | --- | --- |
| 4 | 1. 800米第一次测试<br>2. 学习健美操二级第二组合动作<br>3. 壶铃塑形训练 | 1. 检验学生的耐力素质,在测试中要互相鼓励,体现坚持不懈、顽强拼搏、永不服输的精神<br>2. 初步掌握健美操第二组合动作<br>3. 掌握正确动作与合理训练量<br>4. 训练对肌肉有一定强度的刺激 |
| 5 | 1. 800米第二次测试<br>2. 复习健美操二级前两个组合动作<br>3. 健身球核心训练 | 1. 检验学生的耐力素质,在测试中要互相鼓励,体现坚持不懈、顽强拼搏、永不服输的精神<br>2. 巩固并提高健美操前两个组合动作<br>3. 提高和发展学生的核心力量 |
| 6 | 1. 50米和立定跳远第一次测试<br>2. 学习健美操第三组合动作<br>3. 平板支撑训练 | 1. 检验学生的速度素质和爆发力,鼓励学生勇于尝试、自信、积极、乐观<br>2. 初步掌握健美操第三组合动作<br>3. 训练对肌肉有一定强度的刺激 |
| 7 | 1. 50米和立定跳远第二次测试<br>2. 学习健美操套路第四组合动作<br>3. 平板支撑训练 | 1. 检验学生的速度素质和爆发力,鼓励学生勇于尝试、自信、积极、乐观<br>2. 初步掌握健美操第四组合动作<br>3. 训练对肌肉有一定强度的刺激 |
| 8 | 1. 复习健美操第三、第四组合动作<br>2. 仰卧起坐测试1<br>3. 杠铃(炮筒)臀腿训练 | 1. 巩固并提高健美操后两个组合动作<br>2. 检验学生的腰腹肌力量<br>3. 掌握正确动作与合理训练量<br>4. 在练习或者考试中要勇于突破自己,正视困难,解决困难 |
| 9 | 1. 复习整套健美操组合动作<br>2. 仰卧起坐测试2<br>3. 壶铃(哑铃)全身燃脂训练 | 1. 巩固并提高健美操套路,练习中要相互鼓励,互相进步<br>2. 检验学生的腰腹肌力量<br>3. 掌握正确动作与合理训练量<br>4. 训练对肌肉有一定强度的刺激 |
| 10 | 1. 复习整套健美操组合动作<br>2. 器械臀腿训练<br>3. 平板支撑训练 | 1. 巩固并提高健美操套路<br>2. 掌握正确动作与合理训练量<br>3. 训练对肌肉有一定强度的刺激<br>4. 在练习中勇于突破自己,正视困难,解决困难 |

续表

| 周数 | 教学内容 | 教学任务和要求 |
|---|---|---|
| 11 | 健美操考试1 | 1. 通过测试，检验学生的学习情况和教师的教学情况<br>2. 面对考试要沉着冷静，保持良好心态，突破自我 |
| 12 | 1. 健美操考试2<br>2. 素质补测 | 1. 通过测试，检验学生的学习情况和教师的教学情况，测试者应沉着冷静、自信、自我纠正错误<br>2. 补测时应鼓励学生要勇于挑战困难，证明自己 |
| 13 | 1. 平板支撑考试1<br>2. 自由器械练习<br>3. 素质补测 | 1. 通过平板支撑的测试，了解学生核心肌群力<br>2. 要求测试者沉着冷静、自信、积极乐观 |
| 14 | 1. 平板支撑考试2<br>2. 专项理论课：健身健美训练法、放松与调节、健身与饮食<br>3. 自由器械练习 | 1. 通过平板支撑的测试，了解学生核心肌群力量，要求测试者应沉着冷静、自信、积极乐观<br>2. 使学生了解更多的健身健美知识，学会科学健身和饮食 |
| 15 | 1. 各项补测<br>2. 自由器械练习 | 1. 通过补测，完成本学期所有的考试任务<br>2. 补测时应鼓励学生间要互相帮助，以强带弱，互相鼓励 |
| 16 | 1. 成绩分析<br>2. 总结本学期体育课的学习情况并征求学生意见建议 | 1. 假期的安全注意事项<br>2. 制订假期锻炼计划并实施 |

八、教学建议

1. 课程教学组织建议

理论知识由教师集中讲解，主要讲解训练方法、肌肉的恢复，以及相关的伤病预防等。实践部分教师讲解示范，学生的练习采用分组练习，个别辅导与集中讲解配合讲授动作要领。

2. 课程教学方法建议

分解教学法与完整教学法相结合，示范法、观摩法与模仿法相结合，分组练习法与纠错法相结合，运用现代教育技术与启发式教育相结合的方法。

3. 学生学习本课程的方法建议

通过课堂教师的讲解示范，学生进行练习，下课后巩固和提高。

九、备注

健美课是深受学生欢迎的一门课程，同时也是相对枯燥的一门课程。因此要求授课教师要有很强的责任心，必须按要求做好准备活动和安全教育。每次授课均要提出安全要求和有关措施。

## 六、健美操教学大纲

**课程介绍：**

健美操是伴随着人类文明的发展而兴起的，它是集音乐、舞蹈、美学于一体的新型体育项目。以其固有的价值和魅力风靡世界，深受学生喜爱。本课程主要以学习健美操的基本步法组合和大众健美操等级锻炼标准动作套路为主，让学生掌握大众等级健美操的特点，对大众健美操的锻炼价值有更高的认识，学会健身方法，培养良好的运动习惯和运动兴趣。

在"立德树人"教育要求的引领下开展"以体育人"，结合本课程特点在课堂上融入爱国主义教育、民族精神和社会主义核心价值观，把握好融入、渗透、总结、反思的教学环节，积极培养学生拼搏竞争、循规守则、团结合作、耐受输赢的体育精神。帮助学生在体育课中体会到运动的乐趣，教育学生在体育课中形成健全的人格与健康的三观，培养学生形成终身体育的意识。

一、教学目的与任务

（一）教学目的

1. 为贯彻"课程思政"精神，依照党的教育方针和学院教学安排，通过踏板操、形体、瑜伽课程，加强对学生的思想政治教育，结合本课程运动特点，在教学中培养学生吃苦耐劳、顽强勇敢的意志品质，养成团结友爱的集体主义精神，以及互帮互学、刻苦钻研的优良学风，并通过教学形成对"美"的理解，热爱党的教育和体育事业。

2. 通过合理、科学的体育锻炼过程，增强体质，增进健康，提高体育素养。

3. 通过健美操课程的学习，使学生掌握健美操的基本动作组合、大众健美操一二级的套路组合动作和协调性组合套路。

4. 通过健美操课程的学习，培养学生的基本姿态和良好的气质风度，提高学生的协调性、节奏感和审美能力。

5. 通过健美操的学习，提高学生心肺有氧代谢的功能，塑造健康的形体，获取愉悦的心情，使生活充满激情与活力。

6. 通过健美操课程的学习，让学生更进一步掌握健美操的特点，能自己选择健美操音乐，自己编排简单的成套动作，对大众健身操的锻炼价值有更高的认识，学会健身方法，培养良好的运动习惯和运动兴趣。

7. 通过身体素质练习，巩固提高学生的身体素质与身体抵抗力。帮助学生在体育课中体会到运动的乐趣，教育学生在体育课中形成健全的人格与健康的三观，培养德、智、体、美、劳全面发展的社会主义建设者和接班人。

（二）教学任务

1. 学生通过踏板操、形体、瑜伽课程的学习，达到强身健体、减肥塑形的作用，提高身体协调性与素质能力。

2. 通过教学培养学生形成正确、健康的三观和良好的道德情操。

3. 加强思想品德教育，树立良好的集体观念和坚韧不拔的意志品质，丰富学生业余文化生活，陶冶情操。

二、教学要求

1. 教师认真备课，严格遵守教学进度，教学设计、教学教案充分融入思政要素。

2. 严格管理，保持好课堂秩序，注意人身安全。

3. 爱护教学设备。

4. 传授运动项目的技术，使学生掌握科学锻炼身体的方法；提高学生体育文化素质，使学生正确认识体育教育的意义，了解体育锻炼的科学知识，掌握自我监督、评价身体健康的方法；培养和提高体育欣赏能力；将奋勇争先、为国争光的"体育精神"贯穿于课程教学中，指引学生志存高远、热爱祖国。

5. 全面增进学生的身心健康，改善学生的心理素质，提高身体机能和身体素质，增强适应社会、自然环境的能力。体育与美育相结合，通过鲜活的形象引起学生们的共鸣，提高学生的审美能力，有助于学生对美的鉴别力，以及对真、善、美的追求。

三、教学基本内容

1. 基本理论知识

1.1 健美操的概述

1.2 健美操竞赛规则

1.3 健美操术语

1.4 健美操的音乐与编排

1.5 大众健美操概述、健美操欣赏（看录像）

1.6 体育锻炼与社会适应能力

2. 实践教学

2.1 健美操基本步法和手法

2.2 健美操基本步法和手法的组合练习

2.3 大众健美操1、2级组合套路

2.4 协调型组合

2.5 身体素质练习：仰卧起坐、立定跳远、1000m、800m、100m、50m冲刺跑、30m折返跑、引体向上、立卧撑等

3. 思政元素

健美操属于健美类项目，要在课程中充分发挥项目特点，培养学生美育观念，提高学生的审美能力，有助于学生对美的鉴别力，以及对真、善、美的追求。在学习大众健美操的同时要学习竞技健美操精神，培养学生不放弃、不服输、胜不骄败不馁、吃苦耐劳、拼搏争先的精神。

四、教材及参考书

**上课教材**：刘海元，《学校体育教程》，北京体育大学出版社，

2018 年。

**参考教材**：全国体育学院教材委员会审定，《健美运动》，人民体育出版社，1991 年。

五、课时分配

**两学期健美操课教学内容和教学时数**

| 编号 | 内容 | 学时 | 比例 | 各学期学时分配 | |
|---|---|---|---|---|---|
| | | | | 一 | 二 |
| 1 | 理论部分 | 4 | 6.2% | 2 | 2 |
| 2 | 专项部分 | 38 | 59.4% | 19 | 19 |
| 3 | 素质部分 | 22 | 34.4% | 11 | 11 |
| 4 | 合　计 | 64 | 100% | 32 | 32 |

六、考试内容、方法及评分标准

（1）第一学期

考试内容与分值

**大众一级健美操和协调性组合套路评分标准：**

| 评价 | 评分标准 | 得分 |
|---|---|---|
| 优秀 | 动作与音乐合拍，动作准确、流畅、到位，表现力丰富，充分体现力度 | 20～19 分 |
| 良好 | 动作与音乐合拍，动作较准确、流畅、到位，表现力较好，较能体现力度 | 18～16 分 |
| 中等 | 动作与音乐合拍，动作不够准确、流畅、到位，表现力一般，力度不够 | 15～13 分 |
| 及格 | 动作与音乐基本合拍，动作不够准确、流畅、到位，表现力较差，力度不够 | 12 分 |
| 不及格 | 动作与音乐不合拍，动作不准确、流畅、到位，表现力差，力度不够 | 12 分以下 |

（2）第二学期

考试内容与分值

**大众二级健美操和协调性组合套路评分标准：**

| 评价 | 评分标准 | 得分 |
|---|---|---|
| 优秀 | 动作与音乐合拍，动作准确、流畅、到位，表现力丰富，充分体现力度 | 20～19 分 |
| 良好 | 动作与音乐合拍，动作较准确、流畅、到位，表现力较好，较能体现力度 | 18～16 分 |
| 中等 | 动作与音乐合拍，动作不够准确、流畅、到位，表现力一般，力度不够 | 15～13 分 |
| 及格 | 动作与音乐基本合拍，动作不够准确、流畅、到位，表现力较差，力度不够 | 12 分 |
| 不及格 | 动作与音乐不合拍，动作不准确、流畅、到位，表现力差，力度不够 | 12 分以下 |

## 七、教学进度

### 第一学期健美操教学进度

| 周次 | 教学内容 | 教学任务 |
| --- | --- | --- |
| 1 | 1. 教学分班，开课导言<br>2. 教师自我介绍<br>3. 介绍本课程教学内容及其考核方法<br>4. 学习体育课课堂常规<br>5. 介绍健美操基本理论知识<br>6. 游戏、恢复性练习 | 1. 服从分配，明确学习目的<br>2. 使学生基本了解体育课课堂常规和所学内容及考核方法<br>3. 了解健美操的基本理论知识和锻炼价值<br>4. 完成800米慢跑<br>5. 了解最早源地，振奋精神、民族自豪感<br>6. 勇于坚持、直面困难 |
| 2 | 1. 学习健美操基本步法和手型<br>2. 学习健美操步法小组合<br>3. 身体素质练习 | 1. 初步掌握健美操的基本步法和手型<br>2. 基本掌握健美操基本步法小组合<br>3. 耐力练习<br>4. 努力拼搏、吃苦耐劳 |
| 3 | 1. 复习健美操步法小组合<br>2. 学习大众一级规定动作第1组合<br>3. 身体素质练习 | 1. 巩固健美操基本步法小组合<br>2. 初步掌握大众健美操一级规定动作第1组合<br>3. 腿部力量练习<br>4. 敢于争取、积极进取、直面困难 |
| 4 | 1. 复习大众一级第1组合<br>2. 学习大众一级第2组合<br>3. 耐力素质练习 | 1. 巩固并提高健美操第1组合<br>2. 初步掌握大众一级第2组合<br>3. 完成800米计时跑<br>4. 长跑中要坚持不懈、挑战自我 |
| 5 | 1. 复习大众一级前两个组合<br>2. 800米测试1 | 1. 巩固并提高所学前两个组合<br>2. 检验学生的耐力素质<br>3. 测试中要相互鼓励，体现坚韧不拔、顽强拼搏、永不服输的精神 |
| 6 | 1. 学习大众一级第3组合<br>2. 800米测试2 | 1. 初步掌握大众一级第3组合<br>2. 检验学生的耐力素质．<br>3. 测试中要相互鼓励，体现坚韧不拔、顽强拼搏、永不服输的精神 |
| 7 | 1. 复习大众一级前3个组合<br>2. 50米和立定跳远测试1 | 1. 巩固并提高健美操所学前3个组合<br>2. 检验学生的速度素质和弹跳素质<br>3. 测试中要相互鼓励，体现坚韧不拔、顽强拼搏、永不服输的精神 |

续表

| 周次 | 教学内容 | 教学任务 |
|---|---|---|
| 8 | 1. 学习大众一级第4组合<br>2. 50米和立定跳远测试2 | 1. 初步掌握大众一级第4组合<br>2. 检验学生的速度素质和弹跳素质<br>3. 测试中要相互鼓励,体现坚韧不拔、顽强拼搏、永不服输的精神 |
| 9 | 1. 复习大众一级成套动作<br>2. 身体素质补测 | 1. 巩固并提高大众一级成套动作<br>2. 进一步提高学生的身体素质<br>3. 测试中要相互鼓励,体现坚韧不拔、顽强拼搏、永不服输的精神 |
| 10 | 1. 学习协调性组合1<br>2. 复习成套健美操动作<br>3. 仰卧起坐测试1 | 1. 初步掌握协调性组合1<br>2. 巩固并提高大众一级成套动作<br>3. 检验学生的腰腹肌力量<br>4. 测试中要相互鼓励,体现坚韧不拔、顽强拼搏、永不服输的精神. |
| 11 | 1. 学习协调性组合2<br>2. 复习成套健美操动作<br>3. 仰卧起坐测试2 | 1. 初步掌握协调性组合2<br>2. 巩固并提高大众一级成套动作<br>3. 检验学生的腰腹肌力量<br>4. 测试中要相互鼓励,体现坚韧不拔、顽强拼搏、永不服输的精神 |
| 12 | 1. 学习协调性组合3<br>2. 复习协调性组合1~3<br>3. 复习成套健美操动作 | 1. 初步掌握协调性组合2<br>2. 巩固并提高协调性组合1~3<br>3. 巩固并提高大众一级成套动作 |
| 13 | 1. 复习大众健美操一级规定套路<br>2. 大众一级规定套路考试 | 1. 检验学生对大众健美操一级规定套路的掌握情况和教师的教学情况<br>2. 测试中要相互鼓励,体现坚韧不拔、顽强拼搏、永不服输的精神 |
| 14 | 1. 复习协调性组合<br>2. 协调性组合考试 | 1. 检验学生对协调性组合的掌握情况和教师的教学情况<br>2. 测试中要相互鼓励,体现坚韧不拔、顽强拼搏、永不服输的精神 |
| 15 | 1. 健美操专项补考<br>2. 协调性组合补考<br>3. 身体素质补考 | 1. 通过课内外的练习,完成本学期的各项专项和身体素质补考任务<br>2. 测试中要相互鼓励,体现坚韧不拔、顽强拼搏、永不服输的精神 |

续表

| 周次 | 教学内容 | 教学任务 |
|---|---|---|
| 16 | 1. 学期总结<br>2. 宣布下学期课程安排及选课<br>3. 布置假期锻炼安排及要求<br>4. 安全提醒 | 1. 总结本学期课上课下、课前课后，出现各种带有违纪性质的情况，并对下学期提出要求<br>2. 介绍一下对下学期选课的安排<br>3. 提出假期活动的要求 |

## 第二学期健美操教学进度

| 周次 | 教学内容 | 教学任务 |
|---|---|---|
| 1 | 1. 教学分班，开课导言<br>2. 教师自我介绍<br>3. 介绍本课程教学内容及其考核方法<br>4. 学习体育课课堂常规<br>5. 介绍健美操基本理论知识<br>6. 游戏、恢复性练习 | 1. 服从分配，明确学习目的<br>2. 使学生基本了解体育课课堂常规和所学内容及考核方法<br>3. 了解健美操的基本理论知识和锻炼价值<br>4. 完成800米慢跑<br>5. 最早发源地，振奋精神、民族自豪感<br>6. 勇于坚持、直面困难 |
| 2 | 1. 学习健美操基本步法和手型<br>2. 学习健美操步法小组合<br>3. 身体素质练习 | 1. 初步掌握健美操的基本步法和手型<br>2. 基本掌握健美操基本步法小组合<br>3. 耐力练习<br>4. 努力拼搏、吃苦耐劳 |
| 3 | 1. 复习健美操步法小组合<br>2. 学习大众二级规定动作第1组合<br>3. 身体素质练习 | 1. 巩固健美操基本步法小组合<br>2. 初步掌握大众健美操二级规定动作第1组合<br>3. 腿部力量练习<br>4. 敢于争取、积极进取、直面困难 |
| 4 | 1. 复习大众二级第1组合<br>2. 学习大众二级第2组合<br>3. 耐力素质练习 | 1. 巩固并提高大众二级第1组合<br>2. 初步掌握大众二级第2组合<br>3. 完成800米计时跑<br>4. 长跑中要坚持不懈、挑战自我 |
| 5 | 1. 复习大众二级前两个组合<br>2. 800米测试1 | 1. 巩固并提高所学前两个组合<br>2. 检验学生的耐力素质<br>3. 测试中要相互鼓励，体现坚韧不拔、顽强拼搏、永不服输的精神 |

续表

| 周次 | 教学内容 | 教学任务 |
| --- | --- | --- |
| 6 | 1. 学习大众二级第3组合<br>2. 800米测试2 | 1. 初步掌握大众二级第3组合<br>2. 检验学生的耐力素质<br>3. 测试中要相互鼓励,体现坚韧不拔、顽强拼搏、永不服输的精神 |
| 7 | 1. 复习大众二级前3个组合<br>2. 50米和立定跳远测试1 | 1. 巩固并提高健美操所学前3个组合<br>2. 检验学生的速度素质和弹跳素质<br>3. 测试中要相互鼓励,体现坚韧不拔、顽强拼搏、永不服输的精神 |
| 8 | 1. 学习大众二级第4组合<br>2. 50米和立定跳远测试2 | 1. 初步掌握大众二级第4组合<br>2. 检验学生的速度素质和弹跳素质<br>3. 测试中要相互鼓励,体现坚韧不拔、顽强拼搏、永不服输的精神 |
| 9 | 1. 复习大众二级成套动作<br>2. 身体素质补测 | 1. 巩固并提高大众二级成套动作<br>2. 进一步提高学生的身体素质<br>3. 测试中要相互鼓励,体现坚韧不拔、顽强拼搏、永不服输的精神 |
| 10 | 1. 复习大众二级成套动作<br>2. 学习协调性组合1<br>3. 仰卧起坐测试1 | 1. 巩固并提高大众二级成套动作<br>2. 使学生掌握自编操的特点<br>3. 检验学生的腰腹肌力量<br>4. 测试中要相互鼓励,体现坚韧不拔、顽强拼搏、永不服输的精神 |
| 11 | 1. 复习大众二级规定套路<br>2. 学习协调性组合2<br>3. 仰卧起坐测试2 | 1. 巩固并提高大众二级规定套路<br>2. 提高学生自主创编健美操的能力<br>3. 检验学生的腰腹肌力量<br>4. 测试中要相互鼓励,体现坚韧不拔、顽强拼搏、永不服输的精神 |
| 12 | 1. 复习大众二级规定套路<br>2. 学习协调性组合3<br>3. 身体素质补测 | 1. 巩固并提高大众二级规定套路<br>2. 提高学生自主创编健美操的能力<br>3. 检验学生的腰腹肌力量<br>4. 测试中要相互鼓励,体现坚韧不拔、顽强拼搏、永不服输的精神 |

续表

| 周次 | 教学内容 | 教学任务 |
|---|---|---|
| 13 | 1. 大众二级规定套路考试<br>2. 复习协调性组合1~3 | 1. 检验学生对大众健美操二级规定套路的掌握情况和教师的教学情况<br>2. 测试中要相互鼓励，体现坚韧不拔、顽强拼搏、永不服输的精神 |
| 14 | 1. 复习协调性组合1~3<br>2. 协调性组合1~3考试 | 测试中要相互鼓励，体现坚韧不拔、顽强拼搏、永不服输的精神 |
| 15 | 1. 健美操补测<br>2. 协调性组合补测<br>3. 身体素质补测 | 1. 通过课内外的练习，使学生完成本学期各专项和身体素质的补考任务<br>2. 测试中要相互鼓励，体现坚韧不拔、顽强拼搏、永不服输的精神 |
| 16 | 1. 学期总结<br>2. 提出终身体育锻炼的要求<br>3. 安全提醒 | 1. 总结本学期课上课下，课前课后出现的各种违纪情况，并对今后学习生活提出要求<br>2. 树立终身体育锻炼的良好习惯 |

**八、教学建议**

1. 重视基本功练习，掌握正确的运动方法。

2. 注重直观教学。

3. 重视技术在实际中的运用。

4. 使学生清楚地认识到大学体育的实质，树立终身体育的良好观念。

## 第二节　北京科技大学天津学院2020年线上教学教案

第一周教案

| 课次 | 第一周课（线上） |
|---|---|
| 课的内容 | 1. 核对学生名单<br>2. 开课导言<br>3. 恢复身体素质 |
| 教学任务 | 1. 核对好班级学生名单<br>2. 介绍本学期的课堂常规、教学和考试内容要求，及疫情期间线上教学的情况和要求<br>3. 开课导言<br>4. 恢复身体素质 |

续表

| 课次 | 第一次课（线上） | | |
|---|---|---|---|
| 课的部分 | 教学内容 | 组织教法与要求 | 时间 |
| 开始部分 | 1. 签到。课前五分钟在 qq 群以确认群公告的方式进行打卡签到<br>2. 介绍本学期课堂常规、教学制度、考勤方法、注意事项及本学期的教学内容<br>3. 开课导言<br>很高兴以这样的课堂形式跟大家见面。为阻断疫情向校园蔓延，确保学生生命安全和身体健康，我院体育部针对提高学生体质健康和增强免疫力的教学目标，为我院学生制定了疫情期间身体素质锻炼教程，采取线上线下结合的方式进行教学，要求同学们停课不停学，停课不停练，有效利用返校之前的这段时间，加强身体锻炼，提高自身免疫力。专项技术方面，要求大家跟着视频练习太极一章和太极二章，达到熟练的程度。希望同学们每天都要安排时间进行体育锻炼，增强身体素质，提高自身免疫力，也为疫情结束后有效衔接线下体育课做好准备<br>4. 对疫情期间的运动锻炼作出要求<br>5. 安排见习生<br>6. 安全教育 | 组织：学生面对手机摄像头，端正坐好，保持周围环境整洁安静<br>要求：精神饱满，注意力集中，站立 | 20分钟 |
| 基本部分 | 一、全身拉伸<br>1. 左、右侧胸部拉伸<br>2. 左、右臂后侧拉伸<br>3. 站姿左、右侧腹部拉伸<br>4. 大腿内侧动态拉伸<br>5. 左、右大腿前侧拉伸<br>6. 支撑小腿后侧拉伸<br>7. 腹部拉伸<br>8. 跪姿背部拉伸<br>二、零基础减脂·全身激活<br>1. 站姿体侧屈 10 次<br>2. 原地慢跑 30 秒<br>3. 环游世界 6 次（做动作时速度放慢，控制速度，尽可能地加大动作幅度，感受身体的牵拉感）<br>4. 弓步后转体 8 次<br>5. 抱脚尖蹲起 10 次<br>6. 开合跳 30 秒<br>7. 箱式深蹲 16 次（站起时用脚后跟发力踩地，而不是前脚掌；站起时不要上身前倾将重心前移） | 做好运动前热身，防止受伤，休息 1 分钟进入下一组练习 | |

续表

| 课次 | 第一周课（线上） | | |
|---|---|---|---|
| 基本部分 | 8. 半蹲前后移动 30 秒<br>9. 半蹲左、右移动 30 秒<br>10. 推墙高抬腿 30 秒<br>11. 原地慢跑 30 秒<br>12. 勾脚跳 20 秒（后踢腿跑）<br>13 左、右侧大腿前侧拉伸 60 秒<br>三、HIIT 适应·全身循环<br>1. 髋关节环绕 25 秒<br>2. 前后交叉小跳 25 秒<br>3. 腹肌激活 25 秒（下颌要始终贴近颈部，同时后缩颈部）<br>4. 平板支撑 25 秒（注意头到脚为一条直线）<br>5. 开合跳 30 秒<br>6. 深蹲交替提膝 12 次（站起时要将身体挺到最高）<br>7. 合掌跳 30 秒<br>8. 原地慢跑 20 秒<br>9. 左、右膝盖击掌各 20 秒（身体不要站的太直，要加大下蹲幅度，同时加大俯身的角度）<br>10. 开合跳 25 秒<br>11. 深蹲交替提膝 10 次<br>12. 合掌跳 20 秒<br>13. 原地慢跑 20 秒<br>14. 左、右膝盖击掌各 20 秒<br>15. 屈膝左、右小腿后侧拉伸各 25 秒<br>16. 猫式伸展 4 次<br>四、全身肌肉放松<br>1. 站姿左、右侧腹部拉伸各 30 秒<br>2. 左、右腰部拉伸各 30 秒<br>3. 下蹲抬臂 12 次（下肢不要跟随上肢转动，一侧手臂抵住膝盖内侧，防止转动）<br>4. 站姿左、右背部拉伸各 30 秒<br>5. 腹部拉伸 30 秒<br>6. 跪姿背部拉伸 30 秒 | 组织：学生打开视频，面对手机摄像头，跟随视频中的动作逐步练习<br><br>要求：动作准确，到位，方向清楚，动作舒展且与音乐吻合，上下肢协调，注意安全<br><br>组织：学生打开视频，面对手机摄像头，跟随视频中的动作逐步练习<br><br>要求：动作准确，到位，方向清楚，动作舒展且与音乐吻合，上下肢协调，注意安全<br><br>做好拉伸可以有效缓解疲劳，提醒同学们注意动作准确到位，要有拉伸感 | 35 分钟 |
| 结束部分 | 1. 整理放松。<br>2. 小结本课的学习情况及对下节课提出相应的要求。<br>3. 布置课下练习内容。<br>4. 宣布下课，师生再见 | 要求：面对手机，关闭话筒，精神饱满站立，不能坐或躺 | 5 分钟 |

**第二周教案**

| 课次 | 第二周（线上） | | |
|---|---|---|---|
| 课的内容 | 1. 加强身体素质练习<br>2. 恢复身体素质 | | |
| 教学任务 | 1. 加强身体素质练习<br>2. 恢复身体素质 | | |
| 课的部分 | 教学内容 | 组织教法与要求 | 时间 |
| 开始部分 | 1. 签到。课前 10 分钟在 qq 群以确认群公告的方式进行打卡签到，然后准时进入腾讯会议课堂<br>2. 本节课练习内容介绍<br>3. 安排见习生<br>4. 安全教育 | 组织：学生面对手机摄像头，保持机位合适<br>要求：精神饱满，注意力集中 | 5 分钟 |
| 基本部分 | 一、全身拉伸<br>1. 左、右侧胸部拉伸（墙角）<br>2. 左、右臂后侧拉伸<br>3. 站姿左、右侧腹部拉伸<br>4. 大腿内侧动态拉伸<br>5. 左、右大腿前侧拉伸<br>6. 支撑小腿后侧拉伸<br>7. 腹部拉伸<br>8. 跪姿背部拉伸<br>二、HIIT 适应·全身循环<br>1. 髋关节环绕 25 秒（外展、内收交替）<br>2. 前后交叉小跳 25 秒<br>3. 腹肌激活 25 秒（抬头下颌与锁骨保持一拳距离）<br>4. 平板支撑 25 秒（身体呈一条直线）<br>5. 开合跳 30 秒（注意节奏）<br>6. 深蹲交替提膝 12 次（提膝注意转体）<br>7. 合掌跳 30 秒<br>8. 原地慢跑 20 秒（放松调整呼吸）<br>9. 左、右膝盖击掌各 20 秒（身体向前倾斜，加快频率，加大幅度）<br>10. 开合跳 25 秒<br>11. 深蹲交替提膝 10 次<br>12. 合掌跳 20 秒<br>13. 原地慢跑 20 秒<br>14. 左、右膝盖击掌各 20 秒<br>15. 屈膝左右小腿后侧拉伸各 25 秒<br>16. 猫式伸展 4 次 | 做好运动前热身，防止受伤，休息 1 分钟进入下一组练习<br><br>复习上次课内容，简单重复深蹲交替提膝和左、右膝盖击掌动作要领<br><br>组织：学生打开视频，要求拍摄全身，跟随视频中的动作逐一练习<br><br>要求：动作准确到位，舒展且有节奏，上下肢协调，注意安全，休息 3 分钟进行下一组 | |

续表

| 课次 | | 第二周（线上） | | |
|---|---|---|---|---|
| 基本部分 | 三、徒手全身训练入门<br>1. 简易死虫式 12 次（左、右交替手脚交叉进行）<br>2. 腹肌激活 20 秒<br>3. 臀桥 12 次（臀部发力）<br>4. 静态臀桥 25 秒<br>5. 跪姿左、右后踢腿各 10 次（后踢腿要伸直）<br>6. 俯卧对角伸展 16 次（背部肌肉收紧）<br>7. 四点支撑 30 秒（保持背部平直，动作平稳不要晃动）<br>8. 俯卧交替跨步转体 6 次<br>9. 俯身大腿后侧动态拉伸 8 次（左、右交替进行）<br>10. 早安式体前屈 10 次<br>11. 靠墙划臂 10 次（手臂与背部贴合墙壁）<br>12. 靠墙俯卧撑 16 次<br>13. 箱式深蹲 12 次<br>14. 原地慢跑 30 秒<br>15. 侧向开合 25 秒<br>16. 箱式深蹲 12 次<br>17. 原地慢跑 30 秒<br>18. 扶椅左、右大腿前侧拉伸 20 秒<br>19. 全身舒展 3 次<br>四、全身肌肉放松<br>1. 站姿左、右侧腹部拉伸各 30 秒<br>2. 左、右腰部拉伸各 30 秒<br>3. 下蹲抬臂 12 次<br>4. 站姿左、右背部拉伸各 30 秒<br>5. 腹部拉伸 30 秒<br>6. 跪姿背部拉伸 30 秒 | 本套练习内容动作简单，同学们课后认真练习<br>组织：学生打开视频，要求拍摄全身，跟随视频中的动作逐一练习<br>要求：动作准确到位，动作舒展且有节奏，上下肢协调，注意安全，休息 3 分钟进行下一组<br>复习上次课动作，做好拉伸可以有效缓解疲劳，提醒同学们注意动作准确到位，要有拉伸感 | | 50 分钟 |
| 结束部分 | 1. 整理放松<br>2. 小结本课的学习情况及对下节课提出相应的要求<br>3. 布置课下练习内容<br>4. 宣布下课，师生再见 | 要求：面对摄像头，关闭话筒，精神饱满站立 | | 5 分钟 |

**第三周教案**

| 课次 | 第三周（线上） | | |
|---|---|---|---|
| 课的内容 | 1. 加强身体素质练习<br>2. 恢复身体素质 | | |
| 教学任务 | 1. 加强身体素质练习<br>2. 恢复身体素质 | | |
| 课的部分 | 教学内容 | 组织教法与要求 | 时间 |
| 开始部分 | 1. 签到。课前10分钟在qq群以确认群公告的方式进行打卡签到，然后准时进入腾讯会议课堂<br>2. 本节课练习内容介绍<br>3. 安排见习生<br>4. 安全教育 | 组织：学生面对手机摄像头，保持机位合适<br>要求：精神饱满，注意力集中，站立 | 5分钟 |
| 基本部分 | 一、全身拉伸<br>1. 左、右侧胸部拉伸（墙角）<br>2. 左、右臂后侧拉伸<br>3. 站姿左、右侧腹部拉伸<br>4. 大腿内侧动态拉伸<br>5. 左、右大腿前侧拉伸<br>6. 支撑小腿后侧拉伸<br>7. 腹部拉伸<br>8. 跪姿背部拉伸<br>二、徒手全身训练入门<br>1. 简易死虫式12次（左、右交替手脚交叉进行）<br>2. 腹肌激活20秒<br>3. 臀桥12次（臀部发力）<br>4. 静态臀桥25秒<br>5. 跪姿左、右后踢腿各10次（后踢腿要伸直）<br>6. 俯卧对角伸展16次（背部肌肉收紧）<br>7. 四点支撑30秒（保持背部平直，动作平稳不要晃动）<br>8. 俯卧交替跨步转体6次<br>9. 俯身大腿后侧动态拉伸8次（左、右交替进行）<br>10. 早安式体前屈10次<br>11. 靠墙划臂10次（手臂与背部贴合墙壁）<br>12. 靠墙俯卧撑16次<br>13. 箱式深蹲12次<br>14. 原地慢跑30秒<br>15. 侧向开合25秒<br>16. 箱式深蹲12次 | 做好运动前热身，防止受伤，休息1分钟进入下一组练习<br><br>复习上次课动作，注意强调简易死虫式动作要领<br>组织：学生打开视频，要求拍摄全身，跟随视频中的动作逐一练习<br><br>要求：动作准确到位，动作舒展且有节奏，上下肢协调，注意安全，休息3分钟进行下一组 | |

续表

| 课次 | | 第三周（线上） | | |
|---|---|---|---|---|
| 基本部分 | 17. 原地慢跑 30 秒<br>18. 侧向开合 25 秒<br>19. 扶椅左、右大腿前侧拉伸 20 秒<br>20. 全身舒展 3 次<br>三、心肺功能激活<br>1. 全身舒展 6 次（双手划最大的圆举过头顶）<br>2. 俯身大腿内侧动态拉伸 10 次（左、右交替）<br>3. 猫式伸展 8 次<br>4. 四点支撑 30 秒（膝盖不触地）<br>5. 腹肌激活 30 秒<br>6. 前后交叉小跳（20 秒腹部用力，左右小幅度转身）<br>7. 左、右小跳 20 秒（手臂上提带动身体）<br>8. 勾腿跳 20 秒（每次都要触碰到手）<br>9. 合掌跳 20 秒（抬头挺胸，腹部收紧）<br>10. 开合跳 20 秒（用手臂带动身体）<br>11. 前后交叉小跳 20 秒<br>12. 左、右小跳 20 秒<br>13. 勾腿跳 20 秒<br>14. 合掌跳 20 秒<br>15. 开合跳 20 秒<br>16. 全身舒展 4 次<br>17. 靠墙左、右小腿后侧拉伸各 30 秒<br>四、全身肌肉放松<br>1. 站姿左、右侧腹部拉伸各 30 秒<br>2. 左、右腰部拉伸各 30 秒<br>3. 下蹲抬臂 12 次<br>4. 站姿左、右背部拉伸各 30 秒<br>5. 腹部拉伸 30 秒<br>6. 跪姿背部拉伸 30 秒 | | 本套练习内容动作简单但强度比较大，同学们注意调整呼吸跟上节奏<br><br>组织：学生打开视频，要求拍摄全身，跟随视频中的动作逐一练习<br><br>要求：动作准确到位，动作舒展且有节奏，上下肢协调，注意安全，休息 3 分钟进行下一组<br><br>上次课动作，做好拉伸可以有效缓解疲劳，提醒同学们注意动作准确到位，要有拉伸感 | 50 分钟 |
| 结束部分 | 1. 整理放松<br>2. 小结本课的学习情况及对下节课提出相应的要求<br>3. 布置课下练习内容<br>4. 宣布下课，师生再见 | | 要求：面对摄像头，关闭话筒，精神饱满站立 | 5 分钟 |

## 第四周教案

| 课次 | 第四周（线上） | | |
|---|---|---|---|
| 课的内容 | 1. 加强身体素质练习<br>2. 恢复身体素质 | | |
| 教学任务 | 1. 加强身体素质练习<br>2. 恢复身体素质 | | |
| 课的部分 | 教学内容 | 组织教法与要求 | 时间 |
| 开始部分 | 1. 签到。课前10分钟在qq小群以确认群公告的方式进行打卡签到，然后准时进入腾讯会议课堂<br>2. 本节课练习内容介绍<br>3. 安排见习生<br>4. 安全教育 | 组织：学生面对手机摄像头，保持机位合适<br>要求：精神饱满，注意力集中，站立 | 5分钟 |
| 基本部分 | 一、全身拉伸<br>1. 左、右侧胸部拉伸（墙角）<br>2. 左、右臂后侧拉伸<br>3. 站姿左、右侧腹部拉伸<br>4. 大腿内侧动态拉伸<br>5. 左、右大腿前侧拉伸<br>6. 支撑小腿后侧拉伸<br>7. 腹部拉伸<br>8. 跪姿背部拉伸<br>二、零噪音减脂入门<br>1. 髋关节环绕8次（一次外展一次内收，左、右交替进行）<br>2. 屈臂向前肩关节环绕20秒（幅度越大越好）<br>3. 俯身大腿后侧动态拉伸10次（左、右交替进行）<br>4. 弓步后转体6次（腿呈弓步，注意转体方向，左、右交替）<br>5. 深蹲交替提膝12次（注意动作协调不要顺拐，左、右腿交替）<br>6. 推墙高抬腿20秒（上半身保持稳定）<br>7. 俯身慢速跨步登山10次（收紧核心）<br>8. 侧向开合30秒（双脚，双手交替开合）<br>9. 跨步波比8次（动作衔接连贯）<br>10. 深蹲交替提膝12次<br>11. 推墙高抬腿20秒<br>12. 俯身慢速跨步登山10次<br>13. 侧向开合30秒 | 做好运动前热身，防止受伤，休息1分钟进入下一组练习<br><br>讲解新动作，强调注意事项和动作要领<br><br>组织：学生打开视频，要求拍摄全身，跟随视频中的动作逐一练习<br><br>要求：动作准确到位，动作舒展且有节奏，上下肢协调，注意安全，休息五分钟进行下一组 | |

续表

| 课次 | 第四周（线上） | | |
|---|---|---|---|
| 基本部分 | 14. 跨步波比 8 次<br>15. 深蹲交替提膝 12 次<br>16. 推墙高抬腿 20 秒<br>17. 俯身慢速跨步登山 10 次<br>18. 侧向开合 30 秒<br>19. 跨步波比 8 次<br>20. 全身舒展 5 次<br>21. 左、右侧大腿前侧拉伸 20 秒<br>三、心肺功能激活<br>1. 全身舒展 6 次（双手划最大的圆举过头顶）<br>2. 俯身大腿内侧动态拉伸 10 次（左、右交替）<br>3. 猫式伸展 8 次<br>4. 四点支撑 30 秒（膝盖不触地）<br>5. 腹肌激活 30 秒<br>6. 前后交叉小跳 20 秒（腹部用力左右小幅度转身）<br>7. 左、右小跳 20 秒（手臂上提带动身体）<br>8. 勾腿跳 20 秒（每次都要触碰手）<br>9. 合掌跳 20 秒（抬头挺胸，腹部收紧）<br>10. 开合跳 20 秒（用手臂带动身体）<br>11. 前后交叉小跳 20 秒<br>12. 左、右小跳 20 秒<br>13. 勾腿跳 20 秒<br>14. 合掌跳 20 秒<br>15. 开合跳 20 秒<br>16. 全身舒展 4 次<br>17. 靠墙左、右小腿后侧拉伸各 30 秒<br>四、全身肌肉放松<br>1. 站姿左、右侧腹部拉伸各 30 秒<br>2. 左、右腰部拉伸各 30 秒<br>3. 下蹲抬臂 12 次<br>4. 站姿左、右背部拉伸各 30 秒<br>5. 腹部拉伸 30 秒<br>6. 跪姿背部拉伸 30 秒 | 复习上次内容，练习内容动作简单但强度比较大，同学们注意调整呼吸跟上节奏<br><br>组织：学生打开视频，要求拍摄全身，跟随视频中的动作逐一练习<br><br>要求：动作准确到位，动作舒展且有节奏，上下肢协调，注意安全，休息 3 分钟进行下一组<br><br>复习上次课动作，做好拉伸可以有效缓解疲劳，提醒同学们注意动作准确到位，要有拉伸感 | 50 分钟 |
| 结束部分 | 1. 整理放松<br>2. 小结本课的学习情况及对下节课提出相应的要求<br>3. 布置课下练习内容<br>4. 宣布下课，师生再见 | 要求：面对摄像头，关闭话筒，精神饱满，站立 | 5 分钟 |

**第五周教案**

| 课次 | 第五周（线上） | | |
|---|---|---|---|
| 课的内容 | 1. 加强身体素质练习<br>2. 恢复体能 | | |
| 教学任务 | 1. 加强身体素质练习<br>2. 加强下肢力量练习 | | |
| 课的部分 | 教学内容 | 组织教法与要求 | 时间 |
| 开始部分 | 1. 签到。课前10分钟在qq小群以确认群公告的方式进行打卡签到，然后准时进入腾讯会议课堂<br>2. 本节课练习内容介绍<br>3. 安排见习生<br>4. 安全教育 | 组织：学生面对手机摄像头，保持机位合适<br>要求：精神饱满，注意力集中，站立 | 5分钟 |
| 基本部分 | 一、全身拉伸<br>1. 左、右侧胸部拉伸（墙角）<br>2. 左、右臂后侧拉伸<br>3. 站姿左、右侧腹部拉伸<br>4. 大腿内侧动态拉伸<br>5. 左、右大腿前侧拉伸<br>6. 支撑小腿后侧拉伸<br>7. 腹部拉伸<br>8. 跪姿背部拉伸<br>二、零噪音减脂入门<br>1. 髋关节环绕8次（一次外展一次内收，左、右交替进行）<br>2. 屈臂向前肩关节环绕20秒（幅度越大越好）<br>3. 俯身大腿后侧动态拉伸10次（左、右交替进行）<br>4. 弓步后转体6次（腿呈弓步，注意转体方向，左、右交替）<br>5. 深蹲交替提膝12次（注意动作协调不要顺拐，左、右腿交替）<br>6. 推墙高抬腿20秒（上半身保持稳定）<br>7. 俯身慢速跨步登山10次（收紧核心）<br>8. 侧向开合30秒（双脚，双手交替开合）<br>9. 跨步波比8次（动作衔接连贯）<br>10. 深蹲交替提膝12次<br>11. 推墙高抬腿20秒<br>12. 俯身慢速跨步登山10次<br>13. 侧向开合30秒<br>14. 跨步波比8次<br>15. 深蹲交替提膝12次 | 做好运动前热身，防止受伤，休息1分钟进入下一组练习<br><br>复习上次课内容，加强动作的规范程度和个别动作动作要领<br>组织：学生打开视频，要求拍摄全身，跟随视频中的动作逐一练习<br><br>要求：动作准确到位，动作舒展且有节奏，上下肢协调，注意安全，休息3分钟进行下一组 | |

续表

| 课次 | 第五周（线上） | | |
|---|---|---|---|
| 基本部分 | 16. 推墙高抬腿 20 秒<br>17. 俯身慢速跨步登山 10 次<br>18. 侧向开合 30 秒<br>19. 跨步波比 8 次<br>20. 全身舒展 5 次<br>21. 左、右侧大腿前侧拉伸 20 秒<br>三、HIIT 适应下肢挑战<br>1. 臀部动态拉伸 12 次（跷起脚尖）<br>2. 大腿内侧动态拉伸 10 次（左、右交替）<br>3. 左、右小跳 20 秒（手臂上提带动身体）<br>4. 臀桥 12 次（大腿与身体呈一条直线）<br>5. 臀桥 12 次<br>7. 静态臀桥 30 秒（脚后跟撑地）<br>8. 静态臀桥 30 秒<br>9. 下背部动态拉伸 20 秒（膝盖向胸口拉起）<br>10. 勾腿跳 30 秒（触碰到手掌）<br>11. 手助力深蹲 12 次（双手给予适当助力）<br>12. 开合跳 30 秒<br>13. 半蹲左、右移动 16 次（保持半蹲）<br>14. 勾腿跳 30 秒<br>15. 手助力深蹲 12 次<br>16. 开合跳 30 秒<br>17. 半蹲左、右移动 16 次<br>18. 勾腿跳 30 秒<br>19. 手助力深蹲 12 次<br>20. 开合跳 30 秒<br>21. 半蹲左、右移动 16 次<br>22. 俯身左、右腿后侧拉伸各 20 秒<br>23. 靠墙左、右小腿后侧拉伸各 20 秒<br>四、全身肌肉放松<br>1. 站姿左、右侧腹部拉伸各 30 秒<br>2. 左、右腰部拉伸各 30 秒<br>3. 下蹲抬臂 12 次<br>4. 站姿左、右背部拉伸各 30 秒<br>5. 腹部拉伸 30 秒<br>6. 跪姿背部拉伸 30 秒 | 讲解新动作，难点、重点、强调注意事项和动作要领，根据每班实际练习情况做适当调整或删减<br>组织：学生打开视频，要求拍摄全身，跟随视频中的动作逐一练习<br>要求：动作准确到位，动作舒展且有节奏，上下肢协调，注意安全，休息 3 分钟进行下一组<br>复习上次课动作，做好拉伸可以有效缓解疲劳，提醒同学们注意动作准确到位，要有拉伸感 | 50 分钟 |
| 结束部分 | 1. 整理放松<br>2. 小结本课的学习情况及对下节课提出相应的要求<br>3. 布置课下练习内容<br>4. 宣布下课，师生再见 | 要求：面对摄像头，关闭话筒，精神饱满站立 | 5 分钟 |

**第六周教案**

| 课次 | 第六周（线上） | | |
|---|---|---|---|
| 课的内容 | 1. 加强身体素质练习<br>2. 恢复体能 | | |
| 教学任务 | 1. 加强身体素质练习<br>2. 加强下肢力量练习 | | |
| 课的部分 | 教学内容 | 组织教法与要求 | 时间 |
| 开始部分 | 1. 签到。课前 10 分钟在 qq 群以确认群公告的方式进行打卡签到，然后准时进入腾讯会议课堂<br>2. 本节课练习内容介绍<br>3. 安排见习生<br>4. 安全教育 | 组织：学生面对手机摄像头，保持机位合适<br>要求：精神饱满，注意力集中，站立 | 5 分钟 |
| 基本部分 | 一、全身拉伸<br>1. 左、右侧胸部拉伸（墙角）<br>2. 左、右臂后侧拉伸<br>3. 站姿左、右侧腹部拉伸<br>4. 大腿内侧动态拉伸<br>5. 左、右大腿前侧拉伸<br>6. 支撑小腿后侧拉伸<br>7. 腹部拉伸<br>8. 跪姿背部拉伸<br>二、零基础减脂·全身激活<br>1. 站姿体侧屈 10 次<br>2. 原地慢跑 30 秒<br>3. 环游世界 6 次（做动作时速度放慢，控制速度，尽可能地加大动作幅度，感受身体的牵拉感）<br>4. 弓步后转体 8 次（转体方向与弓步腿一致）<br>5. 抱脚尖蹲起 10 次<br>6. 开合跳 30 秒<br>7. 箱式深蹲 16 次（站起时用脚后跟发力踩地，而不是前脚掌；站起时不要上身前倾将重心前移）<br>8. 半蹲前后移动 30 秒<br>9. 半蹲左、右移动 30 秒<br>10. 推墙高抬腿 30 秒<br>11. 原地慢跑 30 秒<br>12. 勾脚跳 20 秒（后踢腿跑）<br>13. 左、右侧大腿前侧拉伸各 60 秒<br>三、HIIT 适应上肢充能<br>1. 手臂环绕 20 秒（双脚打开与肩同宽，双手向前平举，手腕关节紧紧相靠，由上至下转动手腕，腕关节相互不要分开） | 做好运动前热身，防止受伤，休息 1 分钟进入下一组练习<br><br>加强动作的规范程度，强调环游世界、弓步后转体，箱式深蹲动作要领<br><br>组织：学生打开视频，要求拍摄全身，跟随视频中的动作逐一练习<br><br>要求：动作准确到位，动作舒展且有节奏，上下肢协调，注意安全，休息 3 分钟进行下一组 | |

续表

| 课次 | 第六周（线上）5分钟 | | |
|---|---|---|---|
| 基本部分 | 2. 屈臂向前肩关节环绕20秒（手指虚握，大拇指点在肩关节上，肩关节向前做画圆动作，幅度要大）<br>3. 靠墙俯卧撑16次<br>4. 跪姿释手俯卧撑10次（腰背挺直，从侧面看躯干与大腿呈一条直线，双掌与躯干两侧，间距与肩同宽，屈臂俯卧至胸部触地，手掌离开地面，然后双手掌撑地，伸臂起身还原）<br>5. 跪姿俯卧撑10次（屈臂俯身至肘关节略高于躯干，然后伸臂起身还原）<br>6. 平板支撑30秒（手肘朝脚的方向用力，脚尖勾起）<br>7. 猫式伸展8次（拱起上背部低头，胸部下沉到最低仰头）<br>8. 开合跳30秒<br>9. 支撑提臀12次（俯卧于垫子上，从侧面看身体呈一条直线，重心后移，臀部上抬，腰背挺直，至手臂与躯干呈一条直线，稍作停顿后还原）<br>10. 跨步波比12次（双脚向后交替迈步再还原）<br>11. 徒手侧平举16次（身体站直，做侧平举时掌心朝下，双臂抬高至与地面平行位置，下放至初始状态，速度不要过快）<br>12. 开合跳30秒<br>13. 支撑提臀12次<br>14. 跨步波比12次<br>15. 徒手侧平举16次<br>16. 开合跳30秒<br>17. 支撑提臀12次<br>18. 跨步波比12次<br>19. 徒手侧平举16次<br>20. 左、右侧胸部拉伸各20秒<br>21. 左、右肩后侧拉伸各20秒<br>四、全身肌肉放松<br>1. 站姿左、右侧腹部拉伸各30秒<br>2. 左、右腰部拉伸各30秒<br>3. 下蹲抬臂12次<br>4. 站姿左、右背部拉伸各30秒<br>5. 腹部拉伸30秒<br>6. 跪姿背部拉伸30秒 | 讲解新动作（手臂环绕、跪姿俯卧撑、支撑提臀、徒手侧平举），难点、重点、强调注意事项和动作要领，根据每班实际练习情况做适当调整或删减<br><br>组织：学生打开视频，要求拍摄全身，跟随视频中的动作逐一练习<br><br>要求：动作准确到位，动作舒展且有节奏，上下肢协调，注意安全，休息3分钟进行下一组<br><br>复习上次课动作，做好拉伸可以有效缓解疲劳，提醒同学们注意动作准确到位，要有拉伸感 | 50分钟 |
| 结束部分 | 1. 整理放松<br>2. 小结本课的学习情况及对下节课提出相应的要求<br>3. 布置课下练习内容<br>4. 宣布下课，师生再见 | 要求：面对摄像头，关闭话筒，精神饱满，站立 | 5分钟 |

**第七周教案**

| 课次 | 第七周（线上） | | |
|---|---|---|---|
| 课的内容 | 1. 加强身体素质练习<br>2. 恢复体能 | | |
| 教学任务 | 1. 加强身体素质练习<br>2. 加强下肢力量练习 | | |
| 课的部分 | 教学内容 | 组织教法与要求 | 时间 |
| 开始部分 | 1. 签到。课前10分钟在qq群以确认群公告的方式进行打卡签到，然后准时进入腾讯会议课堂<br>2. 本节课练习内容介绍<br>3. 安排见习生<br>4. 安全教育 | 组织：学生面对手机摄像头，保持机位合适<br>要求：精神饱满，注意力集中，站立 | 5分钟 |
| 基本部分 | 一、全身拉伸<br>1. 左、右侧胸部拉伸（墙角）<br>2. 左、右臂后侧拉伸<br>3. 站姿左、右侧腹部拉伸<br>4. 大腿内侧动态拉伸<br>5. 左、右大腿前侧拉伸<br>6. 支撑小腿后侧拉伸<br>7. 腹部拉伸<br>8. 跪姿背部拉伸<br>二、零基础减脂·心肺改善<br>1. 开合跳40秒<br>2. 交替提膝击掌30秒（左、右交替跳跃提膝的同时，双手在大腿下侧击掌，上半身挺直，不能弯腰击掌）<br>3. 早安式体前屈10次<br>4. 斜向后交替箭步蹲10次（双腿微微分开，收紧腹部核心，双手交叉放于胸前，上半身挺直，斜向后撤一侧腿并下蹲，重心位于两腿之间，下蹲至前侧大腿与身体呈90度，前侧大腿与小腿呈90度，后侧大腿与小腿呈90度，双腿交替后撤，保持步幅大小相同）<br>5. 半蹲前、后移动30秒<br>6. 右侧侧提膝收腹10次（重心落与左脚，左手叉腰，右脚脚尖点地，右肩抬高，右手伸展至头顶上方，感受到右侧腹肌的拉伸，提右膝，同时将右肩往下压，用右手肘触碰右膝，后还原）<br>7. 左侧侧提膝收腹10次（同上） | 做好运动前热身，防止受伤，休息一分钟进入下一组练习<br><br>讲解新动作（交替提膝击掌、斜向后交替箭步蹲、右侧侧提膝收腹、俯身登山、深蹲、扶墙左右侧臀部拉伸），难点、重点、强调注意事项和动作要领，根据每班实际练习情况做适当调整或删减<br>组织：学生打开视频，要求拍摄全身，跟随视频中的动作逐一练习<br><br>要求：动作准确到位，动作舒展且有节奏，上下肢协调，注意安全，休息3分钟进行下一组 | |

| 课次 | 第七周（线上） | | |
|---|---|---|---|
| 基本部分 | 8. 俯身登山 20 秒（俯撑在瑜伽垫上，肘微屈，上身放平，用最快的速度交替提膝，膝盖往胸部靠近，用腹部的力量将大腿向前提）<br>9. 深蹲 10 次（腰背挺直，脚跟与肩同宽，膝盖与脚尖方向一致，不要内扣，掌心相对，手臂平举，臀部向后移动，至最低点时大腿与地面近似平行）<br>10. 跨步波比 8 次<br>11. 推墙高抬腿 30 秒<br>12. 勾腿跳 40 秒<br>13. 左、右大腿前侧拉伸各 20 秒<br>14. 扶墙左、右侧臀部拉伸各 30 秒（右侧单腿站立，膝盖微屈，右手握左脚脚踝放于右膝上，左手扶墙保持平衡，挺胸直背向下坐，重心尽量下沉）<br>三、HIIT 适应下肢挑战<br>1. 臀部动态拉伸 12 次（双手用力抱紧膝盖贴紧腹部上提）<br>2. 大腿内侧动态拉伸 10 次（双脚约两倍肩宽，脚尖朝向前方，重心放在一侧腿，下蹲至另一侧腿完全伸直）<br>3. 左、右小跳 20 秒（手臂上提带动）<br>4. 臀桥 12 次（发力将臀部抬起至大腿与身体呈一条直线）<br>5. 臀桥 12 次<br>6. 静态臀桥 30 秒（脚后跟撑地）<br>7. 静态臀桥 30 秒<br>8. 下背部动态拉伸 20 秒（双手抱紧膝盖仰卧在瑜伽垫上，膝盖向胸口拉起）<br>9. 勾腿跳 30 秒（触碰到手掌）<br>10. 手助力深蹲 12 次（腰背挺直，膝盖与脚尖方向一致，不要内扣，臀部向后移动，双手给予适当助力）<br>11. 开合跳 30 秒<br>12. 半蹲左、右移动 16 次（腰背挺直，双膝微屈，膝盖脚尖方向一致，不要内扣，重心压低，保持半蹲，右侧横向一步再向左侧移动一步）<br>13. 勾腿跳 30 秒<br>14. 手助力深蹲 12 次<br>15. 开合跳 30 秒<br>16. 半蹲左、右移动 16 次<br>17. 勾腿跳 30 秒<br>18. 手助力深蹲 12 次 | 复习上次课内容，加强动作的规范程度，强调环游世界、弓步后转体、箱式深蹲动作要领<br><br>组织：学生打开视频，要求拍摄全身，跟随视频中的动作逐一练习<br><br>要求：动作准确到位，动作舒展且有节奏，上下肢协调，注意安全，休息 3 分钟进行下一组 | 50 分钟 |

续表

| 课次 | 第七周（线上） | | |
|---|---|---|---|
| 基本部分 | 19. 开合跳 30 秒<br>20. 半蹲左、右移动 16 次<br>21. 俯身左、右腿后侧拉伸各 20 秒<br>22. 靠墙左、右小腿后侧拉伸各 20 秒<br>四、全身肌肉放松<br>1. 站姿左、右侧腹部拉伸各 30 秒<br>2. 左、右腰部拉伸各 30 秒<br>3. 下蹲抬臂 12 次<br>4. 站姿左、右背部拉伸各 30 秒<br>5. 腹部拉伸 30 秒<br>6. 跪姿背部拉伸 30 秒 | 复习上次课动作，做好拉伸可以有效缓解疲劳，提醒同学们注意动作准确到位，要有拉伸感 | |
| 结束部分 | 1. 整理放松<br>2. 小结本课的学习情况及对下节课提出相应的要求<br>3. 布置课下练习内容<br>4. 宣布下课，师生再见 | 要求：面对摄像头，关闭话筒，精神饱满站立 | 5 分钟 |

第八周教案

| 课次 | 第八周（线上） | | |
|---|---|---|---|
| 课的内容 | 1. 加强身体素质练习<br>2. 恢复体能 | | |
| 教学任务 | 1. 加强身体素质练习<br>2. 加强下肢力量练习 | | |
| 课的部分 | 教学内容 | 组织教法与要求 | 时间 |
| 开始部分 | 1. 签到。课前 10 分钟在 qq 群以确认群公告的方式进行打卡签到，然后准时进入腾讯会议课堂<br>2. 本节课练习内容介绍<br>3. 安排见习生<br>4. 安全教育 | 组织：学生面对手机摄像头，保持机位合适<br>要求：精神饱满，注意力集中，站立 | 5 分钟 |
| 基本部分 | 一、全身拉伸<br>1. 左、右侧胸部拉伸（墙角）<br>2. 左、右臂后侧拉伸<br>3. 站姿左、右侧腹部拉伸<br>4. 大腿内侧动态拉伸<br>5. 左、右大腿前侧拉伸 | 做好运动前热身，防止受伤，休息 1 分钟进入下一组练习 | |

续表

| 课次 | 第八周（线上） | |
|---|---|---|
| 基本部分 | 6. 支撑小腿后侧拉伸<br>7. 腹部拉伸<br>8. 跪姿背部拉伸<br>二、零基础减脂·肌肉激活<br>1. 侧平举前画圈20秒（双脚自然站立，挺胸收腹沉肩，抬起手臂呈侧平举，掌心向上，手指向远方尽可能地探出并始终保持这种外探状态，大臂以肩关节为轴，围绕肩关节做小幅度向前的转动）<br>2. 前后交叉小跳40次（起跳时用腹部的力量左、右小幅度转动身体）<br>3. 弓步后转体8次（向前腿一侧转体）<br>4. 开合跳30秒<br>5. 俯身YW伸展12次（屈膝俯身，身体与地面呈30~45°角，双臂上提至于身体呈Y字，双手握拳，大拇指朝上，后收缩手臂至与身体呈W字，双肩放松，夹紧双肘，挺直背部，头部与脊柱处在一条直线上）<br>6. 哥萨克下蹲10次（双脚约两倍肩宽，脚尖朝斜前方，身体左侧下蹲，右侧腿伸直，略作停顿，尽可能保持臀部高度不变，缓慢平移至右侧腿下蹲，左侧腿伸直，保持脚跟不要离地，双手交叉握置于胸口）<br>7. 深蹲交替提膝20次（屈髋下蹲至大腿与地面平行）<br>8. 勾腿跳30秒<br>9. 靠墙俯卧撑20次<br>10. 左、右腿箭步蹲各10次（准备姿势，左脚前，右脚脚尖点地支撑，腹部收紧，下蹲，同时弯曲两个膝盖，竖直下蹲，蹲至两个膝关节呈90°，左腿后脚跟发力蹲起至站立姿势）<br>11. 跨步波比8次<br>12. 开合跳30秒<br>13. 左、右侧大腿前侧拉伸各20秒<br>14. 扶墙左右侧臀部拉伸各20秒（右侧单腿站立，膝盖微屈，右手握左脚脚踝放于右膝上，左手扶墙保持平衡，挺胸直背向下坐，重心尽量下沉）<br>15. 俯身上背部拉伸20秒 | 讲解新动作（侧平举前画圈、俯身YW伸展、哥萨克下蹲、左右腿箭蹲、俯身上背部拉伸），难点、重点、强调注意事项和动作要领，根据每班实际练习情况做适当调整或删减<br>组织：学生打开视频，要求拍摄全身，跟随视频中的动作逐一练习<br>要求：动作准确到位，动作舒展且有节奏，上下肢协调，注意安全，休息3分钟进行下一组 |

续表

| 课次 | 第八周（线上） | | |
|---|---|---|---|
| 基本部分 | 三、HIIT 适应上肢充能<br>1. 手臂环绕 20 秒（双脚打开与肩同宽，双手向前平举，手腕关节紧紧相靠，由上至下转动手腕，腕关节相互不要分开）<br>2. 屈臂向前肩关节环绕 20 秒（手指虚握，大拇指点在肩关节上，肩关节向前做画圆动作，幅度要大）<br>3. 靠墙俯卧撑 16 次<br>4. 跪姿释手俯卧撑 10 次（腰背挺直，从侧面看躯干与大腿呈一条直线，双掌与躯干两侧，间距与肩同宽，屈臂俯卧至胸部触地，手掌离开地面，然后双手掌地，伸臂起身还原）<br>5. 跪姿俯卧撑 10 次（屈臂俯身至肘关节略高于躯干，然后伸臂起身还原）<br>6. 平板支撑 30 秒（手肘朝脚的方向用力，脚尖勾起）<br>7. 猫式伸展 8 次（拱起上背部低头，胸部下沉到最低仰头）<br>8. 开合跳 30 秒<br>9. 支撑提臀 12 次（俯卧于垫子上，从侧面看身体呈一条直线，重心后移，臀部上抬，腰背挺直，至手臂与躯干呈一条直线，稍作停顿后还原）<br>10. 跨步波比 12 次（双脚向后交替迈再还原）<br>11. 徒手侧平举 16 次（身体站直，做侧平举时掌心朝下，双臂抬高至与地面平行位置，下放至初始状态，速度不要过快）<br>12. 开合跳 30 秒<br>13. 支撑提臀 12 次<br>14. 跨步波比 12 次<br>15. 徒手侧平举 16 次<br>16. 开合跳 30 秒<br>17. 支撑提臀 12 次<br>18. 跨步波比 12 次<br>19. 徒手侧平举 16 次<br>20. 左、右侧胸部拉伸各 20 秒<br>21. 左、右肩后侧拉伸各 20 秒<br>四、全身肌肉放松<br>1. 站姿左、右侧腹部拉伸各 30 秒<br>2. 左、右腰部拉伸各 30 秒<br>3. 下蹲抬臂 12 次<br>4. 站姿左、右背部拉伸各 30 秒<br>5. 腹部拉伸 30 秒<br>6. 跪姿背部拉伸 30 秒 | 复习上次课内容，加强动作的规范程度，强调跪姿俯卧撑、支撑提臀动作要领<br><br>组织：学生打开视频，要求拍摄全身，跟随视频中的动作逐一练习<br><br>要求：动作准确到位，动作舒展且有节奏，上下肢协调，注意安全，休息 3 分钟进行下一组<br><br>复习上次课动作，做好拉伸可以有效缓解疲劳，提醒同学们注意动作准确到位，要有拉伸感 | 50 分钟 |

续表

| 课次 | 第八周（线上） | | |
|---|---|---|---|
| 结束部分 | 1. 整理放松<br>2. 小结本课的学习情况及对下节课提出相应的要求<br>3. 布置课下练习内容<br>4. 宣布下课，师生再见 | 要求：面对摄像头，关闭话筒，精神饱满站立 | 5分钟 |

第九周教案

| 课次 | 第九周（线上） | | |
|---|---|---|---|
| 课的内容 | 1. 加强身体素质练习<br>2. 恢复身体素质 | | |
| 教学任务 | 1. 加强身体素质练习<br>2. 恢复身体素质 | | |
| 课的部分 | 教学内容 | 组织教法与要求 | 时间 |
| 开始部分 | 1. 签到。课前10分钟在qq群以确认群公告的方式进行打卡签到，然后准时进入腾讯会议课堂<br>2. 本节课练习内容介绍<br>3. 安排见习生<br>4. 安全教育 | 组织：学生面对手机摄像头，保持机位合适<br>要求：精神饱满，注意力集中，站立 | 5分钟 |
| 基本部分 | 一、全身拉伸<br>1. 左、右侧胸部拉伸（墙角）<br>2. 左、右臂后侧拉伸<br>3. 站姿左、右侧腹部拉伸<br>4. 大腿内侧动态拉伸<br>5. 左、右大腿前侧拉伸<br>6. 支撑小腿后侧拉伸<br>7. 腹部拉伸<br>8. 跪姿背部拉伸<br>二、徒手全身训练入门<br>1. 简易死虫式12次（左、右交替手脚交叉进行）<br>2. 腹肌激活20秒<br>3. 臀桥12次（臀部发力）<br>4. 静态臀桥25秒<br>5. 跪姿左、右后踢腿各10次（后踢腿要伸直）<br>6. 俯卧对角伸展16次（背部肌肉收紧）<br>7. 四点支撑30秒（保持背部平直，动作平稳不要晃动）<br>8. 俯卧交替跨步转体6次 | 做好运动前热身，防止受伤，休息1分钟进入下一组练习<br><br>复习以前课程动作练习，注意强调简易死虫式动作要领<br>组织：学生打开视频，要求拍摄全身，跟随视频中的动作逐一练习<br><br>要求：动作准确到位，动作舒展且有节奏，上下肢协调，注意安全，休息3分钟进行下一组 | |

续表

| 课次 | 第九周（线上） | |
|---|---|---|
| 基本部分 | 9. 俯身大腿后侧动态拉伸 8 次（左、右交替进行）<br>10. 早安式体前屈 10 次<br>11. 靠墙划臂 10 次（手臂与背部贴合墙壁）<br>12. 靠墙俯卧撑 16 次<br>13. 箱式深蹲 12 次<br>14. 原地慢跑 30 秒<br>15. 侧向开合 25 秒<br>16. 箱式深蹲 12 次<br>17. 原地慢跑 30 秒<br>18. 侧向开合 25 秒<br>19. 扶椅左、右大腿前侧拉伸 20 秒<br>20. 全身舒展 3 次<br>三、零基础减脂·心肺改善<br>1. 开合跳 40 秒<br>2. 交替提膝击掌 30 秒（左、右交替跳跃提膝的同时，双手在大腿下侧击掌，上半身挺直，不能弯腰击掌）<br>3. 早安式体前屈 10 次<br>4. 斜向后交替箭步蹲 10 次（双腿微微分开，收紧腹部核心，双手交叉放于胸前，上半身挺直，斜向后撤一侧腿并下蹲，重心位于两腿之间，下蹲至后侧大腿与身体呈 90 度，前侧大腿与小腿呈 90 度，后侧大腿与小腿呈 90 度，双腿交替后撤，保持步幅大小相同）<br>5. 半蹲前、后移动 30 秒<br>6. 右侧侧提膝收腹 10 次（重心落与左脚，左手叉腰，右脚脚尖点地，右肩抬高，右手伸展至头顶上方，感受到右侧腹肌的拉伸，提右膝，同时将右肩往下压，用右手肘触碰右膝，后还原）<br>7. 左侧侧提膝收腹 10 次（同上）<br>8. 俯身登山 20 秒（俯撑在瑜伽垫上，肘微屈，上身放平，用最快的速度交替提膝，膝盖往胸部靠近，用腹部的力量将大腿向前提）<br>9. 深蹲 10 次（腰背挺直，脚跟与肩同宽，膝盖与脚尖方向一致，不要内扣，掌心相对，手臂平举，臀部向后移动，至最低点时大腿与地面近似平行）<br>10. 跨步波比 8 次<br>11. 推墙高抬腿 30 秒<br>12. 勾腿跳 40 秒<br>13. 左、右大腿前侧拉伸各 20 秒<br>14. 扶墙左、右侧臀部拉伸各 30 秒（右侧单腿站立，膝盖微屈，右手握左脚脚踝放于右膝上，左手扶墙保持平衡，挺胸直背向下坐，重心尽量下沉） | 特别强调：（1）上课练习认真程度与动作质量和节奏。<br>（2）摄像头拍摄角度要符合要求<br><br>本套练习内容动作简单但强度比较大，同学们注意调整呼吸跟上节奏<br>难点、重点、强调注意事项（交替提膝击掌、斜向后交替箭步蹲、右侧侧提膝收腹、俯身登山、深蹲、扶墙左右侧臀部拉伸），根据每班实际练习情况做适当调整或删减<br>组织：学生打开视频，要求拍摄全身，跟随视频中的动作逐一练习<br><br>要求：动作准确到位，动作舒展且有节奏，上下肢协调，注意安全，休息 3 分钟进行下一组<br>特别强调：（1）上课练习认真程度与动作质量和节奏<br>（2）摄像头拍摄角度要符合要求 |

| 课次 | 第九周（线上） | | |
|---|---|---|---|
| 基本部分 | 四、全身肌肉放松<br>1. 站姿左、右侧腹部拉伸各 30 秒<br>2. 左、右腰部拉伸各 30 秒<br>3. 下蹲抬臂 12 次<br>4. 站姿左、右背部拉伸各 30 秒<br>5. 腹部拉伸 30 秒<br>6. 跪姿背部拉伸 30 秒 | 复习上次课动作，做好拉伸可以有效缓解疲劳，提醒同学们注意动作准确到位，要有拉伸感。 | 50 分钟 |
| 结束部分 | 1. 整理放松<br>2. 小结本课的学习情况及对下节课提出相应的要求<br>3. 布置课下练习内容<br>4. 宣布下课，师生再见 | 要求：面对摄像头，关闭话筒，精神饱满站立 | 5 分钟 |

第十周教案

| 课次 | 第十周（线上） | | |
|---|---|---|---|
| 课的内容 | 1. 加强身体素质练习<br>2. 模拟测试<br>3. 测试说明及要求 | | |
| 教学任务 | 1. 加强身体素质练习<br>2. 熟悉测试程序和要求 | | |
| 课的部分 | 教学内容 | 组织教法与要求 | 时间 |
| 开始部分 | 1. 签到。课前 10 分钟在 qq 群以确认群公告的方式进行打卡签到，然后准时进入腾讯会议课堂<br>2. 本节课练习内容介绍<br>3. 安排见习生<br>4. 安全教育 | 组织：学生面对手机摄像头，保持机位合适<br>要求：精神饱满，注意力集中，站立 | 5 分钟 |
| 基本部分 | 一、全身拉伸<br>1. 左、右侧胸部拉伸（墙角）<br>2. 左、右臂后侧拉伸<br>3. 站姿左、右侧腹部拉伸<br>4. 大腿内侧动态拉伸<br>5. 左、右大腿前侧拉伸<br>6. 支撑小腿后侧拉伸<br>7. 腹部拉伸<br>8. 跪姿背部拉伸 | 做好运动前热身，防止受伤，休息 1 分钟进入下一组练习 | |

续表

| 课次 | 第十周（线上） | | |
|---|---|---|---|
| 基本部分 | 二、零基础减脂·肌肉激活<br>1. 侧平举前画圈 20 秒（双脚自然站立，挺胸收腹沉肩，抬起手臂呈侧平举，掌心向上，手指向远方尽可能地探出并始终保持这种外探状态，大臂以肩关节为轴，围绕肩关节做小幅度向前的转动）<br>2. 前后交叉小跳 40 秒（起跳时用腹部的力量左、右小幅度转动身体）<br>3. 弓步后转体 8 次（向前腿一侧转体）<br>4. 开合跳 30 秒<br>5. 俯身 yw 伸展 12 次（屈膝俯身，身体与地面呈 30°～45°角，双臂上提至于身体呈 Y 字，双手握拳，大拇指朝上，后收缩手臂至与身体呈 W 字，双肩放松，夹紧双肘，挺直背部，头部与脊柱处在一条直线上）<br>6. 哥萨克下蹲 10 次（双脚约两倍肩宽，脚尖朝向斜前方，身体左侧下蹲，右侧腿伸直，略作停顿，尽可能保持臀部高度不变，缓慢平移至右侧腿下蹲，左侧腿伸直，保持脚跟不要离地，双手交叉握置于胸口）<br>7. 深蹲交替提膝 20 次（屈髋下蹲至大腿与地面平行）<br>8. 勾腿跳 30 秒<br>9. 靠墙俯卧撑 20 次<br>10. 左、右腿箭步蹲各 10 次（准备姿势，左脚前，右脚脚尖点地支撑，腹部收紧，下蹲，同时弯曲两个膝盖，竖直下蹲，蹲至两个膝关节呈 90°，左腿后脚跟发力蹲至站立姿势）<br>11. 跨步波比 8 次<br>12. 开合跳 30 秒<br>13. 左、右侧大腿前侧拉伸各 20 秒<br>14. 扶墙左右侧臀部拉伸各 20 秒（右侧单腿站立，膝盖微屈，右手握左脚脚踝放于右膝上，左手扶墙保持平衡，挺胸直背向下坐，重心尽量下沉）<br>15. 俯身上背部拉伸 20 秒<br>三、考试说明和模拟测试<br>1. 考试内容<br>（1）男生俯卧撑，女生慢速仰卧起坐（同频计次）<br>（2）跨步波比（同频计次）<br>（3）平板支撑（计时）<br>（4）开合跳（同频计时）<br>2. 模拟测试<br>（1）平板支撑 | 复习动作（侧平举前画圈、俯身 yw 伸展、哥萨克下蹲、左右腿箭蹲、俯身上背部拉伸），难点、重点、强调注意事项和动作要领，根据每班实际练习情况做适当调整或删减<br>组织：学生打开视频，要求拍摄全身，跟随视频中的动作逐一练习<br><br>要求：动作准确到位，动作舒展且有节奏，上下肢协调，注意安全，休息 3 分钟进行模拟测试<br><br>练习平板支撑，加强动作的规范程度<br>组织：（1）进行考前模拟练习<br>一半同学开摄像头进行测试，并按要求调整摄像头拍摄视角，4 分钟后交换另一半同学<br>另一半同学重复上一组同学练习<br>整个练习过程教师要提醒学生注意动作的标准程度和手机设备的摆放，以便同学们熟悉并达到考试要求完成两组 | |

续表

| 课次 | 第十周（线上） | | |
|---|---|---|---|
| 基本部分 | 动作要领：<br>①屈肘，小臂与前脚掌撑地，耳、肩、髋、膝、踝呈一条直线<br>②手肘朝脚的方向用力，脚尖用力向前勾起，与地面摩擦对抗，小臂按紧地面<br>③肩部、背部、臀部、整个腹部都应该有紧绷感，其中腹部最强烈<br>（2）跨步波比<br>①自然站立，双脚分开与肩同宽<br>②向下俯身，双手与肩同宽撑地<br>③保持双肩稳定，双腿向后交替迈步再还原，身体不能晃动<br>④站起身体，进行第二次动作，动作越连贯越好<br>四、全身肌肉放松<br>1. 站姿左、右侧腹部拉伸各 30 秒<br>2. 左、右腰部拉伸各 30 秒<br>3. 下蹲抬臂 12 次<br>4. 站姿左、右背部拉伸各 30 秒<br>5. 腹部拉伸 30 秒<br>6. 跪姿背部拉伸 30 秒 | 要求：做到力竭停止并记录成绩，设定上限 4 分钟<br><br>练习跨步波比，加强动作的规范程度<br>组织同平板支撑，练习完成两组<br>要求：采用波比的动作节奏学生必须跟上节奏，做到力竭停止并记录成绩，设定上限 60 次<br><br>复习上次课动作，做好拉伸可以有效缓解疲劳，提醒同学们注意动作准确到位，要有拉伸感 | 50 分钟 |
| 结束部分 | 1. 整理放松<br>2. 小结本课的学习情况及对下节课提出相应的要求<br>3. 布置课下练习内容<br>4. 宣布下课，师生再见 | 要求：面对摄像头，关闭话筒，精神饱满站立 | 5 分钟 |

### 第十一周教案

| 课次 | 第十一周（线上） | | |
|---|---|---|---|
| 课的内容 | 1. 全身拉伸<br>2. 测试开合跳<br>3. 全身放松 | | |
| 教学任务 | 1. 加强身体素质练习<br>2. 测试 | | |
| 课的部分 | 教学内容 | 组织教法与要求 | 时间 |

续表

| 课次 | 第十一周（线上） | | |
|---|---|---|---|
| 开始部分 | 1. 签到。课前10分钟在qq群以确认群公告的方式进行打卡签到，然后准时进入腾讯会议课堂<br>2. 本节课练习内容介绍<br>3. 安排见习生<br>4. 安全教育 | 组织：学生面对手机摄像头，保持机位合适<br>要求：精神饱满，注意力集中，站立 | 5分钟 |
| 基本部分 | 一、全身拉伸<br>1. 左、右侧胸部拉伸（墙角）<br>2. 左、右臂后侧拉伸<br>3. 站姿左、右侧腹部拉伸<br>4. 大腿内侧动态拉伸<br>5. 左、右大腿前侧拉伸<br>6. 支撑小腿后侧拉伸<br>7. 腹部拉伸<br>8. 跪姿背部拉伸<br>二、测试开合跳（同频计时）<br>动作要领：<br>收紧腰腹，手臂用力绷紧<br>用肩部力量抬臂，背部用力下压手臂，用手臂带动身体的跳跃<br>双脚开合跳跃，小腿尽可能放松，不可低头、仰头<br>测试标准：<br>女生<br><br>| 3′20″ | 3′19″～2′40″ | 2′39″～1′40″ | 1′39″～1′21″ | 1′20″～1′03″ | 1′02″～1′00″ |<br>\|---\|---\|---\|---\|---\|---\|<br>\| 10分 \| 9分 \| 8分 \| 7分 \| 6分 \| 5分 \|<br>\| 59″～50″ \| 49″～45″ \| 44″～40″ \| 39″～29″ \| 28″及以下 \| \|<br>\| 4分 \| 3分 \| 2分 \| 1分 \| 0分 \| \|<br><br>男生<br><br>\| 4′10″ \| 4′09″～3′31″ \| 3′30″～2′20″ \| 2′19″～1′45″ \| 1′44″～1′14″ \| 1′13″～1′10″ \|<br>\|---\|---\|---\|---\|---\|---\|<br>\| 10分 \| 9分 \| 8分 \| 7分 \| 6分 \| 5分 \|<br>\| 1′08″～1′00″ \| 59″～50″ \| 49″～45″ \| 44″～40″ \| 39″及下 \| \|<br>\| 4分 \| 3分 \| 2分 \| 1分 \| 0分 \| \|<br><br>三、测试要求<br>技术考评（动作规范要求参照Keep）<br>9～10分　动作十分标准；和示范的视频完全同频同步<br>7～8分　动作标准；和示范的视频基本同频同步<br>6分　动作合格；和示范的视频大致同频同步<br>4～5分　动作略有差异；和示范的视频同频不同步<br>2～3分　动作有差异；和示范的视频同频不同步<br>0～1分　动作差异性较大；和示范的视频不同频不同步 | 做好运动前热身，防止受伤，休息1分钟进行测试<br><br>组织教法：（1）教师体委各建立一个腾讯会议<br>（2）三人一组进行测试<br>（3）前三组留在教师会议室进行测试，其他同学进入体委会议室进行练习备考<br>（4）测试中其他两组学生调整设备准备考试<br>视角要求：开合跳正面或45°<br>上面能看到手的交叉，下面能看到脚的开合 | |

续表

| 课次 | 第十一周（线上） | | |
|---|---|---|---|
| 基本部分 | 四、全身肌肉放松<br>1. 站姿左、右侧腹部拉伸各 30 秒<br>2. 左、右腰部拉伸各 30 秒<br>3. 下蹲抬臂 12 次<br>4. 站姿左、右背部拉伸各 30 秒<br>5. 腹部拉伸 30 秒<br>6. 跪姿背部拉伸 30 秒 | 做好拉伸可以有效缓解疲劳，提醒同学们注意动作准确到位，要有拉伸感 | 50 分钟 |
| 结束部分 | 1. 整理放松<br>2. 小结本课的学习情况及对下节课提出相应的要求<br>3. 布置课下练习内容<br>4. 宣布下课，师生再见 | 要求：面对摄像头，关闭话筒，精神饱满，站立 | 5 分钟 |

### 第十二周教案

| 课次 | 第十二周（线上） | | |
|---|---|---|---|
| 课的内容 | 1. 全身拉伸<br>2. 测试跨步波比<br>3. 全身放松 | | |
| 教学任务 | 1. 加强身体素质练习<br>2. 测试 | | |
| 课的部分 | 教学内容 | 组织教法与要求 | 时间 |
| 开始部分 | 1. 签到。课前 10 分钟在 qq 群以确认群公告的方式进行打卡签到，然后准时进入腾讯会议课堂<br>2. 本节课练习内容介绍<br>3. 安排见习生<br>4. 安全教育 | 组织：学生面对手机摄像头，保持机位合适<br>要求：精神饱满，注意力集中，站立 | 5 分钟 |
| 基本部分 | 一、全身拉伸<br>1. 左、右侧胸部拉伸（墙角）<br>2. 左、右臂后侧拉伸<br>3. 站姿左、右侧腹部拉伸<br>4. 大腿内侧动态拉伸<br>5. 左、右大腿前侧拉伸<br>6. 支撑小腿后侧拉伸<br>7. 腹部拉伸<br>8. 跪姿背部拉伸 | 做好运动前热身，防止受伤，休息 1 分钟进行测试 | |

续表

| 课次 | 第十二周（线上） | | |
|---|---|---|---|
| 基本部分 | 二、测试跨步波比（同频计次）<br>动作要领：<br>（1）自然站立，双脚分开与肩同宽<br>（2）向下俯身，双手与肩同宽撑地<br>（3）保持双肩稳定，双脚向后交替迈出再还原，身体不能晃动<br>（4）站起身体，进行第二次动作，动作越连贯越好<br>三、测试标准：<br>女生<br>

| 70次 | 69次~60次 | 59次~44次 | 43次~30次 | 29次~20次 | 19次~18次 |
|---|---|---|---|---|---|
| 10分 | 9分 | 8分 | 7分 | 6分 | 5分 |
| 17次~16次 | 15次~14次 | 13次~12次 | 11次~10次 | 9次及以下 | |
| 4分 | 3分 | 2分 | 1分 | 0分 | |

男生

| 78次 | 77次~65次 | 64次~45次 | 44次~31次 | 30次~22次 | 21次~20次 |
|---|---|---|---|---|---|
| 10分 | 9分 | 8分 | 7分 | 6分 | 5分 |
| 19次~18次 | 17次~16次 | 15次~14次 | 13次~12次 | 11次及以下 | |
| 4分 | 3分 | 2分 | 1分 | 0分 | |

三、测试要求<br>3. 技术考评（动作规范要求参照 Keep）<br>9~10分　动作十分标准；和示范的视频完全同频同步<br>7~8分　动作标准；和示范的视频基本同频同步<br>6分　动作合格；和示范的视频大致同频同步<br>4~5分　动作略有差异；和示范的视频同频不同步<br>2~3分　动作有差异；和示范的视频同频不同步<br>0~1分　动作差异性较大；和示范的视频不同频不同步<br>四、全身肌肉放松<br>1. 站姿左、右侧腹部拉伸各 30 秒<br>2. 左、右腰部拉伸各 30 秒<br>3. 下蹲抬臂 12 次<br>4. 站姿左、右背部拉伸各 30 秒<br>5. 腹部拉伸 30 秒<br>6. 跪姿背部拉伸 30 秒 | 组织教法：（1）教师、体委各建立一个腾讯会议<br>（2）三人一组进行测试<br>（3）前三组留在教师会议室进行测试，其他同学进入体委会议室进行练习备考<br>（4）测试中其他两组学生调整设备准备考试<br>视角要求：跨步波比身体侧面对镜头，整个动作要在镜头内<br><br>上次课动作，做好拉伸可以有效缓解疲劳，提醒同学们注意动作准确到位，要有拉伸感 | 50 分钟 |
| 结束部分 | 1. 整理放松<br>2. 小结本课的学习情况及对下节课提出相应的要求<br>3. 布置课下练习内容<br>4. 宣布下课，师生再见 | 要求：面对摄像头，关闭话筒，精神饱满，站立 | 5 分钟 |

## 第十三周教案

| 课次 | 第十三周（线上） | | |
|---|---|---|---|
| 课的内容 | 1. 全身拉伸<br>2. 测试俯卧撑、慢速仰卧起坐<br>3. 全身放松 | | |
| 教学任务 | 1. 加强身体素质练习<br>2. 测试 | | |
| 课的部分 | 教学内容 | 组织教法与要求 | 时间 |
| 开始部分 | 1. 签到。课前10分钟在qq群以确认群公告的方式进行打卡签到，然后准时进入腾讯会议课堂<br>2. 本节课练习内容介绍<br>3. 安排见习生<br>4. 安全教育 | 组织：学生面对手机摄像头，保持机位合适<br>要求：精神饱满，注意力集中，站立 | 5分钟 |
| 基本部分 | 一、全身拉伸<br>1. 左、右侧胸部拉伸（墙角）<br>2. 左、右臂后侧拉伸<br>3. 站姿左、右侧腹部拉伸<br>4. 大腿内侧动态拉伸<br>5. 左、右大腿前侧拉伸<br>6. 支撑小腿后侧拉伸<br>7. 腹部拉伸<br>8. 跪姿背部拉伸<br>二、测试俯卧撑男生（同频计次）<br>动作要领：<br>（1）俯卧撑于垫子上，腰背挺直，从侧面看身体呈一条直线，双手撑于胸前两侧，间距比肩略宽<br>（2）屈肘俯身至肘关节略高于躯干，然后伸臂起身还原<br>测试标准<br>俯卧撑<br><br>\| 40次 \| 39次~35次 \| 34次~23次 \| 22次~17次 \| 16次~11次 \| 10次 \|<br>\| 10分 \| 9分 \| 8分 \| 7分 \| 6分 \| 5分 \|<br>\| 9次~8次 \| 7次~6次 \| 5次~4次 \| 3次~2次 \| 1次及以下 \| \|<br>\| 4分 \| 3分 \| 2分 \| 1分 \| 0分 \| \|<br><br>三、测试慢速仰卧起坐女生（同频计次）<br>动作要领：<br>躺于垫子上，手臂伸直放于头部两侧，脚底并拢，双腿打开，腹肌发力<br>身体头部、肩部、上背部、下背部依次离地，双手触碰双脚<br>下放时，下背部、上背部、肩部、头部依次着地<br>动作全过程不宜过快，频率约为3秒1次 | 做好运动前热身，防止受伤<br>休息1分钟进行测试<br>组织教法：（1）教师体委各建立一个腾讯会议<br>（2）三人一组进行测试<br>（3）前三组留在教师会议室进行测试，其他同学进入体委会议室进行练习备考<br>（4）测试中其他两组学生调整设备准备考试<br>视角要求：俯卧撑身体侧面或45°镜头，整个动作要在镜头内 | |

续表

| 课次 | 第十三周（线上） | | |
|---|---|---|---|
| 基本部分 | 测试标准：<br>慢速仰卧起坐<br><br>| 60次 | 59次~50次 | 49次~31次 | 30次~24次 | 23次~20次 | 19次~12次 |<br>\|---\|---\|---\|---\|---\|---\|<br>\| 10分 \| 9分 \| 8分 \| 7分 \| 6分 \| 5分 \|<br>\| 11次~10次 \| 9次~8次 \| 7次~6次 \| 5次~4次 \| 3次及以下 \| \|<br>\| 4分 \| 3分 \| 2分 \| 1分 \| 0分 \| \|<br><br>四、技术考评（动作规范要求参照 Keep）<br>9~10分　动作十分标准；和示范的视频完全同频同步<br>7~8分　动作标准；和示范的视频基本同频同步<br>6分　动作合格；和示范的视频大致同频同步<br>4~5分　动作略有差异；和示范的视频同频不同步<br>2~3分　动作有差异；和示范的视频同频不同步<br>0~1分　动作差异性较大；和示范的视频不同频不同步<br>五、全身肌肉放松<br>1. 站姿左、右侧腹部拉伸各 30 秒<br>2. 左、右腰部拉伸各 30 秒<br>3. 下蹲抬臂 12 次<br>4. 站姿左、右背部拉伸各 30 秒<br>5. 腹部拉伸 30 秒<br>6. 跪姿背部拉伸 30 秒 | 组织教法：（1）教师、体委各建立一个腾讯会议<br>（2）三人一组进行测试<br>（3）前三组留在教师会议室进行测试，其他同学进入体委会议室进行练习备考<br>（4）测试中其他两组学生调整设备准备考试<br>视角要求：慢速仰卧起坐身体侧面对镜头，整个动作要在镜头内<br><br>做好拉伸可以有效缓解疲劳，提醒同学们注意动作准确到位，要有拉伸感 | 50分钟 |
| 结束部分 | 1. 整理放松<br>2. 小结本课的学习情况及对下节课提出相应的要求<br>3. 布置课下练习内容<br>4. 宣布下课，师生再见 | 要求：面对摄像头，关闭话筒，精神饱满，站立 | 5分钟 |

### 第十四周教案

| 课次 | 第十四周（线上） | | |
|---|---|---|---|
| 课的内容 | 1. 全身拉伸<br>2. 测试平板支撑<br>3. 全身放松 | | |
| 教学任务 | 1. 加强身体素质练习<br>2. 测试 | | |
| 课的部分 | 教学内容 | 组织教法与要求 | 时间 |

续表

| 课次 | | 第十四周（线上） | |
|---|---|---|---|
| 开始部分 | 1. 签到。课前10分钟在qq群以确认群公告的方式进行打卡签到，然后准时进入腾讯会议课堂<br>2. 本节课练习内容介绍<br>3. 安排见习生<br>4. 安全教育 | 组织：学生面对手机摄像头，保持机位合适<br>要求：精神饱满，注意力集中，站立 | 5分钟 |
| 基本部分 | 一、全身拉伸<br>1. 左、右侧胸部拉伸（墙角）<br>2. 左、右臂后侧拉伸<br>3. 站姿左、右侧腹部拉伸<br>4. 大腿内侧动态拉伸<br>5. 左、右大腿前侧拉伸<br>6. 支撑小腿后侧拉伸<br>7. 腹部拉伸<br>8. 跪姿背部拉伸<br>二、平板支撑<br>动作要领：<br>(1) 屈肘，小臂与前脚掌撑地，耳、肩、髋、踝呈一条直线<br>(2) 手肘朝脚的方向用力，脚尖用力向前勾起，与地面摩擦对抗，小臂按紧地面<br>测试标准：<br>平板支撑（男）<br>| 3′30″ | 3′29″~3′00″ | 2′59″~1′42″ | 1′41″~1′12″ | 1′11″~1′00″ | 59″~50″ |<br>| 10分 | 9分 | 8分 | 7分 | 6分 | 5分 |<br>| 49″~40″ | 39″~30″ | 29″~25″ | 24″~20″ | 19″及以下 | |<br>| 4分 | 3分 | 2分 | 1分 | 0分 | |<br>平板支撑（女）<br>| 2′30″ | 2′29″~2′00″ | 1′59″~1′20″ | 1′19″~1′00″ | 59″~42″ | 41″~35″ |<br>| 10分 | 9分 | 8分 | 7分 | 6分 | 5分 |<br>| 34″~30″ | 29″~25″ | 24″~20″ | 19″~15″ | 14″及以下 | |<br>| 4分 | 3分 | 2分 | 1分 | 0分 | |<br>三、全身肌肉放松<br>1. 站姿左、右侧腹部拉伸各30秒<br>2. 左、右腰部拉伸各30秒<br>3. 下蹲抬臂12次<br>4. 站姿左、右背部拉伸各30秒<br>5. 腹部拉伸30秒<br>6. 跪姿背部拉伸30秒 | 做好运动前热身，防止受伤，休息1分钟进行测试<br><br>组织教法：（1）教师、体委各建立一个腾讯会议<br>（2）三人一组进行测试<br>（3）前三组留在教师会议室进行测试，其他同学进入体委会议室进行练习备考<br>（4）测试中其他两组学生调整设备准备考试<br>视角要求：平板支撑身体45°对镜头，整个动作要在镜头内<br><br>做好拉伸可以有效缓解疲劳，提醒同学们注意动作准确到位，要有拉伸感 | 50分钟 |
| 结束部分 | 1. 整理放松<br>2. 小结本课的学习情况及对下节课提出相应的要求<br>3. 布置课下练习内容<br>4. 宣布下课，师生再见 | 要求：面对摄像头，关闭话筒，精神饱满，站立 | 5分钟 |

**第十五周教案**

| 课次 | 第十五周（线上） | | |
|---|---|---|---|
| 课的内容 | 1. 全身拉伸<br>2. 补测平板支撑、开合跳、跨步波比、俯卧撑、慢速仰卧起坐<br>3. 身体素质练习<br>4. 全身放松 | | |
| 教学任务 | 1. 加强身体素质练习<br>2. 测试 | | |
| 课的部分 | 教学内容 | 组织教法与要求 | 时间 |
| 开始部分 | 1. 签到课前 10 分钟在 qq 群以确认群公告的方式进行打卡签到，然后准时进入腾讯会议课堂<br>2. 本节课练习内容介绍<br>3. 安排见习生<br>4. 安全教育 | 组织：学生面对手机摄像头，保持机位合适<br>要求：精神饱满，注意力集中，站立 | 5 分钟 |
| 基本部分 | 一、全身拉伸<br>1. 左、右侧胸部拉伸（墙角）<br>2. 左、右臂后侧拉伸<br>3. 站姿左、右侧腹部拉伸<br>4. 大腿内侧动态拉伸<br>5. 左、右大腿前侧拉伸<br>6. 支撑小腿后侧拉伸<br>7. 腹部拉伸<br>8. 跪姿背部拉伸<br>二、补测<br>1. 平板支撑<br>动作要领：<br>（1）屈肘，小臂与前脚掌撑地，耳、肩、髋、踝呈一条直线<br>（2）手肘朝脚的方向用力，脚尖用力向前勾起，与地面摩擦对抗，小臂按紧地面<br>2. 俯卧撑<br>动作要领：<br>（1）俯卧撑于垫子上，腰背挺直，从侧面看身体呈一条直线，双手撑于胸前两侧，间距比肩略宽<br>（2）屈肘俯身至肘关节略高于躯干，然后伸臂起身还原<br>3. 测试跨步波比（同频计次）<br>动作要领：<br>（1）自然站立，双脚分开与肩同宽<br>（2）向下俯身，双手与肩同宽撑地<br>（3）保持双肩稳定，双脚向后交替迈出再还原，身体不能晃动 | 做好运动前热身，防止受伤，休息 1 分钟进行补测<br><br>组织教法：（1）教师、体委各建立一个腾讯会议<br>（2）三人一组进行测试<br>（3）前三组留在教师会议室进行测试，其他同学进入体委会议室进行练习备考<br>（4）测试中其他两组学生调整设备准备考试<br>视角要求：身体侧面或 45 度对镜头如图，整个动作要在镜头内 | |

续表

| 课次 | | 第十五周（线上） | | |
|---|---|---|---|---|
| 基本部分 | | 站起身体，进行第二次动作，动作越连贯越好<br>4. 测试开合跳（同频计时）<br>动作要领：<br>（1）收紧腰腹，手臂用力绷紧<br>（2）用肩部力量抬臂，背部用力下压手臂，用手臂带动身体的跳跃．<br>（3）双脚开合跳跃，小腿尽可能放松，不可低头，仰头慢速仰卧起坐（同频计次）<br>动作要领：<br>（1）躺于垫子上，手臂伸直放于头部两侧，脚底并拢，双腿打开，腹肌发力<br>（2）身体头部、肩部、上背部、下背部依次离地，双手触碰双脚<br>（3）下放时，下背部、上背部、肩部、头部依次着地<br>（4）动作全过程不宜过快，频率约为 3 秒 1 次<br>三、徒手全身训练入门<br>1. 简易死虫式 12 次（左、右交替手脚交叉进行）<br>2. 腹肌激活 20 秒<br>3. 臀桥 12 次（臀部发力）<br>4. 静态臀桥 25 秒<br>5. 跪姿左、右后踢腿各 10 次（后踢腿要伸直）<br>6. 俯卧对角伸展 16 次（背部肌肉收紧）<br>7. 四点支撑 30 秒（保持背部平直，动作平稳不要晃动）<br>8. 俯卧交替跨步转体 6 次<br>9. 俯身大腿后侧动态拉伸 8 次（左、右交替进行）<br>10. 早安式体前屈 10 次<br>11. 靠墙划臂 10 次（手臂与背部贴合墙壁）<br>12. 靠墙俯卧撑 16 次<br>13. 箱式深蹲 12 次<br>14. 原地慢跑 30 秒<br>15. 侧向开合 25 秒<br>16. 箱式深蹲 12 次<br>17. 原地慢跑 30 秒<br>18. 侧向开合 25 秒<br>19. 扶椅左、右大腿前侧拉伸 20 秒<br>20. 全身舒展 3 次<br>四、全身肌肉放松<br>1. 站姿左、右侧腹部拉伸各 30 秒<br>2. 左、右腰部拉伸各 30 秒<br>3. 下蹲抬臂 12 次<br>4. 站姿左、右背部拉伸各 30 秒<br>5. 腹部拉伸 30 秒<br>6. 跪姿背部拉伸 30 秒 | | 组织：学生打开视频，要求拍摄全身，跟随视频中的动作逐一练习<br><br>要求：动作准确到位，动作舒展且有节奏，上下肢协调，注意安全<br><br>做好拉伸可以有效缓解疲劳，提醒同学们注意动作准确到位，要有拉伸感 | 75 分钟 |

续表

| 课次 | 第十五周（线上） | | |
|---|---|---|---|
| 结束部分 | 1. 整理放松<br>2. 小结本课的学习情况及对下节课提出相应的要求<br>3. 布置课下练习内容<br>4. 宣布下课，师生再见 | 要求：面对摄像头，关闭话筒，精神饱满，站立 | 5分钟 |

## 第十六周教案

| 课次 | 第十六周（线上） | | |
|---|---|---|---|
| 课的内容 | 1. 补考<br>2. 期末总结与暑期安排<br>3. 身体素质练习 | | |
| 教学任务 | 对本学期教学的各个方面进行总结体育重要性，对暑期练习进行安排、要求等内容 | | |
| 课的部分 | 教学内容 | 组织教法与要求 | 时间 |
| 开始部分 | 1. 签到课前十分钟在 qq 小群以群接龙的方式进行打卡签到<br>2. 介绍本课的教学内容与教学任务<br>3. 安排见习生<br>4. 安全教育 | 组织：学生面对手机摄像头，端正坐好，保持周围环境安静<br>要求：精神饱满，注意力集中 | 5分钟 |
| 基本部分 | 一、全身拉伸<br>1. 左、右侧胸部拉伸（墙角）<br>2. 左右臂后侧拉伸<br>3. 站姿左右侧腹部拉伸<br>4. 大腿内侧动态拉伸<br>5. 左右大腿前侧拉伸<br>6. 支撑小腿后侧拉伸<br>7. 腹部拉伸<br>8. 跪姿背部拉伸<br>二、补考<br>给需要测试学生进行最后的补考<br>三、身体素质练习<br>零基础减脂·全身激活<br>1. 站姿体侧屈10次<br>2. 原地慢跑30秒<br>3. 环游世界6次（做动作时速度放慢，控制速度，尽可能地加大动作幅度，感受身体的牵拉感） | 要求：做好身体预热防止受伤<br>休息1分钟进行补测<br><br>要求同正常测试<br><br>组织：学生打开视频，要求拍摄全身，跟随视频中的动作逐一练习<br><br>要求：动作准确到位，动作舒展且有节奏，上下肢协调，注意安全 | |

205

续表

| 课次 | 第十六周（线上） | | |
|---|---|---|---|
| 基本部分 | 4. 弓步后转体 8 次（转体方向与弓步腿一致）<br>5. 抱脚尖蹲起 10 次<br>6. 开合跳 30 秒<br>7. 箱式深蹲 16 次（站起时用脚后跟发力踩地，而不是前脚掌；站起时不要上身前倾将重心前移）<br>8. 半蹲前后移动 30 秒<br>9. 半蹲左、右移动 30 秒<br>10. 推墙高抬腿 30 秒<br>11. 原地慢跑 30 秒<br>12. 勾脚跳 20 秒（后踢腿跑）<br>13. 左、右侧大腿前侧拉伸各 60 秒<br>四、全身肌肉放松<br>1. 站姿左右侧腹部拉伸各 30 秒<br>2. 左右腰部拉伸各 30 秒<br>3. 下蹲抬腿 12 次<br>4. 站姿左右背部拉伸各 30 秒<br>5. 腹部拉伸 30 秒<br>6. 跪姿背部拉伸 30 秒<br>五、期末总结<br>对本学期教学的各个方面进行总结<br>1. 正课出勤<br>旷课、请假、迟到、早退等情况复习课普遍比正常课差<br>2. 课堂表现<br>镜头调整情况，服装情况，课堂练习情况<br>3. 上课态度<br>有些同学比较懒散<br>4. 大课表现<br>5. 考试成绩分析每个班的情况<br>视频作业<br>录制情况、角度、完整性，认真程度，个别同学有出现重复提交凑数现象，视情况轻重酌情扣分<br>体育的重要性及暑假要求<br>1. 体育的重要性<br>（1）体育运动具有强身健体、娱乐，另外还有教育、政治、经济等功能体育也有助于培养人们勇敢顽强的性格、超越自我的品质、迎接挑战的意志和承担风险的能力，有助于培养人们的竞争意识、协作精神和公平观念<br>（2）疫情期间更突出了体育的重要性，"停课不停练"，我们运用网络手段，借助智能手机、平板、电脑等多媒体，完成这学期体育教学任务，练习效果明显 | 做好拉伸可以有效缓解疲劳，提醒同学们注意动作准确到位，要有拉伸感<br><br>组织：学生打开视频，面对设备摄像头端坐<br><br>要求：所有人关闭话筒，认真听讲，有疑问的学生按照教师排序依次提问 | |

续表

| 课次 | | 第十六周（线上） | | |
|---|---|---|---|---|
| 基本部分 | （3）教师通过网络线上教学，顺利开展并完成了本学期体育课程，在教学中认真加强体育教育教学理论的学习，进行有目的、有计划的教学实践，教学质量有明显的提高。根据教学工作计划，制定一套符合学生实际情况的完整的教学大纲，学生在居家上课时期，能够认真锻炼，增强学生体质，锻炼学生的自觉性，培养学生顽强的意志品质，从而很好地完成了教育部制订的学生锻炼计划，一周锻炼2~3次的任务，考核项目的制定，结合我院学生的实际情况，制定了一套考核项目，学生很好地完成考核任务，圆满地完成线上教学<br>（4）本学期12个教学班学生在以上几个方面表现都不错，但在大课的出勤与表现中，有些学生自律性较差，自觉性表现欠佳，视频作业有个别学生录制不够认真，质量欠佳<br>2. 暑期安排<br>坚持每天一小时体育锻炼非常重要。尤其在疫情尚未结束之前，提高自身免疫力，更好地保证自己的安全可参与完成自己喜爱的运动项目或坚持居家完成KEEP的练习组合 | | | 75分钟 |
| 结束部分 | 1. 整理放松<br>2. 感谢大家对体育教学工作的支持<br>3. 养成终身体育的习惯<br>4. 宣布下课，师生再见 | | 要求：面对手机，关闭话筒，精神饱满，站立不能坐或躺 | 5分钟 |

## 第三节　北京科技大学天津学院2020年线上身体素质练习教程

### 第一周　速度和上肢力量

#### 一、动作A组

*俯身快速踮脚：增强心肺机能*

（1）**动作要领**：双脚开立，与肩同宽，俯身，双脚快速踮脚，越快越好，手臂跟随腿部自然摆动，如图9-2、图9-3所示。

图9-2　　　　　　　图9-3

（2）**呼吸**：自然呼吸。

（3）**动作感觉**：全身发力参与，几次动作后心跳与呼吸速度加快。

（4）**常见错误**：

错误：踮脚幅度过大；

解决：前脚掌略离开地面即可。

## 二、动作 B 组

1. 高抬腿：增强心肺机能

（1）**动作要领**：挺直背部，目视前方，前脚掌着地，保持身体稳定，快速交替抬腿，随着抬腿节奏用力摆臂，保持最快速度，如图 9-4、图 9-5 所示。

图 9-4　　　　　　　　图 9-5

（2）**呼吸**：自然呼吸。

（3）**动作感觉**：速度越快，心跳越快，呼吸越急促。

（4）**常见错误**：

错误：重心后仰；

解决：减小抬腿的幅度，保持身体稳定。

2. 登阶运动：增强心肺机能

**动作要领**：利用家中凳子（结实、不摇摆，确保安全和锻炼效果，高度根据个人能力调节）或台阶上。注意双腿尽量蹬直。

## 三、动作 C 组

上肢力量动作如下：

图 9-6

1. 靠墙俯卧撑：

（1）**动作要领**：面向墙壁双手撑墙，撑距略大于肩宽，双肘向内收，大臂与躯干大概呈 70°左右夹角，绷紧身体呈一条直线，双脚微微分开，屈肘，身体缓慢向墙壁靠近，至脸部接近墙面，稍作停顿后，双手发力将身体推回原位，在最高点手肘微屈，如图 9-6 所示。

（2）**呼吸**：下落时吸气，推起时呼气。

（3）**动作感觉**：推起时，上臂向内夹，胸部有明显收缩感；在最高点时，胸部有挤压感。

推起时，上臂后侧辅助发力，有轻微收缩感；下落到最低点时，胸部有轻微牵拉感。

（4）**常见错误**：

错误：身体没有绷直，臀部抬高；

解决：调整双脚与墙面的距离，使身体呈一个平面，整体运动。

2. 跪姿俯卧撑后坐

（1）**动作要领**：

手、膝盖与前脚掌支撑于垫上，双手撑于胸部两侧，间距比肩略宽，腰背挺直，双手推地，重心向后，臀部贴紧小腿，手臂与躯干呈一条直线，重心前移至躯干与大腿呈一条直线，屈臂至肘关节高于躯干，依次反复如图9-7、图9-8所示

图9-7

图9-8

（2）**呼吸**：屈臂吸气，伸臂呼气。

（3）**动作感觉**：随着重复次数的增加，肩前侧、胸部与大臂后侧有酸胀感。

（4）**常见错误**：

错误：支撑过程中肘关节超伸锁死；

解决：肘关节要伸直，但不要超伸锁死。

3. 跪姿俯卧撑

（1）**动作要领**：双脚交叉，跪于垫上，腰背挺直，从侧面看身体呈一条直线，双手撑于胸部两侧，间距比肩略宽，屈臂俯身至肘关节略高于躯干，然后伸臂起身还原，如图9-9所示。

图9-9

（2）呼吸：屈臂吸气，伸臂呼气。

（3）动作感觉：胸部、肩前部和大臂后侧有酸胀感。

（4）常见错误：

错误：伸臂时肘关节超伸锁死，训练过程中塌腰或撅臀；

解决：肘关节要伸直，但不要超伸锁死，全程保持腰背挺直，从侧面看身体成一条直线。

4. 标准俯卧撑

（1）动作要领：俯卧撑于垫上，腰背挺直，从侧面看身体呈一条直线，双手撑于胸部两侧，间距比肩略宽，屈臂俯身至肘关节略高于躯干，然后伸臂起身还原，如图9-10、图9-11所示。

图9-10

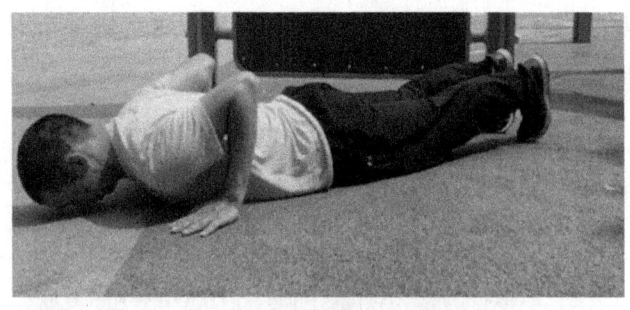

图9-11

（2）**呼吸**：屈臂吸气，伸臂呼气。

（3）**动作感觉**：胸部、肩前部和大臂后侧有酸胀感。

（4）**常见错误**：

错误：伸臂时肘关节超伸锁死，训练过程中塌腰或撅臀；

解决：肘关节要伸直，但不要超伸锁死，全程保持腰背挺直，从侧面看身体呈一条直线。

5. 上斜俯卧撑

（1）**动作要领**：双手撑于半米左右高度的凳子上，间距比肩略宽，身体绷成一条直线，腰背挺直，屈臂俯身至胸部贴近凳子边缘，然后伸臂起身还原。如果无法完成动作，可以将双手撑于更高的物体如桌子上，注意所撑物体的稳定性，在动作过程中所撑物体不能发生移动，如图 9 – 12、图 9 – 13 所示。

 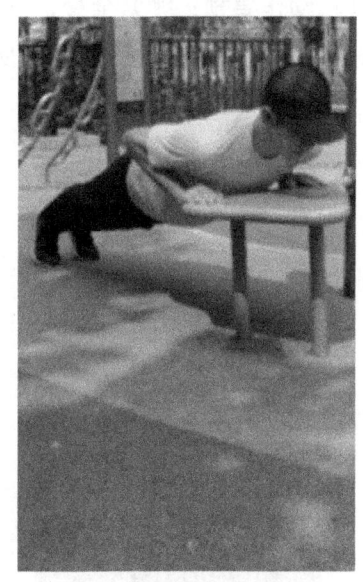

图 9 – 12　　　　　　　　　图 9 – 13

（2）**呼吸**：屈臂吸气，伸臂呼气。

（3）**动作感觉**：推起时，胸部下侧有强收缩挤压感，上臂内夹，上臂后侧辅助发力，只有轻微收缩感；下放到最低点时，胸部和肩部均有轻微牵拉感。

(4) **常见错误**：

错误：伸臂时肘关节超伸锁死，训练过程中塌腰或撅臀，手臂发力明显；

解决：肘关节要伸直，但不要超伸锁死，全程保持腰背挺直，从侧面看身体呈一条直线，挺胸，保持沉肩。

## 第二周　耐力和腰腹力量

### 一、动作D组

1. *左右小跳*

(1) **动作要领**：绷紧全身，身体跟随双腿左右跳动时，手臂用力上提带起身体，如图9-14、图9-15所示

图9-14

图9-15

（2）**呼吸**：全程保持均匀呼吸。

（3）**动作感觉**：脚踝、膝盖放松，但腹部始终有紧绷感，身体充满弹性。

（4）**常见错误**：

错误：手臂放松，全靠小腿跳跃；

解决：双手各握一个小哑铃或其他重物。

2. 俯身登山跑

（1）**动作要领**：俯撑在瑜伽垫上，手肘微屈，上身放平，用最快速度交替提膝。用腹部的力量将大腿向前提，膝盖往胸部靠近，如图 9-16 所示。

图 9-16

（2）**动作感觉**：肩部全程有紧绷感，膝盖和脚踝是放松状态，抬腿时，腹肌有收缩发力感。

（3）**常见错误**：

错误：臀部抬得过高；

解决：保持背部平行于地面，减小双腿的动作幅度。

## 二、动作 E 组

男生：

1. 卷腹：增强上腹力量。

(1) **动作要领**：平躺在瑜伽垫上，屈膝，双腿分开与肩同宽，双脚踩实。双手扶于两耳旁，用腹肌的力量将肩部和上背部卷离地面，在最高点略做停顿后，缓缓回到起始位。运动时尽量专注利用腹肌向前向上发力。卷腹时，下背部保持紧贴地面，手肘保持向外打开。为了避免颈椎受伤，要保持腰腹用力，而不是脖子用力，如图 9-17、图 9-18 所示。

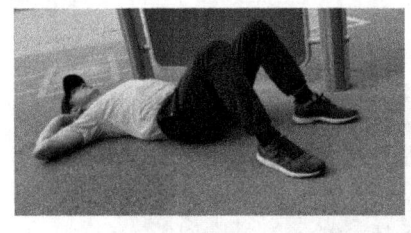

图 9-17    图 9-18

(2) **呼吸**：卷腹时呼气，下落时吸气。

(3) **动作感觉**：双腿放松，卷腹起身时上腹部明显收缩发力。

(4) **常见错误**：

错误：用力伸头，导致颈部疼痛；

解决：下颌始终紧贴颈部，同时后缩颈部。

女生：

2. 俄罗斯转体：腹外斜肌

(1) **动作要领**

坐在垫子上，双腿屈膝，腹肌发力使双脚抬离地面，下背挺直，上背略微弓起，将注意力集中在腰腹，伴随呼吸左右转动上半身，目光跟随双手移动，如图 9-19 所示。

(2) **呼吸**：转体时呼气，转正时吸气。

(3) **动作感觉**：整个腹部始终有紧绷感，转体时，对侧腹部会出现收

图 9-19

缩挤压感。

(4) **常见错误**：

错误：腹肌力竭后仍然继续坚持，导致腰部肌肉代偿；

解决：腹肌力竭后即可休息，不必硬撑。

## 三、动作 F 组

核心腰腹动作如下：

1. *四点支撑*

(1) **动作要领**：双手撑地，前脚掌着地，身体与大腿夹角呈 90°，膝关节夹角呈 90°，膝盖悬空，收紧腹部，保持背部平直，如图 9-19 所示。

图 9-20

(2) **呼吸**：自然呼吸。

(3) **动作感觉**：整个腹部有强烈的收缩紧绷感。

(4) **常见错误**：

错误：弯腰弓背，膝盖着地；

解决：收紧腹部，保持背部平直，膝盖保持离地。

2. 支撑交替摸肩

(1) **动作要领**：呈俯卧撑姿势，收紧腰腹，身体不要出现左右晃动，双手交替支撑，非支撑手摸对侧肩。双脚分开会比较简单，但要随着进步，逐渐并拢双腿，如图9-21所示。

图9-21

(2) **呼吸**：抬手时呼气，双手撑地时吸气。

(3) **动作感觉**：腹部始终保持紧绷，抬手时，侧腹的紧绷感会变得更强烈。

(4) **常见错误**：

错误：肘关节超伸锁死，身体晃动；

解决：肘关节要伸直，但不要超伸锁死，收紧腹部，保持身体稳定。

3. 屈腿两头起

(1) **动作要领**：躺于垫上，双腿屈膝，双手放于头两侧。卷腹时，臀部与双肩同时离地。"两头"指的是肩和臀，手臂和腿只是跟随它们移动，腰部贴紧地面，抬起肩和臀后，身体的支撑点位于腰部，如图9-22、图9-23所示。

图9-22　　　　　　　　　　图9-23

（2）**呼吸**：下落时吸气，卷腹时呼气。

（3）**动作感觉**：发力时，腹部有强烈的收缩挤压感，速度越慢收缩感越强。腰部始终放松，不应有紧绷感。

（4）**常见错误**：

错误：腰部无法贴地；

解决：在腰下垫一块毛巾或一个枕头。

4. 仰卧交叉踢腿

（1）**动作要领**：仰卧在瑜伽垫上，下背部用力贴紧地面，双腿伸直，勾起脚尖，双腿交替在与地面45°和70°的区间内抬起、落下，如图9-24、图9-25所示。

图9-24　　　　　　　　　　图9-25

（2）**呼吸**：全程保持均匀呼吸。

（3）**动作感觉**：整个腹肌始终保持紧绷感，动作持续越久，腹肌灼烧感越强。

（4）**常见错误**：

错误：为追求动作快而摆动身体，导致腿部肌肉感觉变强；

解决：减小动作幅度，保证上身固定。

5. 西西里卷腹

（1）**动作要领**：仰卧在瑜伽垫上，屈膝，双脚踩实；双臂向上伸直，双手交叉握紧，缓慢卷起上半身。卷腹时，手臂竖直向上，用力举高，下背部始终贴紧地面，不可用手臂借力带起身体，如图9-26、图9-27所示。

图9-26

图9-27

（2）**呼吸**：卷腹时呼气，下落时吸气。

（3）**动作感觉**：卷起时，腹部收缩发力明显，上腹部尤甚。

（4）**常见错误**：

错误：手臂举高时腹肌感觉不明显；

解决：将下背部贴紧地面，双臂竖直向上举。

6. 平板支撑

（1）**动作要领**：俯卧，屈肘撑地，小臂压紧地面，手肘朝脚的方向用力，脚尖用力向前勾起，与地面摩擦力对抗，耳、肩、髋、膝、踝成一条直线，如图9-28、图9-29所示。

图9-28　　　　　　　　　图9-29

（2）**呼吸**：自然呼吸。

（3）**动作感觉**：肩部、背部、臀部，以及整个腹部都应该有紧绷感，其中腹部最强烈。

（4）**常见错误**：

错误：腹肌力竭后仍继续坚持，导致腰部酸疼；

解决：腹肌力竭后即可休息，不必硬撑。

7. 仰卧起坐

（1）**动作要领**：躺于垫上，手臂伸直放于头部两侧，脚心相对，双腿向两侧打开。起身时，腹肌发力，使头部、肩部、上背部、下背部依次离地，双手触碰双脚后，身体向后躺，使下背部、上背部、肩部、头部依次着地。注意控制动作速度，频率约为2秒1次，如图9-30、图9-31所示。

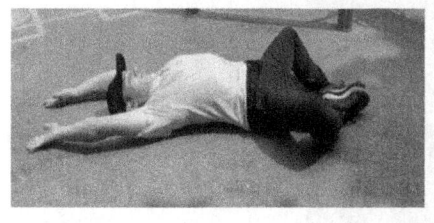 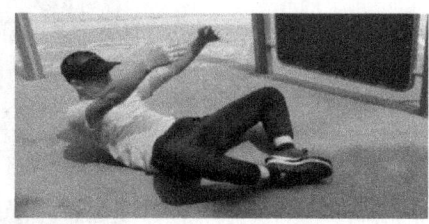

图9-30　　　　　　　　　图9-31

（2）**呼吸**：下放时吸气，起身时呼气。

（3）**动作感觉**：起身时腹部有突然收缩紧绷感，在起身后半段腹部会有挤压感，腰部始终放松，不应有紧绷感。

（4）**常见错误**：

错误：起身时腰部离地，导致疼痛；

解决：腰部始终放松，贴于垫上。

## 第三周　速度和下肢力量

### 一、动作G组

坐太空椅（靠墙静蹲）：增强腿部力量

（1）**动作要领**：背靠一面墙，双脚分开与肩同宽，将背部贴着墙缓慢向下坐，至大腿与地面平行，想象自己坐在一张隐形的椅子上（静力性练习），感受膝盖附近肌肉发力。双手放在大腿上，静态保持，如图9-32所示。

图9-32

注意：大腿与小腿间约呈90°，膝盖与脚尖指向同一方向。

**温馨提示**：如果膝关节有伤的同学，请避开疼痛角度静蹲，坐太空椅也能很好地预防和缓解膝关节疼痛。

(2) **呼吸**：全程保持均匀呼吸。

(3) **动作感觉**：膝关节和大腿前侧有酸胀感。

(4) **常见错误**：

错误：小腿未与地面垂直；解决：离墙壁不要太远；

错误：下背没有贴住墙面；解决：将尾骨稍向下卷。

## 二、动作H组

下肢力量动作如下：

1. 深蹲

(1) **动作要领**：腰背挺直，脚跟与肩同宽，膝盖与脚尖方向一致，不要内扣，掌心相对，手臂前平举，臀部向后坐，下蹲动作自然流畅，至最低点时大腿与地面近似平行，然后起身还原，全程保持腰背挺直，如图9-33、图9-34所示。

图9-33　　　　　　　　　图9-34

(2) **呼吸**：下蹲时吸气，起身时呼气。

(3) **动作感觉**：下蹲时，臀部和大腿前侧有轻微牵拉感；在蹲起过程中，臀部和大腿前侧收缩发力，臀部更加明显。

（4）**常见错误**：

错误：膝关节伸直时超伸锁死，膝盖与脚尖不朝向同一方向，弯腰弓背；

解决：伸直膝关节时不要出现超伸锁死，保证膝盖与脚尖方向一致，动作全场保持腰背挺直。

2. 保加利亚深蹲以左侧为例（可左右交替练习）

（1）**动作要领**：左侧单脚站立，右脚脚面搭在椅子边沿，双手叉腰尽可能放松，左腿屈膝下蹲，至大腿与地面平行，膝盖不超过脚尖，背部挺直，脚后跟发力站起，如果站不稳，可以扶着桌子或其他固定物，如图9-35、图9-36所示。

图9-35　　　　　　　图9-36

（2）**呼吸**：下蹲时吸气，站起时呼气。

（3）**动作感觉**：尽量去找臀部的收缩发力感。

（4）**常见错误**：

错误：大腿前侧过于酸胀；

解决：后侧膝盖勇敢地弯下去，身体垂直上下。

3. 深蹲跳

(1) **动作要领**：腰背挺直，收紧腰腹部，下蹲时手臂向前伸，与地面平行，手指伸直，利用蹲到底时大腿和臀部的肌肉收缩性跳起，只有起跳的瞬间发力，手臂配合向后摆动，如图 9-37、图 9-38 所示。

图 9-37　　　　　　　　图 9-38

(2) **呼吸**：下落时吸气，跳起时呼气。

(3) **动作感觉**：大腿前侧有酸胀感。

(4) **常见错误**：

错误：大腿与臀部发力时间过长，膝盖内扣；

解决：只有起跳的瞬间发力，避免膝盖内扣。

4. 向前交替箭步蹲（也可做后撤交替箭步蹲）

(1) **动作要领**：双脚并拢，收紧腹部核心，双手相扣放于胸前，肩膀后缩下沉上半身挺直，向前迈一侧腿并下蹲，重心位于两脚中间下蹲至前侧大腿与身体呈 90°角，前侧大腿与小腿呈 90°角，后侧大腿与小腿呈 90°角；略作停顿，前侧腿发力站起回到起始位置双腿交替向前迈，保持每次步幅大小相同，后侧腿膝盖不要着地，如图9-39、图9-40所示。

图9-39

图9-40

（2）**呼吸**：站起时呼气，下蹲时吸气。

（3）**动作感觉**：站起时，前侧腿的臀部及大腿前侧有收缩发力感，臀部更加明显。

（4）**常见错误**：

错误：向前迈的幅度不够大，下蹲达不到90°角；

解决：加大向前迈的步幅，同时拉伸大腿根部、大腿内侧。

5. 快速纵跳

（1）**动作要领**：双脚开立，与肩同宽，双手叉腰，膝盖略微弯曲，利用前脚掌蹬地的力量，原地快速跳起，下落时膝盖略微弯曲，缓冲腹部核心，保持稳定，如图9-41、图9-42所示。

（2）**呼吸**：自然呼吸。

（3）**动作感觉**：全身发力参与，几次动作后心跳呼吸速度加快。

（4）**常见错误**：

错误：下落时膝盖过直；

解决：跳起时膝盖伸直，下落时膝盖微屈缓冲。

图9-41　　　　　　　　图9-42

6. 快速半蹲跳

（1）**动作要领**：腰背挺直，收紧腰腹部，下蹲时膝盖微屈，手臂伸直，利用半蹲时大腿和臀部的肌肉收缩力跳起，只有起跳的瞬间发力，手臂配合向后摆动，落地时下蹲缓冲，减少对关节的冲击，动作要有爆发力，如图9-43、图9-44所示。

图9-43　　　　　　　　图9-44

（2）**呼吸**：下落时吸气，跳起时呼气。

（3）**动作感觉**：下蹲时，大腿后侧有轻微牵拉感，跳起时，臀部和大腿前侧收缩发力感明显。

（4）**常见错误**：

错误：落地时全脚掌着地，膝盖打直，造成膝关节不适；

解决：落地时前脚掌先着地，膝关节快速弯曲下蹲进行缓冲。

错误：大腿与臀部发力时间过长，膝盖内扣；

解决：只有起跳的瞬间发力，避免膝盖内扣。

**协调性练习动作**：

1. *摆臂转髋左右小跳*

（1）**动作要领**：身体向左右交替扭转跳跃，膝关节和脚尖方向与转动方向一致，双臂摆动方向与身体转动方向相反跳跃时前脚掌着地，如图9-44、图9-45所示。

图9-45

图9-46

（2）**呼吸**：自然呼吸。

（3）**动作感觉**：腰部有一定舒展感。

(4) **常见错误**：

错误：身体过于放松，扭转幅度过大；

解决：减小扭转幅度。

2. *左侧膝盖击掌（也可做右侧膝击掌）*

(1) **动作要领**：重心位于右脚，右腿微屈，上半身与左腿呈一条直线，与地面保持45°夹角，上身固定，用腹肌的力量发动提膝击掌的动作，加快动作速度，如图9-47、图9-48所示。

图9-47　　　　　　图9-48

(2) **呼吸**：还原时吸气，击掌时呼气。

(3) **动作感觉**：左侧腹部收缩挤压感明显。

(4) **常见错误**：

错误：身体站得太直，导致重心不稳；

解决：左腿加大下蹲幅度，同时加大俯身的角度。

# 第四周 耐力和跳跃力量

## 一、动作1组

1. 开合跳：增强心肺机能

（1）**动作要领**：准备姿势，立正站好，向上跳跃时两脚、双手同时打开，收紧腰腹，手臂用力绷紧，用肩部力量抬高手臂，用背部力量下压手臂，通过手臂带动身体跳跃，小腿尽可能放松，不可低头、仰头，如图9-49、图9-50所示。

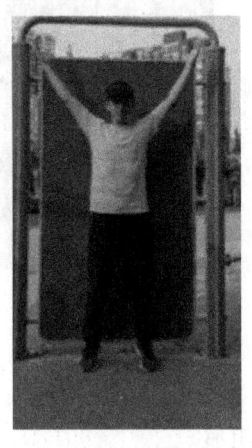
图9-49

图9-50

（2）**呼吸**：手臂上抬时吸气，下落时呼气。

（3）**动作感觉**：脚踝、膝盖放松，腹部始终紧绷，身体充满弹性。

（4）**常见错误**：

错误：动作太慢，导致腰腹松散；

解决：加快动作速度。

2. 弓箭步跳：增强下肢力量和稳定性

身体维持站姿，右脚往前跨步，左脚在后，如同弓箭步姿势般，进行下蹲跳动作。注意，背部保持自然挺直，前后脚的大腿与小腿间约呈90°。

## 二、动作J组

耐力跳跃可选动作如下：

1. 俯身快速踮脚

（1）**动作要领**：双脚开立，与肩同宽，俯身，双脚快速地踮脚，越快越好，手臂跟随腿部自然摆动，如图9-51、图9-52所示。

图9-51　　　　　　　图9-52

（2）**呼吸**：自然呼吸。

（3）**动作感觉**：全身发力参与，几次动作后心跳呼吸速度加快。

（4）**常见错误**：

错误：踮脚幅度过大；

解决：前脚掌略离开地面即可。

2. 高抬腿

（1）**动作要领**：挺直背部，目视前方，前脚掌着地，快速交替抬高膝盖，伴随抬腿节奏用力摆臂保持最快速度，保持身体稳定，如图9-52、图9-53所示。

（2）**呼吸**：自然呼吸。

（3）**动作感觉**：速度越快，心跳越快，呼吸越急促

图 9-53　　　　　图 9-54

（4）**常见错误**：

错误：重心后仰；

解决：减小抬腿的幅度，保持身体稳定。

3. 俯身登山跑

（1）**动作要领**：俯撑在瑜伽垫上，手肘微屈，上身放平，用腹部的力量将大腿向前提，膝盖往胸部靠近，用最快速度交替提膝，如图 9-55 所示。

图 9-55

（2）**动作感觉**：肩部全程有紧绷感，膝盖和脚踝是放松状态，抬腿时，腹肌有收缩发力感。

（3）**常见错误**：

错误：臀部抬得过高；

解决：保持背部平行于地面，减小双腿的动作幅度。

4. *左右小跳*

（1）**动作要领**：绷紧全身，身体跟随双腿左右跳动时，手臂用力上提带起身体，如图9-56、图9-57所示。

图9-56

图9-57

（2）**呼吸**：全程保持均匀呼吸。

（3）**动作感觉**：脚踝、膝盖放松，但腹部始终有紧绷感。身体充满弹性。

（4）**常见错误**：

错误：手臂放松，全靠小腿跳跃；

解决：双手各握一个小哑铃或其他重物。

5. *简易波比跳*

（1）**动作要领**：双脚与肩同宽站立，俯身下蹲，双手撑地与肩同宽，同时双腿向后跳跃伸直,然后将双腿快速向前收回,起身跳跃,双手在头顶击掌之后迅速俯身下蹲,没有站立过程,尽量向上跳,如图9-58、图9-59、图9-60、图9-61所示。

图9-58　　　　　　　　　　　图9-59

图9-60　　　　　　　　　　　图9-61

（2）呼吸：按照自己的节奏呼吸。

（3）动作感觉：全身发力参与,几次动作后心跳呼吸速度加快。

（4）常见错误：

错误：身体松散,向后撤腿时塌腰；

解决：全程收紧腹部，加快伸腿收腿的动作速度。

6. 勾腿跳

（1）**动作要领**：背部挺直，目视前方，双手放在臀部位置，保持身体稳定，快速交替勾腿，每次都尽量触碰到双手，如图 9 - 62、图 9 - 63 所示。

图 9 - 62

图 9 - 63

（2）**呼吸**：自然呼吸。

（3）**动作感觉**：动作轻盈有弹性，身体不僵硬。

（4）**常见错误**：

错误：动作幅度过小；

解决：尽量让脚后跟接触手掌。

7. 开合跳

（1）**动作要领**：准备姿势，立正站好，向上跳跃时两脚、双手同时打开，收紧腰腹，手臂用力绷紧，用肩部力量抬高手臂，用背部力量下压手臂，通过手臂带动身体跳跃，小腿尽可能放松，不可低头、仰头，如图 9 - 64、图 9 - 65 所示。

（2）**呼吸**：手臂上抬时吸气，下落时呼气。

（3）**动作感觉**：脚踝、膝盖放松，腹部始终紧绷，身体充满弹性。

图 9-64

图 9-65

(4) 常见错误：

错误：动作太慢，导致腰腹松散；

解决：加快动作速度。

**协调性练习动作：**

1. 合掌跳

(1) **动作要领**：抬头挺胸，绷紧腹部，绷紧手臂，用胸肌的力量合掌，同时双脚前后交替小幅度跳跃，如图 9-66、图 9-67、图 9-68 所示。

图 9-66

图 9-67

图 9-68

（2）**呼吸**：合掌时呼气，扩胸时吸气。

（3）**动作感觉**：动作轻盈，身体有弹性不僵硬。

（4）**常见错误**：

错误：动作太慢，导致腰腹松散；

解决：加快动作速度。

2. 前后交叉小跳

（1）**动作要领**：双脚前后交替跳跃，双臂屈肘摆臂，起跳时用腹部的力量左右小幅度转动身体，动作尽可能轻松流畅，如图9-69、图9-70所示。

图 9-69

图 9-70

（2）**呼吸**：全程保持均匀呼吸。

（3）**动作感觉**：四肢关节放松，用腰腹收缩发力轻轻转动身体。

（4）**常见错误**：

错误：手臂、双腿主动发力；

解决：减小动作的幅度，四肢放松。

牵拉环节

一、胸椎转动

1. 弓步转身

（1）**练习目的**：增加胸椎的活动幅度，保持其灵活性和伸展性。

（2）动作要领：站立姿势开始，右腿向前跨步，下蹲呈弓步姿势，上半身直立，两臂前平举，然后两臂和上半身向右侧转动，直至最大幅度时停顿2秒。左右交替进行，如图9-71、图9-72所示。

图9-71

图9-72

（3）注意事项：两臂与地面平行，两臂之间夹角约为90°。

## 二、腰部拉伸

仰卧扭转拉伸

（1）练习目的：拉伸腰部肌群。

（2）动作要领：仰卧姿势，屈右膝放到身体左侧，左手压住右侧膝盖，右手伸直，眼睛看向右手，最大幅度保持5~10秒。左右交替进行。如图9-73所示。

图9-73

（3）**注意事项**：尽可能扩大拉伸的幅度。

### 三、肩关节拉伸

1. 举手过头拉伸

（1）**练习目的**：拉伸前锯肌、背阔肌、三角肌、小圆肌。

（2）**动作要领**：站姿，双手体前交叉后扣掌，手臂慢慢抬起至头顶，最大幅度保持 5~10 秒，如图 9-74、图 9-75 所示。

图 9-74　　　　　　　　图 9-75

（3）**注意事项**：忌向后弯曲躯干来增大双臂的活动幅度。

2. 手臂前置后拉式拉伸

（1）**练习目的**：拉伸三角肌、小圆肌、冈下肌。

（2）**动作要领**：站姿，一个手臂向对侧横向伸直，另一手臂由下向上屈肘扣住伸直手臂的前臂，借助屈肘手臂回拉的力量，将伸直手臂尽可能地贴近胸部，在最大张力点保持 5~10 秒。左右交替练习，如图 9-76 所示。

（3）**注意事项**：保持上身挺直，不要旋转。

图 9-76

## 四、臀肌拉伸

1. 臀大肌拉伸

（1）**练习目的**：拉伸臀大肌，同时提高身体的稳定性。

（2）**动作要领**：向前跨出一小步，单脚支撑，膝盖微屈，另一腿屈膝抬高，双手环绕住小腿，向同侧胸部靠近，同时支撑腿伸髋、伸膝、脚跟跷起，保持2~3秒。始终保持背部挺直，让支撑腿的髋、膝、踝在一条直线上，不能出现屈髋或背部后仰的动作，保持身体稳定，如图9-77所示。

图 9-77

（3）注意事项：身体保持直立，身体不要前倾和后仰。

2. 臀中肌拉伸

（1）**练习目的**：拉伸臀中肌，同时提高身体的稳定性。

（2）**动作要领**：向前跨出一小步，单脚支撑，膝盖微屈，一手置于膝关节下方、另一手置于踝关节处，将另一条腿向同侧胸部靠近，脚尖勾起；同时支撑腿伸髋、伸膝、脚跟跐起，保持 2~3 秒。背部挺直，不要出现屈髋或背部后仰的动作，身体保持稳定，如图 9-78 所示。

图 9-78

（3）**注意事项**：双手的位置一定要准确，身体保持正直。

3. "4"字屈髋坐

（1）**练习目的**：拉伸臀大肌、梨状肌。

（2）**动作要领**：身体站立，左腿直立，右腿脚踝置于左腿膝盖上方，双臂向前伸直，屈髋屈膝，保持 2 秒。左右交替练习。（如图 9-79、图 9-80 所示。

图 9-79　　　　　　　图 9-80

（3）**注意事项**：保持身体稳定，在运动过程中始终保持腰背部挺直，支撑腿膝盖不超过脚尖。

## 五、上肢拉伸

1. 肘部后拉式拉伸

（1）**练习目的**：拉伸肱三头肌。

（2）**动作要领**：站姿，举起手臂，弯曲一只手肘，将手置于脑后，另一只手抓住对侧的肘部，慢慢将弯曲的手肘向后拉，在最大张力处保持 5~10 秒。左右交替练习，如图 9-81 所示。

图 9-81

（3）**注意事项**：缓慢拉伸，警惕关节最微小的疼痛。

2. 扭转墙壁支撑拉伸

（1）**练习目的**：拉伸胸大肌。

（2）**动作要领**：侧身站在墙壁或者其他固定物旁边，一个手掌放在身体旁侧，稍低于肩部，内侧脚往前放，略微扭转上肩部远离支撑点，手保持不动，感觉手肘前部张力最大时保持 5～10 秒。左右交替练习，如图 9-82 所示。

图 9-82

（3）**注意事项**：拉伸时始终弯曲肘关节。

## 六、下肢拉伸

1. 大腿后侧拉伸

（1）**练习目的**：拉伸股二头肌、半膜肌、半腱肌。

（2）**动作要领**：站姿，双脚打开与肩同宽，上半身往前弯腰，双手往地面伸展，保持最大幅度 5～10 秒，如图 9-82 所示。

（3）**注意事项**：动作缓慢，切忌突然猛拉，保持膝关节伸展。

图 9 - 83

2. 大腿前侧拉伸

（1）**练习目的**：拉伸股四头肌。

（2）**动作要领**：站姿，两脚分开与肩同宽，重心左移放在左腿上，向后屈右膝，右手抓住右脚，轻轻向后向上提拉，最大幅度保持 5～10 秒，左右交替练习，如图 9 - 84 所示。

图 9 - 84

（3）**注意事项**：拉伸腿保持在舒适范围内，避免过度拉伸压迫膝关节。

3. 小腿后侧拉伸

（1）**练习目的**：拉伸腓肠肌、比目鱼肌、跟腱。

（2）**动作要领**：面朝墙面或台阶站立，左腿往后膝关节微屈，右腿伸直，前脚掌贴于台阶或墙面，左膝逐渐伸直带动重心前移，拉伸右小腿，保持最大幅度 5～10 秒。左右交替练习，如图 9－85 所示。

图 9－85

（3）**注意事项**：动作缓慢进行，防止拉伸腿膝关节过度伸展。

4. 小腿前侧拉伸

（1）**练习目的**：拉伸胫骨前肌。

（2）**动作要领**：跪在瑜伽垫上，弯曲膝关节直到坐在小腿上，从地面抬起膝盖，同时保持脚背与垫子的接触，用手臂支撑其身体的重量，最大幅度保持 5～10 秒，如图 9－86 所示。

（3）**注意事项**：在拉伸过程中，脚背、脚踝感到疼痛时停止动作。

图 9-86